# Ausbildereignungsprüfung Gesetzessammlung

## Alle prüfungsrelevanten Vorschriften zum Ausbilderschein nach AEVO

von



**Marcus Maußner (Hrsg.)**
M. A., freiberuflicher Trainer und

**Jörg Zitzmann (Hrsg.)**
Rechtsanwalt, Berufspädagoge,
Industriemeister Fachrichtung Schutz und Sicherheit

8. Auflage 2022
Stand: 1. Januar 2022

Verlagshaus Zitzmann, Nürnberg

Im Verlagshaus Zitzmann sind erschienen/werden erscheinen:
(Stand 01/2022)

**Ausbildereignungsprüfung gem. AEVO:**
Ausbildereignungsprüfung Lehrbuch
Ausbildereignungsprüfung Übungsbuch
Gesetzessammlung Ausbildereignungsprüfung gem. AEVO

**Industriemeister Grundlegende Qualifikationen:**
Gesetzessammlung Industriemeister GQ
Industriemeister Band 1 Rechtsbewusstes Handeln Lehrbuch
Industriemeister Band 2 Betriebswirtschaftliches Handeln Lehrbuch
Industriemeister Band 3 Methoden der Planung Lehrbuch
Industriemeister Band 4 Zusammenarbeit im Betrieb Lehrbuch
Industriemeister Band 5 Naturwissenschaftliche und technische Gesetzmäßigkeiten Lehrbuch
Industriemeister Rechtsbewusstes Handeln – Prüfungsvorbereitung
Industriemeister Betriebswirtschaftliches Handeln – Prüfungsvorbereitung
Industriemeister Kosten- und Leistungsrechnung – Prüfungsvorbereitung
Industriemeister Methoden der Planung – Prüfungsvorbereitung
Industriemeister Zusammenarbeit im Betrieb – Prüfungsvorbereitung
Industriemeister Naturwissenschaftliche und technische Gesetzmäßigkeiten – Prüfungsvorbereitung

**Logistikmeister Handlungsspezifische Qualifikationen:**
Logistikmeister I. Logistikprozesse Band 1a: Logistikkonzepte, Prozesssteuerung und -optimierung
Logistikmeister I. Logistikprozesse Band 1b: Leistungserstellung
Logistikmeister II. Betriebliche Organisation und Kostenwesen Band 2
Logistikmeister III. Personal und Führung Band 3

**Meister für Schutz und Sicherheit Handlungsspezifische Qualifikationen:**
Gesetzessammlung Meister für Schutz und Sicherheit HQ
Schutz- und Sicherheitstechnik Band 1
Organisation Band 2
Führung und Personal Band 3
Sonderband: Sicherheitskonzepte

**Geprüfte Schutz und Sicherheitskraft:**
Gesetzessammlung, Lehrbuch und Prüfungsvorbereitung

**Sonstiges:**
Arbeitsrecht in der privaten Sicherheit
Detektiv im Einzelhandel
Toto – der nächste Einsatz kommt bestimmt!
Protect you & me – Wie Du sicher durchs Leben gehst und Dich und Deine Freunde schützt

Weitere Titel finden Sie unter www.verlagshaus-zitzmann.de

Weitere Bücher zum Thema Sicherheit sind in Vorbereitung.

Aktuelle Informationen erhalten Sie unter:
Internet: www.verlagshaus-zitzmann.de
Facebook: www.facebook.com/verlagshauszitzmann
Twitter: twitter.com/vh_zitzmann

**Marcus Maußner (Hrsg.)**
**Jörg Zitzmann (Hrsg.)**

---

Ausbildereignungsprüfung Gesetzessammlung

Alle prüfungsrelevanten Vorschriften
zum Ausbilderschein nach AEVO

**Marcus Maußner**, geb. 1963, ist Magister Artium und seit 1991 in der Erwachsenenbildung tätig. Er arbeitet als freiberuflicher Trainer und Dozent und ist Mitglied verschiedener Prüfungsausschüsse der gewerblichen und kaufmännischen Weiterbildung.

**Jörg Zitzmann**, Jahrgang 1967, ist Rechtsanwalt, Berufspädagoge, Industriemeister Fachrichtung Schutz und Sicherheit, Geschäftsführer der nach DIN EN ISO 9001:2015 und AZAV zertifizierten Akademie Mission: Weiterbildung. GmbH in Nürnberg, Dozent bei den Industrie- und Handels-kammern Frankfurt am Main und Nürnberg und u. a. Mitglied des Prüfungsausschusses „Meister für Schutz und Sicherheit" bei der IHK Nürnberg.

Bibliographische Informationen der Deutschen Nationalbibliothek:
Die Deutsche Nationalbibliothek verzeichnet diese Publikation in der Deutschen Nationalbibliographie. Detaillierte bibliographische Daten sind im Internet unter http://dnb.d-nb.de abrufbar.

ISBN 978-3-96155-188-0

Haftungsausschluss:

Die Auswahl der Inhalte erfolgte mit großer Sorgfalt. Trotzdem kann nicht ausgeschlossen werden, dass in Prüfungen Inhalte Thema sein können, die nicht in diesem Buch aufgeführt sind.
Der Verlag schließt für etwaige daraus resultierende Schäden (Nichtbestehen einer Prüfung o. ä.) hiermit ausdrücklich jede Haftung aus, es sei denn, dass der Schaden aufgrund von Vorsatz oder grober Fahrlässigkeit eingetreten ist.

Sollten Sie Punkte vermissen oder sonstige Anregungen an uns haben, würden wir uns freuen, wenn Sie uns dies mitteilen.

Aufgrund der besseren Lesbarkeit wird in den Texten der Einfachheit halber nur die männliche Form verwendet. Die weibliche und diverse Form ist selbstverständlich immer mit eingeschlossen.


Jörg Zitzmann, Äußere Sulzbacher Str. 37, 90491 Nürnberg
www.verlagshaus-zitzmann.de
info@verlagshaus-zitzmann.de
Tel: +49 911 99099460

Layout: Ingrid Lehmann
Umschlagmotiv: © thodonal – stock.adobe.com
Druck und Bindung: D.O.S. Document Office Solutions GmbH, Tutzing
Gedruckt in Deutschland

# Inhaltsverzeichnis

Seite

# 1. Vorwort zur 8. Auflage

Die Prüfung „Ausbilder der Ausbilder (AdA)“ erfreut sich großen Zulaufs, nicht zuletzt deswegen, weil sie eine der Zulassungsvoraussetzungen im Bereich der Industriemeisterprüfungen ist. Aber auch als eigenständige Prüfung ist sie bundesweit von großer Bedeutung.

Das vorliegende Buch bietet eine spezielle Zusammenstellung aller im Rahmenstoffplan genannten Gesetze und Verordnungen. Dabei wurde in den meisten Fällen auf einen Gesamtabdruck verzichtet, zum einen der Übersichtlichkeit wegen, zum anderen da Teile diverser rechtlicher Regelungen nicht prüfungsrelevant sind.

Da diese Gesetzessammlung sich auf den bloßen Abdruck von Gesetzen und Verordnungen beschränkt und keinerlei Kommentierungen enthält, ist sie als Hilfsmittel in der Prüfung zugelassen.

Die Gesetzesauszüge wurden auf Aktualität überprüft und aktualisiert.

Wir wünschen allen Nutzern dieser Gesetzessammlung viel Erfolg!

Im Januar 2022

Die Herausgeber

# 2. Abkürzungsverzeichnis

| | |
|---|---|
| AEVO | Ausbildereignungsverordnung |
| AGG | Allgemeines Gleichbehandlungsgesetz |
| ArbGG | Arbeitsgerichtsgesetz |
| BBiG | Berufsbildungsgesetz |
| BEEG | Bundeselterngeld- und Elternzeitgesetz |
| BetrVG | Betriebsverfassungsgesetz |
| BGB | Bürgerliches Gesetzbuch |
| BKAZVO | Berufskolleganrechnungs- und -zulassungsverordnung |
| BUrlG | Bundesurlaubsgesetz |
| f | folgend |
| ff | fortfolgend |
| G | Gesetz |
| GG | Grundgesetz |
| JArbSchG | Jugendarbeitsschutzgesetz |
| MuSchG | Mutterschutzgesetz |
| NachwG | Nachweisgesetz |
| V | Verordnung |

# 3. Gesetzestexte

## 3.1. Ausbilder-Eignungsverordnung (AEVO)

**§ 1 Geltungsbereich** Ausbilder und Ausbilderinnen haben für die Ausbildung in anerkannten Ausbildungsberufen nach dem Berufsbildungsgesetz den Erwerb der berufs- und arbeitspädagogischen Fertigkeiten, Kenntnisse und Fähigkeiten nach dieser Verordnung nachzuweisen. Dies gilt nicht für die Ausbildung im Bereich der Angehörigen der freien Berufe.

**§ 2 Berufs- und arbeitspädagogische Eignung** Die berufs- und arbeitspädagogische Eignung umfasst die Kompetenz zum selbstständigen Planen, Durchführen und Kontrollieren der Berufsausbildung in den Handlungsfeldern:
1. Ausbildungsvoraussetzungen prüfen und Ausbildung planen,
2. Ausbildung vorbereiten und bei der Einstellung von Auszubildenden mitwirken,
3. Ausbildung durchführen und
4. Ausbildung abschließen.

**§ 3 Handlungsfelder** (1) Das Handlungsfeld nach § 2 Nummer 1 umfasst die berufs- und arbeitspädagogische Eignung, Ausbildungsvoraussetzungen zu prüfen und Ausbildung zu planen. Die Ausbilder und Ausbilderinnen sind dabei in der Lage,
1. die Vorteile und den Nutzen betrieblicher Ausbildung darstellen und begründen zu können,
2. bei den Planungen und Entscheidungen hinsichtlich des betrieblichen Ausbildungsbedarfs auf der Grundlage der rechtlichen, tarifvertraglichen und betrieblichen Rahmenbedingungen mitzuwirken,
3. die Strukturen des Berufsbildungssystems und seine Schnittstellen darzustellen,
4. Ausbildungsberufe für den Betrieb auszuwählen und dies zu begründen,
5. die Eignung des Betriebes für die Ausbildung in dem angestrebten Ausbildungsberuf zu prüfen sowie, ob und inwieweit Ausbildungsinhalte durch Maßnahmen außerhalb der Ausbildungsstätte, insbesondere Ausbildung im Verbund, überbetriebliche und außerbetriebliche Ausbildung, vermittelt werden können,
6. die Möglichkeiten des Einsatzes von auf die Berufsausbildung vorbereitenden Maßnahmen einzuschätzen sowie
7. im Betrieb die Aufgaben der an der Ausbildung Mitwirkenden unter Berücksichtigung ihrer Funktionen und Qualifikationen abzustimmen.

(2) Das Handlungsfeld nach § 2 Nummer 2 umfasst die berufs- und arbeitspädagogische Eignung, die Ausbildung unter Berücksichtigung organisatorischer sowie rechtlicher Aspekte vorzubereiten. Die Ausbilder und Ausbilderinnen sind dabei in der Lage,

1. auf der Grundlage einer Ausbildungsordnung einen betrieblichen Ausbildungsplan zu erstellen, der sich insbesondere an berufstypischen Arbeits- und Geschäftsprozessen orientiert,
2. die Möglichkeiten der Mitwirkung und Mitbestimmung der betrieblichen Interessenvertretungen in der Berufsbildung zu berücksichtigen,
3. den Kooperationsbedarf zu ermitteln und sich inhaltlich sowie organisatorisch mit den Kooperationspartnern, insbesondere der Berufsschule, abzustimmen,
4. Kriterien und Verfahren zur Auswahl von Auszubildenden auch unter Berücksichtigung ihrer Verschiedenartigkeit anzuwenden,
5. den Berufsausbildungsvertrag vorzubereiten und die Eintragung des Vertrages bei der zuständigen Stelle zu veranlassen sowie
6. die Möglichkeiten zu prüfen, ob Teile der Berufsausbildung im Ausland durchgeführt werden können.

(3) Das Handlungsfeld nach § 2 Nummer 3 umfasst die berufs- und arbeitspädagogische Eignung, selbstständiges Lernen in berufstypischen Arbeits- und Geschäftprozessen handlungsorientiert zu fördern. Die Ausbilder und Ausbilderinnen sind dabei in der Lage,

1. lernförderliche Bedingungen und eine motivierende Lernkultur zu schaffen, Rückmeldungen zu geben und zu empfangen,
2. die Probezeit zu organisieren, zu gestalten und zu bewerten,
3. aus dem betrieblichen Ausbildungsplan und den berufstypischen Arbeits- und Geschäftsprozessen betriebliche Lern- und Arbeitsaufgaben zu entwickeln und zu gestalten,
4. Ausbildungsmethoden und -medien zielgruppengerecht auszuwählen und situationsspezifisch einzusetzen,
5. Auszubildende bei Lernschwierigkeiten durch individuelle Gestaltung der Ausbildung und Lernberatung zu unterstützen, bei Bedarf ausbildungsunterstützende Hilfen einzusetzen und die Möglichkeit zur Verlängerung der Ausbildungszeit zu prüfen,
6. Auszubildenden zusätzliche Ausbildungsangebote, insbesondere in Form von Zusatzqualifikationen, zu machen und die Möglichkeit der Verkürzung der Ausbildungsdauer und die der vorzeitigen Zulassung zur Abschlussprüfung zu prüfen,
7. die soziale und persönliche Entwicklung von Auszubildenden zu fördern, Probleme und Konflikte rechtzeitig zu erkennen sowie auf eine Lösung hinzuwirken,
8. Leistungen festzustellen und zu bewerten, Leistungsbeurteilungen Dritter und Prüfungsergebnisse auszuwerten, Beurteilungsgespräche zu führen, Rückschlüsse für den weiteren Ausbildungsverlauf zu ziehen sowie
9. interkulturelle Kompetenzen zu fördern.

(4) Das Handlungsfeld nach § 2 Nummer 4 umfasst die berufs- und arbeitspädagogische Eignung, die Ausbildung zu einem erfolgreichen Abschluss zu führen und dem Auszubildenden Perspektiven für seine berufliche Weiterentwicklung aufzuzeigen. Die Ausbilder und Ausbilderinnen sind dabei in der Lage,

1. Auszubildende auf die Abschluss- oder Gesellenprüfung unter Berücksichtigung der Prüfungstermine vorzubereiten und die Ausbildung zu einem erfolgreichen Abschluss zu führen,
2. für die Anmeldung der Auszubildenden zu Prüfungen bei der zuständigen Stelle zu sorgen und diese auf durchführungsrelevante Besonderheiten hinzuweisen,
3. an der Erstellung eines schriftlichen Zeugnisses auf der Grundlage von Leistungsbeurteilungen mitzuwirken sowie
4. Auszubildende über betriebliche Entwicklungswege und berufliche Weiterbildungsmöglichkeiten zu informieren und zu beraten.

**§ 4 Nachweis der Eignung** (1) Die Eignung nach § 2 ist in einer Prüfung nachzuweisen. Die Prüfung besteht aus einem schriftlichen und einem praktischen Teil. Die Prüfung ist bestanden, wenn jeder Prüfungsteil mit mindestens „ausreichend" bewertet wurde. Innerhalb eines Prüfungsverfahrens kann eine nicht bestandene Prüfung zweimal wiederholt werden. Ein bestandener Prüfungsteil kann dabei angerechnet werden.
(2) Im schriftlichen Teil der Prüfung sind fallbezogene Aufgaben aus allen Handlungsfeldern zu bearbeiten. Die schriftliche Prüfung soll drei Stunden dauern.
(3) Der praktische Teil der Prüfung besteht aus der Präsentation einer Ausbildungssituation und einem Fachgespräch mit einer Dauer von insgesamt höchstens 30 Minuten. Hierfür wählt der Prüfungsteilnehmer eine berufstypische Ausbildungssituation aus. Die Präsentation soll 15 Minuten nicht überschreiten. Die Auswahl und Gestaltung der Ausbildungssituation sind im Fachgespräch zu erläutern. Anstelle der Präsentation kann eine Ausbildungssituation auch praktisch durchgeführt werden.
(4) Im Bereich der Landwirtschaft und im Bereich der Hauswirtschaft besteht der praktische Teil aus der Durchführung einer vom Prüfungsteilnehmer in Abstimmung mit dem Prüfungsausschuss auszuwählenden Ausbildungssituation und einem Fachgespräch, in dem die Auswahl und Gestaltung der Ausbildungssituation zu begründen sind. Die Prüfung im praktischen Teil soll höchstens 60 Minuten dauern.
(5) Für die Abnahme der Prüfung errichtet die zuständige Stelle einen Prüfungsausschuss. § 37 Absatz 2 und 3, § 39 Absatz 1 Satz 2, die §§ 40 bis 42, 46 und 47 des Berufsbildungsgesetzes gelten entsprechend.

**§ 5 Zeugnis** Über die bestandene Prüfung ist jeweils ein Zeugnis nach den Anlagen 1 und 2 auszustellen.

**§ 6 Andere Nachweise** (1) Wer die Prüfung nach einer vor Inkrafttreten dieser Verordnung geltenden Ausbilder-Eignungsverordnung bestanden hat, die auf Grund des Berufsbildungsgesetzes erlassen worden ist, gilt für die Berufsausbildung als im Sinne dieser Verordnung berufs- und arbeitspädagogisch geeignet.
(2) Wer durch eine Meisterprüfung oder eine andere Prüfung der beruflichen Fortbildung nach der Handwerksordnung oder dem Berufsbildungsgesetz eine berufs- und arbeitspädagogische Eignung nachgewiesen hat, gilt für die

Berufsausbildung als im Sinne dieser Verordnung berufs- und arbeitspädagogisch geeignet.

(3) Wer eine sonstige staatliche, staatlich anerkannte oder von einer öffentlich-rechtlichen Körperschaft abgenommene Prüfung bestanden hat, deren Inhalt den in § 3 genannten Anforderungen ganz oder teilweise entspricht, kann von der zuständigen Stelle auf Antrag ganz oder teilweise von der Prüfung nach § 4 befreit werden. Die zuständige Stelle erteilt darüber eine Bescheinigung.

(4) Die zuständige Stelle kann von der Vorlage des Nachweises über den Erwerb der berufs- und arbeitspädagogischen Fertigkeiten, Kenntnisse und Fähigkeiten auf Antrag befreien, wenn das Vorliegen berufs- und arbeitspädagogischer Eignung auf andere Weise glaubhaft gemacht wird und die ordnungsgemäße Ausbildung sichergestellt ist. Die zuständige Stelle kann Auflagen erteilen. Auf Antrag erteilt die zuständige Stelle hierüber eine Bescheinigung.

**§ 7 Fortführen der Ausbildertätigkeit** Wer vor dem 1. August 2009 als Ausbilder im Sinne des § 28 Absatz 1 Satz 2 des Berufsbildungsgesetzes tätig war, ist vom Nachweis nach den §§ 5 und 6 dieser Verordnung befreit, es sei denn, dass die bisherige Ausbildertätigkeit zu Beanstandungen mit einer Aufforderung zur Mängelbeseitigung durch die zuständige Stelle geführt hat. Sind nach Aufforderung die Mängel beseitigt worden und Gefährdungen für eine ordnungsgemäße Ausbildung nicht zu erwarten, kann die zuständige Stelle vom Nachweis nach den §§ 5 und 6 befreien; sie kann dabei Auflagen erteilen.

**§ 8 Übergangsregelung** Begonnene Prüfungsverfahren können bis zum Ablauf des 31. Juli 2010 nach den bisherigen Vorschriften zu Ende geführt werden. Die zuständige Stelle kann auf Antrag des Prüfungsteilnehmers oder der Prüfungsteilnehmerin die Wiederholungsprüfung nach dieser Verordnung durchführen; § 4 Absatz 1 Satz 5 findet in diesem Fall keine Anwendung. Im Übrigen kann bei der Anmeldung zur Prüfung bis zum Ablauf des 30. April 2010 die Anwendung der bisherigen Vorschriften beantragt werden.

**§ 9 Inkrafttreten, Außerkrafttreten** Diese Verordnung tritt am 1. August 2009 in Kraft. Gleichzeitig tritt die Ausbilder-Eignungsverordnung vom 16. Februar 1999 (BGBl. I S. 157, 700), die zuletzt durch die Verordnung vom 14. Mai 2008 (BGBl. I S. 854) geändert worden ist, außer Kraft.

## Anlage 1 (zu § 5)

Muster

<table><tr><td>
(Bezeichnung der zuständigen Stelle)
Z e u g n i s
Herr/Frau ______________________________<br>
geboren am ____________ in ______________<br>
hat am ________________<br>
die Prüfung nach der Ausbilder-Eignungsverordnung vom 21. Januar 2009 (BGBl. I S. 88) bestanden.<br>
Damit wurden die berufs- und arbeitspädagogischen Fertigkeiten, Kenntnisse und Fähigkeiten im Sinne des § 30 des Berufsbildungsgesetzes nachgewiesen.<br>
Ort/Datum _____________________________<br>
Unterschrift(en) _________________________<br>
(Siegel der zuständigen Stelle)
</td></tr></table>

## Anlage 2 (zu § 5)

Muster

<table><tr><td>
(Bezeichnung der zuständigen Stelle)
Z e u g n i s
Herr/Frau ______________________________<br>
geboren am ____________ in ______________<br>
hat am ________________<br>
die Prüfung nach der Ausbilder-Eignungsverordnung vom 21. Januar 2009 (BGBl. I S. 88) mit folgenden Ergebnissen bestanden:<br>
Punkte Note<br>
1. Schriftlicher Prüfungsteil _____________________________<br>
2. Praktischer Prüfungsteil ______________________________<br>
Damit wurden die berufs- und arbeitspädagogischen Fertigkeiten, Kenntnisse und Fähigkeiten im Sinne des § 30 des Berufsbildungsgesetzes nachgewiesen.<br>
Ort/Datum _________________________<br>
Unterschrift(en) _____________________<br>
(Siegel der zuständigen Stelle)
</td></tr></table>

## 3.2. Allgemeines Gleichbehandlungsgesetz (AGG)

**§ 1 Ziel des Gesetzes** Ziel des Gesetzes ist, Benachteiligungen aus Gründen der Rasse oder wegen der ethnischen Herkunft, des Geschlechts, der Religion oder Weltanschauung, einer Behinderung, des Alters oder der sexuellen Identität zu verhindern oder zu beseitigen.

**§ 2 Anwendungsbereich** (1) Benachteiligungen aus einem in § 1 genannten Grund sind nach Maßgabe dieses Gesetzes unzulässig in Bezug auf:
1. die Bedingungen, einschließlich Auswahlkriterien und Einstellungs-bedingungen, für den Zugang zu unselbstständiger und selbstständiger Erwerbstätigkeit, unabhängig von Tätigkeitsfeld und beruflicher Position, sowie für den beruflichen Aufstieg,
2. die Beschäftigungs- und Arbeitsbedingungen einschließlich Arbeitsentgelt und Entlassungsbedingungen, insbesondere in individual- und kollektivrechtlichen Vereinbarungen und Maßnahmen bei der Durchführung und Beendigung eines Beschäftigungsverhältnisses sowie beim beruflichen Aufstieg,
3. den Zugang zu allen Formen und allen Ebenen der Berufsberatung, der Berufsbildung einschließlich der Berufsausbildung, der beruflichen Weiterbildung und der Umschulung sowie der praktischen Berufserfahrung,
4. die Mitgliedschaft und Mitwirkung in einer Beschäftigten- oder Arbeitgebervereinigung oder einer Vereinigung, deren Mitglieder einer bestimmten Berufsgruppe angehören, einschließlich der Inanspruchnahme der Leistungen solcher Vereinigungen,
5. den Sozialschutz, einschließlich der sozialen Sicherheit und der Gesundheitsdienste,
6. die sozialen Vergünstigungen,
7. die Bildung,
8. den Zugang zu und die Versorgung mit Gütern und Dienstleistungen, die der Öffentlichkeit zur Verfügung stehen, einschließlich von Wohnraum.

(2) Für Leistungen nach dem Sozialgesetzbuch gelten § 33c des Ersten Buches Sozialgesetzbuch und § 19a des Vierten Buches Sozialgesetzbuch. Für die betriebliche Altersvorsorge gilt das Betriebsrentengesetz.
(3) Die Geltung sonstiger Benachteiligungsverbote oder Gebote der Gleichbehandlung wird durch dieses Gesetz nicht berührt. Dies gilt auch für öffentlich-rechtliche Vorschriften, die dem Schutz bestimmter Personengruppen dienen.
(4) Für Kündigungen gelten ausschließlich die Bestimmungen zum allgemeinen und besonderen Kündigungsschutz.

**§ 3 Begriffsbestimmungen** (1) Eine unmittelbare Benachteiligung liegt vor, wenn eine Person wegen eines in § 1 genannten Grundes eine weniger günstige Behandlung erfährt, als eine andere Person in einer vergleichbaren Situation erfährt, erfahren hat oder erfahren würde. Eine unmittelbare Benachteiligung wegen des Geschlechts liegt in Bezug auf § 2 Abs. 1 Nr. 1 bis 4 auch im Fall einer ungünstigeren Behandlung einer Frau wegen Schwangerschaft oder Mutterschaft vor.

(2) Eine mittelbare Benachteiligung liegt vor, wenn dem Anschein nach neutrale Vorschriften, Kriterien oder Verfahren Personen wegen eines in § 1 genannten Grundes gegenüber anderen Personen in besonderer Weise benachteiligen können, es sei denn, die betreffenden Vorschriften, Kriterien oder Verfahren sind durch ein rechtmäßiges Ziel sachlich gerechtfertigt und die Mittel sind zur Erreichung dieses Ziels angemessen und erforderlich.

(3) Eine Belästigung ist eine Benachteiligung, wenn unerwünschte Verhaltensweisen, die mit einem in § 1 genannten Grund in Zusammenhang stehen, bezwecken oder bewirken, dass die Würde der betreffenden Person verletzt und ein von Einschüchterungen, Anfeindungen, Erniedrigungen, Entwürdigungen oder Beleidigungen gekennzeichnetes Umfeld geschaffen wird.

(4) Eine sexuelle Belästigung ist eine Benachteiligung in Bezug auf § 2 Abs. 1 Nr. 1 bis 4, wenn ein unerwünschtes, sexuell bestimmtes Verhalten, wozu auch unerwünschte sexuelle Handlungen und Aufforderungen zu diesen, sexuell bestimmte körperliche Berührungen, Bemerkungen sexuellen Inhalts sowie unerwünschtes Zeigen und sichtbares Anbringen von pornographischen Darstellungen gehören, bezweckt oder bewirkt, dass die Würde der betreffenden Person verletzt wird, insbesondere wenn ein von Einschüchterungen, Anfeindungen, Erniedrigungen, Entwürdigungen oder Beleidigungen gekennzeichnetes Umfeld geschaffen wird.

(5) Die Anweisung zur Benachteiligung einer Person aus einem in § 1 genannten Grund gilt als Benachteiligung. Eine solche Anweisung liegt in Bezug auf § 2 Abs. 1 Nr. 1 bis 4 insbesondere vor, wenn jemand eine Person zu einem Verhalten bestimmt, das einen Beschäftigten oder eine Beschäftigte wegen eines in § 1 genannten Grundes benachteiligt oder benachteiligen kann.

**§ 4 Unterschiedliche Behandlung wegen mehrerer Gründe** Erfolgt eine unterschiedliche Behandlung wegen mehrerer der in § 1 genannten Gründe, so kann diese unterschiedliche Behandlung nach den §§ 8 bis 10 und 20 nur gerechtfertigt werden, wenn sich die Rechtfertigung auf alle diese Gründe erstreckt, derentwegen die unterschiedliche Behandlung erfolgt.

**§ 5 Positive Maßnahmen** Ungeachtet der in den §§ 8 bis 10 sowie in § 20 benannten Gründe ist eine unterschiedliche Behandlung auch zulässig, wenn durch geeignete und angemessene Maßnahmen bestehende Nachteile wegen eines in § 1 genannten Grundes verhindert oder ausgeglichen werden sollen.

**§ 6 Persönlicher Anwendungsbereich** (1) Beschäftigte im Sinne dieses Gesetzes sind

1. Arbeitnehmerinnen und Arbeitnehmer,
2. die zu ihrer Berufsbildung Beschäftigten,
3. Personen, die wegen ihrer wirtschaftlichen Unselbstständigkeit als arbeitnehmerähnliche Personen anzusehen sind; zu diesen gehören auch die in Heimarbeit Beschäftigten und die ihnen Gleichgestellten.

Als Beschäftigte gelten auch die Bewerberinnen und Bewerber für ein Beschäftigungsverhältnis sowie die Personen, deren Beschäftigungsverhältnis beendet ist.

(2) Arbeitgeber (Arbeitgeber und Arbeitgeberinnen) im Sinne dieses Abschnitts sind natürliche und juristische Personen sowie rechtsfähige Personengesellschaften, die Personen nach Absatz 1 beschäftigen. Werden Beschäftigte einem Dritten zur Arbeitsleistung überlassen, so gilt auch dieser als Arbeitgeber im Sinne dieses Abschnitts. Für die in Heimarbeit Beschäftigten und die ihnen Gleichgestellten tritt an die Stelle des Arbeitgebers der Auftraggeber oder Zwischenmeister.

(3) Soweit es die Bedingungen für den Zugang zur Erwerbstätigkeit sowie den beruflichen Aufstieg betrifft, gelten die Vorschriften dieses Abschnitts für Selbstständige und Organmitglieder, insbesondere Geschäftsführer oder Geschäftsführerinnen und Vorstände, entsprechend.

**§ 7 Benachteiligungsverbot** (1) Beschäftigte dürfen nicht wegen eines in § 1 genannten Grundes benachteiligt werden; dies gilt auch, wenn die Person, die die Benachteiligung begeht, das Vorliegen eines in § 1 genannten Grundes bei der Benachteiligung nur annimmt.

(2) Bestimmungen in Vereinbarungen, die gegen das Benachteiligungsverbot des Absatzes 1 verstoßen, sind unwirksam.

(3) Eine Benachteiligung nach Absatz 1 durch Arbeitgeber oder Beschäftigte ist eine Verletzung vertraglicher Pflichten.

**§ 8 Zulässige unterschiedliche Behandlung wegen beruflicher Anforderungen** (1) Eine unterschiedliche Behandlung wegen eines in § 1 genannten Grundes ist zulässig, wenn dieser Grund wegen der Art der auszuübenden Tätigkeit oder der Bedingungen ihrer Ausübung eine wesentliche und entscheidende berufliche Anforderung darstellt, sofern der Zweck rechtmäßig und die Anforderung angemessen ist.

(2) Die Vereinbarung einer geringeren Vergütung für gleiche oder gleichwertige Arbeit wegen eines in § 1 genannten Grundes wird nicht dadurch gerechtfertigt, dass wegen eines in § 1 genannten Grundes besondere Schutzvorschriften gelten.

**§ 9 Zulässige unterschiedliche Behandlung wegen der Religion oder Weltanschauung**

(1) Ungeachtet des § 8 ist eine unterschiedliche Behandlung wegen der Religion oder der Weltanschauung bei der Beschäftigung durch Religionsgemeinschaften, die ihnen zugeordneten Einrichtungen ohne Rücksicht auf ihre Rechtsform oder durch Vereinigungen, die sich die gemeinschaftliche Pflege einer Religion oder Weltanschauung zur Aufgabe machen, auch zulässig, wenn eine bestimmte Religion oder Weltanschauung unter Beachtung des Selbstverständnisses der jeweiligen Religionsgemeinschaft oder Vereinigung im Hinblick auf ihr Selbstbestimmungsrecht oder nach der Art der Tätigkeit eine gerechtfertigte berufliche Anforderung darstellt.

(2) Das Verbot unterschiedlicher Behandlung wegen der Religion oder der Weltanschauung berührt nicht das Recht der in Absatz 1 genannten Religionsgemeinschaften, der ihnen zugeordneten Einrichtungen ohne Rücksicht auf

ihre Rechtsform oder der Vereinigungen, die sich die gemeinschaftliche Pflege einer Religion oder Weltanschauung zur Aufgabe machen, von ihren Beschäftigten ein loyales und aufrichtiges Verhalten im Sinne ihres jeweiligen Selbstverständnisses verlangen zu können.

**§ 10 Zulässige unterschiedliche Behandlung wegen des Alters** Ungeachtet des § 8 ist eine unterschiedliche Behandlung wegen des Alters auch zulässig, wenn sie objektiv und angemessen und durch ein legitimes Ziel gerechtfertigt ist. Die Mittel zur Erreichung dieses Ziels müssen angemessen und erforderlich sein. Derartige unterschiedliche Behandlungen können insbesondere Folgendes einschließen:
1. die Festlegung besonderer Bedingungen für den Zugang zur Beschäftigung und zur beruflichen Bildung sowie besonderer Beschäftigungs- und Arbeitsbedingungen, einschließlich der Bedingungen für Entlohnung und Beendigung des Beschäftigungsverhältnisses, um die berufliche Eingliederung von Jugendlichen, älteren Beschäftigten und Personen mit Fürsorgepflichten zu fördern oder ihren Schutz sicherzustellen,
2. die Festlegung von Mindestanforderungen an das Alter, die Berufserfahrung oder das Dienstalter für den Zugang zur Beschäftigung oder für bestimmte mit der Beschäftigung verbundene Vorteile,
3. die Festsetzung eines Höchstalters für die Einstellung auf Grund der spezifischen Ausbildungsanforderungen eines bestimmten Arbeitsplatzes oder auf Grund der Notwendigkeit einer angemessenen Beschäftigungszeit vor dem Eintritt in den Ruhestand,
4. die Festsetzung von Altersgrenzen bei den betrieblichen Systemen der sozialen Sicherheit als Voraussetzung für die Mitgliedschaft oder den Bezug von Altersrente oder von Leistungen bei Invalidität einschließlich der Festsetzung unterschiedlicher Altersgrenzen im Rahmen dieser Systeme für bestimmte Beschäftigte oder Gruppen von Beschäftigten und die Verwendung von Alterskriterien im Rahmen dieser Systeme für versicherungsmathematische Berechnungen,
5. eine Vereinbarung, die die Beendigung des Beschäftigungsverhältnisses ohne Kündigung zu einem Zeitpunkt vorsieht, zu dem der oder die Beschäftigte eine Rente wegen Alters beantragen kann; § 41 des Sechsten Buches Sozialgesetzbuch bleibt unberührt,
6. eine Berücksichtigung des Alters bei der Sozialauswahl anlässlich einer betriebsbedingten Kündigung im Sinne des § 1 des Kündigungsschutzgesetzes, soweit dem Alter kein genereller Vorrang gegenüber anderen Auswahlkriterien zukommt, sondern die Besonderheiten des Einzelfalls und die individuellen Unterschiede zwischen den vergleichbaren Beschäftigten, insbesondere die Chancen auf dem Arbeitsmarkt entscheiden,
7. die individual- oder kollektivrechtliche Vereinbarung der Unkündbarkeit von Beschäftigten eines bestimmten Alters und einer bestimmten Betriebszugehörigkeit, soweit dadurch nicht der Kündigungsschutz anderer Beschäftigter im Rahmen der Sozialauswahl nach § 1 Abs. 3 des Kündigungsschutzgesetzes grob fehlerhaft gemindert wird,

8. Differenzierungen von Leistungen in Sozialplänen im Sinne des Betriebsverfassungsgesetzes, wenn die Parteien eine nach Alter oder Betriebszugehörigkeit gestaffelte Abfindungsregelung geschaffen haben, in der die wesentlich vom Alter abhängenden Chancen auf dem Arbeitsmarkt durch eine verhältnismäßig starke Betonung des Lebensalters erkennbar berücksichtigt worden sind, oder Beschäftigte von den Leistungen des Sozialplans ausgeschlossen haben, die wirtschaftlich abgesichert sind, weil sie, gegebenenfalls nach Bezug von Arbeitslosengeld, rentenberechtigt sind.

**§ 11 Ausschreibung** Ein Arbeitsplatz darf nicht unter Verstoß gegen § 7 Abs. 1 ausgeschrieben werden.

**§ 12 Maßnahmen und Pflichten des Arbeitgebers** (1) Der Arbeitgeber ist verpflichtet, die erforderlichen Maßnahmen zum Schutz vor Benachteiligungen wegen eines in § 1 genannten Grundes zu treffen. Dieser Schutz umfasst auch vorbeugende Maßnahmen.
(2) Der Arbeitgeber soll in geeigneter Art und Weise, insbesondere im Rahmen der beruflichen Aus- und Fortbildung, auf die Unzulässigkeit solcher Benachteiligungen hinweisen und darauf hinwirken, dass diese unterbleiben. Hat der Arbeitgeber seine Beschäftigten in geeigneter Weise zum Zwecke der Verhinderung von Benachteiligung geschult, gilt dies als Erfüllung seiner Pflichten nach Absatz 1.
(3) Verstoßen Beschäftigte gegen das Benachteiligungsverbot des § 7 Abs. 1, so hat der Arbeitgeber die im Einzelfall geeigneten, erforderlichen und angemessenen Maßnahmen zur Unterbindung der Benachteiligung wie Abmahnung, Umsetzung, Versetzung oder Kündigung zu ergreifen.
(4) Werden Beschäftigte bei der Ausübung ihrer Tätigkeit durch Dritte nach § 7 Abs. 1 benachteiligt, so hat der Arbeitgeber die im Einzelfall geeigneten, erforderlichen und angemessenen Maßnahmen zum Schutz der Beschäftigten zu ergreifen.
(5) Dieses Gesetz und § 61b des Arbeitsgerichtsgesetzes sowie Informationen über die für die Behandlung von Beschwerden nach § 13 zuständigen Stellen sind im Betrieb oder in der Dienststelle bekannt zu machen. Die Bekanntmachung kann durch Aushang oder Auslegung an geeigneter Stelle oder den Einsatz der im Betrieb oder der Dienststelle üblichen Informations- und Kommunikationstechnik erfolgen.

**§ 13 Beschwerderecht** (1) Die Beschäftigten haben das Recht, sich bei den zuständigen Stellen des Betriebs, des Unternehmens oder der Dienststelle zu beschweren, wenn sie sich im Zusammenhang mit ihrem Beschäftigungsverhältnis vom Arbeitgeber, von Vorgesetzten, anderen Beschäftigten oder Dritten wegen eines in § 1 genannten Grundes benachteiligt fühlen. Die Beschwerde ist zu prüfen und das Ergebnis der oder dem beschwerdeführenden Beschäftigten mitzuteilen.
(2) Die Rechte der Arbeitnehmervertretungen bleiben unberührt.

**§ 14 Leistungsverweigerungsrecht** Ergreift der Arbeitgeber keine oder offensichtlich ungeeignete Maßnahmen zur Unterbindung einer Belästigung oder sexuellen

Belästigung am Arbeitsplatz, sind die betroffenen Beschäftigten berechtigt, ihre Tätigkeit ohne Verlust des Arbeitsentgelts einzustellen, soweit dies zu ihrem Schutz erforderlich ist. § 273 des Bürgerlichen Gesetzbuchs bleibt unberührt.

**§ 15 Entschädigung und Schadensersatz** (1) Bei einem Verstoß gegen das Benachteiligungsverbot ist der Arbeitgeber verpflichtet, den hierdurch entstandenen Schaden zu ersetzen. Dies gilt nicht, wenn der Arbeitgeber die Pflichtverletzung nicht zu vertreten hat.
(2) Wegen eines Schadens, der nicht Vermögensschaden ist, kann der oder die Beschäftigte eine angemessene Entschädigung in Geld verlangen. Die Entschädigung darf bei einer Nichteinstellung drei Monatsgehälter nicht übersteigen, wenn der oder die Beschäftigte auch bei benachteiligungsfreier Auswahl nicht eingestellt worden wäre.
(3) Der Arbeitgeber ist bei der Anwendung kollektivrechtlicher Vereinbarungen nur dann zur Entschädigung verpflichtet, wenn er vorsätzlich oder grob fahrlässig handelt.
(4) Ein Anspruch nach den Absätzen 1 oder 2 muss innerhalb einer Frist von zwei Monaten schriftlich geltend gemacht werden, es sei denn, die Tarifvertragsparteien haben etwas anderes vereinbart. Die Frist beginnt im Falle einer Bewerbung oder eines beruflichen Aufstiegs mit dem Zugang der Ablehnung und in den sonstigen Fällen einer Benachteiligung zu dem Zeitpunkt, in dem der oder die Beschäftigte von der Benachteiligung Kenntnis erlangt.
(5) Im Übrigen bleiben Ansprüche gegen den Arbeitgeber, die sich aus anderen Rechtsvorschriften ergeben, unberührt.
(6) Ein Verstoß des Arbeitgebers gegen das Benachteiligungsverbot des § 7 Abs. 1 begründet keinen Anspruch auf Begründung eines Beschäftigungs-verhältnisses, Berufsausbildungsverhältnisses oder einen beruflichen Aufstieg, es sei denn, ein solcher ergibt sich aus einem anderen Rechtsgrund.

**§ 16 Maßregelungsverbot** (1) Der Arbeitgeber darf Beschäftigte nicht wegen der Inanspruchnahme von Rechten nach diesem Abschnitt oder wegen der Weigerung, eine gegen diesen Abschnitt verstoßende Anweisung auszuführen, benachteiligen. Gleiches gilt für Personen, die den Beschäftigten hierbei unterstützen oder als Zeuginnen oder Zeugen aussagen.
(2) Die Zurückweisung oder Duldung benachteiligender Verhaltensweisen durch betroffene Beschäftigte darf nicht als Grundlage für eine Entscheidung herangezogen werden, die diese Beschäftigten berührt. Absatz 1 Satz 2 gilt entsprechend.
(3) § 22 gilt entsprechend.

**§ 17 Soziale Verantwortung der Beteiligten** (1) Tarifvertragsparteien, Arbeitgeber, Beschäftigte und deren Vertretungen sind aufgefordert, im Rahmen ihrer Aufgaben und Handlungsmöglichkeiten an der Verwirklichung des in § 1 genannten Ziels mitzuwirken.
(2) In Betrieben, in denen die Voraussetzungen des § 1 Abs. 1 Satz 1 des Betriebsverfassungsgesetzes vorliegen, können bei einem groben Verstoß des

Arbeitgebers gegen Vorschriften aus diesem Abschnitt der Betriebsrat oder eine im Betrieb vertretene Gewerkschaft unter der Voraussetzung des § 23 Abs. 3 Satz 1 des Betriebsverfassungsgesetzes die dort genannten Rechte gerichtlich geltend machen; § 23 Abs. 3 Satz 2 bis 5 des Betriebsverfassungsgesetzes gilt entsprechend. Mit dem Antrag dürfen nicht Ansprüche des Benachteiligten geltend gemacht werden.

**§ 18 Mitgliedschaft in Vereinigungen** (1) Die Vorschriften dieses Abschnitts gelten entsprechend für die Mitgliedschaft oder die Mitwirkung in einer
1. Tarifvertragspartei,
2. Vereinigung, deren Mitglieder einer bestimmten Berufsgruppe angehören oder die eine überragende Machtstellung im wirtschaftlichen oder sozialen Bereich innehat, wenn ein grundlegendes Interesse am Erwerb der Mitgliedschaft besteht, sowie deren jeweiligen Zusammenschlüssen.
(2) Wenn die Ablehnung einen Verstoß gegen das Benachteiligungsverbot des § 7 Abs. 1 darstellt, besteht ein Anspruch auf Mitgliedschaft oder Mitwirkung in den in Absatz 1 genannten Vereinigungen.

**§ 19 Zivilrechtliches Benachteiligungsverbot** (1) Eine Benachteiligung aus Gründen der Rasse oder wegen der ethnischen Herkunft, wegen des Geschlechts, der Religion, einer Behinderung, des Alters oder der sexuellen Identität bei der Begründung, Durchführung und Beendigung zivilrechtlicher Schuldverhältnisse, die
1. typischerweise ohne Ansehen der Person zu vergleichbaren Bedingungen in einer Vielzahl von Fällen zustande kommen (Massengeschäfte) oder bei denen das Ansehen der Person nach der Art des Schuldverhältnisses eine nachrangige Bedeutung hat und die zu vergleichbaren Bedingungen in einer Vielzahl von Fällen zustande kommen oder
2. eine privatrechtliche Versicherung zum Gegenstand haben, ist unzulässig.
(2) Eine Benachteiligung aus Gründen der Rasse oder wegen der ethnischen Herkunft ist darüber hinaus auch bei der Begründung, Durchführung und Beendigung sonstiger zivilrechtlicher Schuldverhältnisse im Sinne des § 2 Abs. 1 Nr. 5 bis 8 unzulässig.
(3) Bei der Vermietung von Wohnraum ist eine unterschiedliche Behandlung im Hinblick auf die Schaffung und Erhaltung sozial stabiler Bewohnerstrukturen und ausgewogener Siedlungsstrukturen sowie ausgeglichener wirtschaftlicher, sozialer und kultureller Verhältnisse zulässig.
(4) Die Vorschriften dieses Abschnitts finden keine Anwendung auf familien- und erbrechtliche Schuldverhältnisse.
(5) Die Vorschriften dieses Abschnitts finden keine Anwendung auf zivilrechtliche Schuldverhältnisse, bei denen ein besonderes Nähe- oder Vertrauensverhältnis der Parteien oder ihrer Angehörigen begründet wird. Bei Mietverhältnissen kann dies insbesondere der Fall sein, wenn die Parteien oder ihre Angehörigen Wohnraum auf demselben Grundstück nutzen. Die Vermietung von Wohnraum zum nicht nur vorübergehenden Gebrauch ist in der Regel kein Geschäft im Sinne des Absatzes 1 Nr. 1, wenn der Vermieter insgesamt nicht mehr als 50 Wohnungen vermietet.

**§ 20 Zulässige unterschiedliche Behandlung** (1) Eine Verletzung des Benachteiligungsverbots ist nicht gegeben, wenn für eine unterschiedliche Behandlung wegen der Religion oder der Weltanschauung, einer Behinderung, des Alters, der sexuellen Identität oder des Geschlechts ein sachlicher Grund vorliegt. Das kann insbesondere der Fall sein, wenn die unterschiedliche Behandlung
1. der Vermeidung von Gefahren, der Verhütung von Schäden oder anderen Zwecken vergleichbarer Art dient,
2. dem Bedürfnis nach Schutz der Intimsphäre oder der persönlichen Sicherheit Rechnung trägt,
3. besondere Vorteile gewährt und ein Interesse an der Durchsetzung der Gleichbehandlung fehlt,
4. an die Religion eines Menschen anknüpft und im Hinblick auf die Ausübung der Religionsfreiheit oder auf das Selbstbestimmungsrecht der Religionsgemeinschaften, der ihnen zugeordneten Einrichtungen ohne Rücksicht auf ihre Rechtsform sowie der Vereinigungen, die sich die gemeinschaftliche Pflege einer Religion zur Aufgabe machen, unter Beachtung des jeweiligen Selbstverständnisses gerechtfertigt ist.
(2) Eine unterschiedliche Behandlung wegen des Geschlechts ist im Falle des § 19 Abs. 1 Nr. 2 bei den Prämien oder Leistungen nur zulässig, wenn dessen Berücksichtigung bei einer auf relevanten und genauen versicherungsmathematischen und statistischen Daten beruhenden Risikobewertung ein bestimmender Faktor ist. Kosten im Zusammenhang mit Schwangerschaft und Mutterschaft dürfen auf keinen Fall zu unterschiedlichen Prämien oder Leistungen führen. Eine unterschiedliche Behandlung wegen der Religion oder Weltanschauung, einer Behinderung, des Alters oder der sexuellen Identität ist im Falle des § 19 Abs. 1 Nr. 2 nur zulässig, wenn diese auf anerkannten Prinzipien risikoadäquater Kalkulation beruht, insbesondere auf einer versicherungsmathematisch ermittelten Risikobewertung unter Heranziehung statistischer Erhebungen.

**§ 21 Ansprüche** (1) Der Benachteiligte kann bei einem Verstoß gegen das Benachteiligungsverbot unbeschadet weiterer Ansprüche die Beseitigung der Beeinträchtigung verlangen. Sind weitere Beeinträchtigungen zu besorgen, so kann er auf Unterlassung klagen.
(2) Bei einer Verletzung des Benachteiligungsverbots ist der Benachteiligende verpflichtet, den hierdurch entstandenen Schaden zu ersetzen. Dies gilt nicht, wenn der Benachteiligende die Pflichtverletzung nicht zu vertreten hat. Wegen eines Schadens, der nicht Vermögensschaden ist, kann der Benachteiligte eine angemessene Entschädigung in Geld verlangen.
(3) Ansprüche aus unerlaubter Handlung bleiben unberührt.
(4) Auf eine Vereinbarung, die von dem Benachteiligungsverbot abweicht, kann sich der Benachteiligende nicht berufen.
(5) Ein Anspruch nach den Absätzen 1 und 2 muss innerhalb einer Frist von zwei Monaten geltend gemacht werden. Nach Ablauf der Frist kann der Anspruch nur geltend gemacht werden, wenn der Benachteiligte ohne Verschulden an der Einhaltung der Frist verhindert war.

**§ 22 Beweislast** Wenn im Streitfall die eine Partei Indizien beweist, die eine Benachteiligung wegen eines in § 1 genannten Grundes vermuten lassen, trägt die andere Partei die Beweislast dafür, dass kein Verstoß gegen die Bestimmungen zum Schutz vor Benachteiligung vorgelegen hat.

**§ 23 Unterstützung durch Antidiskriminierungsverbände** (1) Antidiskriminierungsverbände sind Personenzusammenschlüsse, die nicht gewerbsmäßig und nicht nur vorübergehend entsprechend ihrer Satzung die besonderen Interessen von benachteiligten Personen oder Personengruppen nach Maßgabe von § 1 wahrnehmen. Die Befugnisse nach den Absätzen 2 bis 4 stehen ihnen zu, wenn sie mindestens 75 Mitglieder haben oder einen Zusammenschluss aus mindestens sieben Verbänden bilden.
(2) Antidiskriminierungsverbände sind befugt, im Rahmen ihres Satzungszwecks in gerichtlichen Verfahren, in denen eine Vertretung durch Anwälte und Anwältinnen nicht gesetzlich vorgeschrieben ist, als Beistände Benachteiligter in der Verhandlung aufzutreten. Im Übrigen bleiben die Vorschriften der Verfahrensordnungen, insbesondere diejenigen, nach denen Beiständen weiterer Vortrag untersagt werden kann, unberührt.
(3) Antidiskriminierungsverbänden ist im Rahmen ihres Satzungszwecks die Besorgung von Rechtsangelegenheiten Benachteiligter gestattet.
(4) Besondere Klagerechte und Vertretungsbefugnisse von Verbänden zu Gunsten von behinderten Menschen bleiben unberührt.

**§ 24 Sonderregelung für öffentlich-rechtliche Dienstverhältnisse** Die Vorschriften dieses Gesetzes gelten unter Berücksichtigung ihrer besonderen Rechtsstellung entsprechend für
1. Beamtinnen und Beamte des Bundes, der Länder, der Gemeinden, der Gemeindeverbände sowie der sonstigen der Aufsicht des Bundes oder eines Landes unterstehenden Körperschaften, Anstalten und Stiftungen des öffentlichen Rechts,
2. Richterinnen und Richter des Bundes und der Länder,
3. Zivildienstleistende sowie anerkannte Kriegsdienstverweigerer, soweit ihre Heranziehung zum Zivildienst betroffen ist.

**§ 25 Antidiskriminierungsstelle des Bundes** (1) Beim Bundesministerium für Familie, Senioren, Frauen und Jugend wird unbeschadet der Zuständigkeit der Beauftragten des Deutschen Bundestages oder der Bundesregierung die Stelle des Bundes zum Schutz vor Benachteiligungen wegen eines in § 1 genannten Grundes (Antidiskriminierungsstelle des Bundes) errichtet.
(2) Der Antidiskriminierungsstelle des Bundes ist die für die Erfüllung ihrer Aufgaben notwendige Personal- und Sachausstattung zur Verfügung zu stellen. Sie ist im Einzelplan des Bundesministeriums für Familie, Senioren, Frauen und Jugend in einem eigenen Kapitel auszuweisen.

**§ 26 Rechtsstellung der Leitung der Antidiskriminierungsstelle des Bundes** (1) Die Bundesministerin oder der Bundesminister für Familie, Senioren, Frauen und Jugend ernennt auf Vorschlag der Bundesregierung eine Person zur Leitung der Antidiskriminierungsstelle des Bundes. Sie steht nach Maßgabe dieses Gesetzes in einem öffentlich-rechtlichen Amtsverhältnis zum Bund. Sie ist in Ausübung ihres Amtes unabhängig und nur dem Gesetz unterworfen.

(2) Das Amtsverhältnis beginnt mit der Aushändigung der Urkunde über die Ernennung durch die Bundesministerin oder den Bundesminister für Familie, Senioren, Frauen und Jugend.

(3) Das Amtsverhältnis endet außer durch Tod

1. mit dem Zusammentreten eines neuen Bundestages,
2. durch Ablauf der Amtszeit mit Erreichen der Altersgrenze nach § 41 Abs. 1 des Bundesbeamtengesetzes,
3. mit der Entlassung.

Die Bundesministerin oder der Bundesminister für Familie, Senioren, Frauen und Jugend entlässt die Leiterin oder den Leiter der Antidiskriminierungsstelle des Bundes auf deren Verlangen oder wenn Gründe vorliegen, die bei einer Richterin oder einem Richter auf Lebenszeit die Entlassung aus dem Dienst rechtfertigen. Im Falle der Beendigung des Amtsverhältnisses erhält die Leiterin oder der Leiter der Antidiskriminierungsstelle des Bundes eine von der Bundesministerin oder dem Bundesminister für Familie, Senioren, Frauen und Jugend vollzogene Urkunde. Die Entlassung wird mit der Aushändigung der Urkunde wirksam.

(4) Das Rechtsverhältnis der Leitung der Antidiskriminierungsstelle des Bundes gegenüber dem Bund wird durch Vertrag mit dem Bundesministerium für Familie, Senioren, Frauen und Jugend geregelt. Der Vertrag bedarf der Zustimmung der Bundesregierung.

(5) Wird eine Bundesbeamtin oder ein Bundesbeamter zur Leitung der Antidiskriminierungsstelle des Bundes bestellt, scheidet er oder sie mit Beginn des Amtsverhältnisses aus dem bisherigen Amt aus. Für die Dauer des Amtsverhältnisses ruhen die aus dem Beamtenverhältnis begründeten Rechte und Pflichten mit Ausnahme der Pflicht zur Amtsverschwiegenheit und des Verbots der Annahme von Belohnungen oder Geschenken. Bei unfallverletzten Beamtinnen oder Beamten bleiben die gesetzlichen Ansprüche auf das Heilverfahren und einen Unfallausgleich unberührt.

**§ 27 Aufgaben** (1) Wer der Ansicht ist, wegen eines in § 1 genannten Grundes benachteiligt worden zu sein, kann sich an die Antidiskriminierungsstelle des Bundes wenden.

(2) Die Antidiskriminierungsstelle des Bundes unterstützt auf unabhängige Weise Personen, die sich nach Absatz 1 an sie wenden, bei der Durchsetzung ihrer Rechte zum Schutz vor Benachteiligungen. Hierbei kann sie insbesondere

1. über Ansprüche und die Möglichkeiten des rechtlichen Vorgehens im Rahmen gesetzlicher Regelungen zum Schutz vor Benachteiligungen informieren,
2. Beratung durch andere Stellen vermitteln,

3. eine gütliche Beilegung zwischen den Beteiligten anstreben.

Soweit Beauftragte des Deutschen Bundestages oder der Bundesregierung zuständig sind, leitet die Antidiskriminierungsstelle des Bundes die Anliegen der in Absatz 1 genannten Personen mit deren Einverständnis unverzüglich an diese weiter.

(3) Die Antidiskriminierungsstelle des Bundes nimmt auf unabhängige Weise folgende Aufgaben wahr, soweit nicht die Zuständigkeit der Beauftragten der Bundesregierung oder des Deutschen Bundestages berührt ist:

1. Öffentlichkeitsarbeit,
2. Maßnahmen zur Verhinderung von Benachteiligungen aus den in § 1 genannten Gründen,
3. Durchführung wissenschaftlicher Untersuchungen zu diesen Benachteiligungen.

(4) Die Antidiskriminierungsstelle des Bundes und die in ihrem Zuständigkeitsbereich betroffenen Beauftragten der Bundesregierung und des Deutschen Bundestages legen gemeinsam dem Deutschen Bundestag alle vier Jahre Berichte über Benachteiligungen aus den in § 1 genannten Gründen vor und geben Empfehlungen zur Beseitigung und Vermeidung dieser Benachteiligungen. Sie können gemeinsam wissenschaftliche Untersuchungen zu Benachteiligungen durchführen.

(5) Die Antidiskriminierungsstelle des Bundes und die in ihrem Zuständigkeitsbereich betroffenen Beauftragten der Bundesregierung und des Deutschen Bundestages sollen bei Benachteiligungen aus mehreren der in § 1 genannten Gründe zusammenarbeiten.

**§ 28 Befugnisse** (1) Die Antidiskriminierungsstelle des Bundes kann in Fällen des § 27 Abs. 2 Satz 2 Nr. 3 Beteiligte um Stellungnahmen ersuchen, soweit die Person, die sich nach § 27 Abs. 1 an sie gewandt hat, hierzu ihr Einverständnis erklärt.

(2) Alle Bundesbehörden und sonstigen öffentlichen Stellen im Bereich des Bundes sind verpflichtet, die Antidiskriminierungsstelle des Bundes bei der Erfüllung ihrer Aufgaben zu unterstützen, insbesondere die erforderlichen Auskünfte zu erteilen. Die Bestimmungen zum Schutz personenbezogener Daten bleiben unberührt.

**§ 29 Zusammenarbeit mit Nichtregierungsorganisationen und anderen Einrichtungen**
Die Antidiskriminierungsstelle des Bundes soll bei ihrer Tätigkeit Nichtregierungsorganisationen sowie Einrichtungen, die auf europäischer, Bundes-, Landes- oder regionaler Ebene zum Schutz vor Benachteiligungen wegen eines in § 1 genannten Grundes tätig sind, in geeigneter Form einbeziehen.

**§ 30 Beirat** (1) Zur Förderung des Dialogs mit gesellschaftlichen Gruppen und Organisationen, die sich den Schutz vor Benachteiligungen wegen eines in § 1 genannten Grundes zum Ziel gesetzt haben, wird der Antidiskriminierungsstelle des Bundes ein Beirat beigeordnet. Der Beirat berät die Antidiskriminierungsstelle des Bundes bei der Vorlage von Berichten und Empfehlungen an den Deutschen Bundestag nach § 27 Abs. 4 und kann hierzu sowie zu wissenschaftlichen Untersuchungen nach § 27 Abs. 3 Nr. 3 eigene Vorschläge unterbreiten.

(2) Das Bundesministerium für Familie, Senioren, Frauen und Jugend beruft im Einvernehmen mit der Leitung der Antidiskriminierungsstelle des Bundes sowie den entsprechend zuständigen Beauftragten der Bundesregierung oder des Deutschen Bundestages die Mitglieder dieses Beirats und für jedes Mitglied eine Stellvertretung. In den Beirat sollen Vertreterinnen und Vertreter gesellschaftlicher Gruppen und Organisationen sowie Expertinnen und Experten in Benachteiligungsfragen berufen werden. Die Gesamtzahl der Mitglieder des Beirats soll 16 Personen nicht überschreiten. Der Beirat soll zu gleichen Teilen mit Frauen und Männern besetzt sein.
(3) Der Beirat gibt sich eine Geschäftsordnung, die der Zustimmung des Bundesministeriums für Familie, Senioren, Frauen und Jugend bedarf.
(4) Die Mitglieder des Beirats üben die Tätigkeit nach diesem Gesetz ehrenamtlich aus. Sie haben Anspruch auf Aufwandsentschädigung sowie Reisekostenvergütung, Tagegelder und Übernachtungsgelder. Näheres regelt die Geschäftsordnung.

**§ 31 Unabdingbarkeit** Von den Vorschriften dieses Gesetzes kann nicht zu Ungunsten der geschützten Personen abgewichen werden.

**§ 32 Schlussbestimmung** Soweit in diesem Gesetz nicht Abweichendes bestimmt ist, gelten die allgemeinen Bestimmungen.

**§ 33 Übergangsbestimmungen** (1) Bei Benachteiligungen nach den §§ 611a, 611b und 612 Abs. 3 des Bürgerlichen Gesetzbuchs oder sexuellen Belästigungen nach dem Beschäftigtenschutzgesetz ist das vor dem 18. August 2006 maßgebliche Recht anzuwenden.
(2) Bei Benachteiligungen aus Gründen der Rasse oder wegen der ethnischen Herkunft sind die §§ 19 bis 21 nicht auf Schuldverhältnisse anzuwenden, die vor dem 18. August 2006 begründet worden sind. Satz 1 gilt nicht für spätere Änderungen von Dauerschuldverhältnissen.
(3) Bei Benachteiligungen wegen des Geschlechts, der Religion, einer Behinderung, des Alters oder der sexuellen Identität sind die §§ 19 bis 21 nicht auf Schuldverhältnisse anzuwenden, die vor dem 1. Dezember 2006 begründet worden sind. Satz 1 gilt nicht für spätere Änderungen von Dauerschuldverhältnissen.
(4) Auf Schuldverhältnisse, die eine privatrechtliche Versicherung zum Gegenstand haben, ist § 19 Abs. 1 nicht anzuwenden, wenn diese vor dem 22. Dezember 2007 begründet worden sind. Satz 1 gilt nicht für spätere Änderungen solcher Schuldverhältnisse.

## 3.3. Arbeitsgerichtsgesetz (ArbGG) (Auszug)

**§ 111 Änderung von Vorschriften** (1) Soweit nach anderen Rechtsvorschriften andere Gerichte, Behörden oder Stellen zur Entscheidung oder Beilegung von Arbeitssachen zuständig sind, treten an ihre Stelle die Arbeitsgerichte. Dies gilt nicht für Seemannsämter, soweit sie zur vorläufigen Entscheidung von Arbeitssachen zuständig sind.

(2) Zur Beilegung von Streitigkeiten zwischen Ausbildenden und Auszubildenden aus einem bestehenden Berufsausbildungsverhältnis können im Bereich des Handwerks die Handwerksinnungen, im übrigen die zuständigen Stellen im Sinne des Berufsbildungsgesetzes Ausschüsse bilden, denen Arbeitgeber und Arbeitnehmer in gleicher Zahl angehören müssen. Der Ausschuß hat die Parteien mündlich zu hören. Wird der von ihm gefällte Spruch nicht innerhalb einer Woche von beiden Parteien anerkannt, so kann binnen zwei Wochen nach ergangenem Spruch Klage beim zuständigen Arbeitsgericht erhoben werden. § 9 Abs. 5 gilt entsprechend. Der Klage muß in allen Fällen die Verhandlung vor dem Ausschuß vorangegangen sein. Aus Vergleichen, die vor dem Ausschuss geschlossen sind, und aus Sprüchen des Ausschusses, die von beiden Seiten anerkannt sind, findet die Zwangsvollstreckung statt. Die §§ 107 und 109 gelten entsprechend.

## 3.4. Berufsbildungsgesetz (BBiG)

**§ 1 Ziele und Begriffe der Berufsbildung** (1) Berufsbildung im Sinne dieses Gesetzes sind die Berufsausbildungsvorbereitung, die Berufsausbildung, die berufliche Fortbildung und die berufliche Umschulung.
(2) Die Berufsausbildungsvorbereitung dient dem Ziel, durch die Vermittlung von Grundlagen für den Erwerb beruflicher Handlungsfähigkeit an eine Berufsausbildung in einem anerkannten Ausbildungsberuf heranzuführen.
(3) Die Berufsausbildung hat die für die Ausübung einer qualifizierten beruflichen Tätigkeit in einer sich wandelnden Arbeitswelt notwendigen beruflichen Fertigkeiten, Kenntnisse und Fähigkeiten (berufliche Handlungsfähigkeit) in einem geordneten Ausbildungsgang zu vermitteln. Sie hat ferner den Erwerb der erforderlichen Berufserfahrungen zu ermöglichen.
(4) Die berufliche Fortbildung soll es ermöglichen,
1. die berufliche Handlungsfähigkeit durch eine Anpassungsfortbildung zu erhalten und anzupassen oder
2. die berufliche Handlungsfähigkeit durch eine Fortbildung der höherqualifizierenden Berufsbildung zu erweitern und beruflich aufzusteigen.
(5) Die berufliche Umschulung soll zu einer anderen beruflichen Tätigkeit befähigen.

**§ 2 Lernorte der Berufsbildung** (1) Berufsbildung wird durchgeführt
1. in Betrieben der Wirtschaft, in vergleichbaren Einrichtungen außerhalb der Wirtschaft, insbesondere des öffentlichen Dienstes, der Angehörigen freier Berufe und in Haushalten (betriebliche Berufsbildung),
2. in berufsbildenden Schulen (schulische Berufsbildung) und
3. in sonstigen Berufsbildungseinrichtungen außerhalb der schulischen und betrieblichen Berufsbildung (außerbetriebliche Berufsbildung).
(2) Die Lernorte nach Absatz 1 wirken bei der Durchführung der Berufsbildung zusammen (Lernortkooperation).
(3) Teile der Berufsausbildung können im Ausland durchgeführt werden, wenn dies dem Ausbildungsziel dient. Ihre Gesamtdauer soll ein Viertel der in der Ausbildungsordnung festgelegten Ausbildungsdauer nicht überschreiten.

**§ 3 Anwendungsbereich** (1) Dieses Gesetz gilt für die Berufsbildung, soweit sie nicht in berufsbildenden Schulen durchgeführt wird, die den Schulgesetzen der Länder unterstehen.
(2) Dieses Gesetz gilt nicht für
1. die Berufsbildung, die in berufsqualifizierenden oder vergleichbaren Studiengängen an Hochschulen auf der Grundlage des Hochschulrahmengesetzes und der Hochschulgesetze der Länder durchgeführt wird,
2. die Berufsbildung in einem öffentlich-rechtlichen Dienstverhältnis,

3. die Berufsbildung auf Kauffahrteischiffen, die nach dem Flaggenrechtsgesetz die Bundesflagge führen, soweit es sich nicht um Schiffe der kleinen Hochseefischerei oder der Küstenfischerei handelt.
(3) Für die Berufsbildung in Berufen der Handwerksordnung gelten die §§ 4 bis 9, 27 bis 49, 53 bis 70, 76 bis 80 sowie 101 Absatz 1 Nummer 1 bis 4 sowie Nummer 6 bis 10 nicht; insoweit gilt die Handwerksordnung.

**§ 4 Anerkennung von Ausbildungsberufen** (1) Als Grundlage für eine geordnete und einheitliche Berufsausbildung kann das Bundesministerium für Wirtschaft und Energie oder das sonst zuständige Fachministerium im Einvernehmen mit dem Bundesministerium für Bildung und Forschung durch Rechtsverordnung, die nicht der Zustimmung des Bundesrates bedarf, Ausbildungsberufe staatlich anerkennen und hierfür Ausbildungsordnungen nach § 5 erlassen.
(2) Für einen anerkannten Ausbildungsberuf darf nur nach der Ausbildungsordnung ausgebildet werden.
(3) In anderen als anerkannten Ausbildungsberufen dürfen Jugendliche unter 18 Jahren nicht ausgebildet werden, soweit die Berufsausbildung nicht auf den Besuch weiterführender Bildungsgänge vorbereitet.
(4) Wird die Ausbildungsordnung eines Ausbildungsberufs aufgehoben oder geändert, so sind für bestehende Berufsausbildungsverhältnisse weiterhin die Vorschriften, die bis zum Zeitpunkt der Aufhebung oder der Änderung gelten, anzuwenden, es sei denn, die ändernde Verordnung sieht eine abweichende Regelung vor.
(5) Das zuständige Fachministerium informiert die Länder frühzeitig über Neuordnungskonzepte und bezieht sie in die Abstimmung ein.

**§ 5 Ausbildungsordnung** (1) Die Ausbildungsordnung hat festzulegen
1. die Bezeichnung des Ausbildungsberufes, der anerkannt wird,
2. die Ausbildungsdauer; sie soll nicht mehr als drei und nicht weniger als zwei Jahre betragen,
3. die beruflichen Fertigkeiten, Kenntnisse und Fähigkeiten, die mindestens Gegenstand der Berufsausbildung sind (Ausbildungsberufsbild),
4. eine Anleitung zur sachlichen und zeitlichen Gliederung der Vermittlung der beruflichen Fertigkeiten, Kenntnisse und Fähigkeiten (Ausbildungsrahmenplan),
5. die Prüfungsanforderungen.
Bei der Festlegung der Fertigkeiten, Kenntnisse und Fähigkeiten nach Satz 1 Nummer 3 ist insbesondere die technologische und digitale Entwicklung zu beachten.
(2) Die Ausbildungsordnung kann vorsehen,
1. dass die Berufsausbildung in sachlich und zeitlich besonders gegliederten, aufeinander aufbauenden Stufen erfolgt; nach den einzelnen Stufen soll ein Ausbildungsabschluss vorgesehen werden, der sowohl zu einer qualifizierten beruflichen Tätigkeit im Sinne des § 1 Abs. 3 befähigt als auch die Fortsetzung der Berufsausbildung in weiteren Stufen ermöglicht (Stufenausbildung),

2. dass die Abschlussprüfung in zwei zeitlich auseinander fallenden Teilen durchgeführt wird,
2a. dass im Fall einer Regelung nach Nummer 2 bei nicht bestandener Abschlussprüfung in einem drei-
oder dreieinhalbjährigen Ausbildungsberuf, der auf einem zweijährigen Ausbildungsberuf aufbaut, der Abschluss des zweijährigen Ausbildungsberufs erworben wird, sofern im ersten Teil der Abschlussprüfung mindestens ausreichende Prüfungsleistungen erbracht worden sind,
2b. dass Auszubildende bei erfolgreichem Abschluss eines zweijährigen Ausbildungsberufs vom ersten Teil der Abschlussprüfung oder einer Zwischenprüfung eines darauf aufbauenden drei- oder dreieinhalbjährigen Ausbildungsberufs befreit sind,
3. dass abweichend von § 4 Abs. 4 die Berufsausbildung in diesem Ausbildungsberuf unter Anrechnung der bereits zurückgelegten Ausbildungszeit fortgesetzt werden kann, wenn die Vertragsparteien dies vereinbaren,
4. dass auf die Dauer der durch die Ausbildungsordnung geregelten Berufsausbildung die Dauer einer anderen abgeschlossenen Berufsausbildung ganz oder teilweise anzurechnen ist,
5. dass über das in Absatz 1 Nr. 3 beschriebene Ausbildungsberufsbild hinaus zusätzliche berufliche Fertigkeiten, Kenntnisse und Fähigkeiten vermittelt werden können, die die berufliche Handlungsfähigkeit ergänzen oder erweitern,
6. dass Teile der Berufsausbildung in geeigneten Einrichtungen außerhalb der Ausbildungsstätte durchgeführt werden, wenn und soweit es die Berufsausbildung erfordert (überbetriebliche Berufsausbildung).
Im Fall des Satzes 1 Nummer 2a bedarf es eines Antrags der Auszubildenden. Im Fall des Satzes 1 Nummer 4 bedarf es der Vereinbarung der Vertragsparteien. Im Rahmen der Ordnungsverfahren soll stets geprüft werden, ob Regelungen nach Nummer 1, 2, 2a, 2b und 4 sinnvoll und möglich sind.

**§ 6 Erprobung neuer Ausbildungs- und Prüfungsformen** Zur Entwicklung und Erprobung neuer Ausbildungs- und Prüfungsformen kann das Bundesministerium für Wirtschaft und Energie oder das sonst zuständige Fachministerium im Einvernehmen mit dem Bundesministerium für Bildung und Forschung nach Anhörung des Hauptausschusses des Bundesinstituts für Berufsbildung durch Rechtsverordnung, die nicht der Zustimmung des Bundesrates bedarf, Ausnahmen von § 4 Abs. 2 und 3 sowie den §§ 5, 37 und 48 zulassen, die auch auf eine bestimmte Art und Zahl von Ausbildungsstätten beschränkt werden können.

**§ 7 Anrechnung beruflicher Vorbildung auf die Ausbildungsdauer** (1) Die Landesregierungen können nach Anhörung des Landesausschusses für Berufsbildung durch Rechtsverordnung bestimmen, dass der Besuch eines Bildungsganges berufsbildender Schulen oder die Berufsausbildung in einer sonstigen Einrichtung ganz oder teilweise auf die Ausbildungsdauer angerechnet wird. Die Ermächtigung

kann durch Rechtsverordnung auf oberste Landesbehörden weiter übertragen werden.
(2) Ist keine Rechtsverordnung nach Absatz 1 erlassen, kann eine Anrechnung durch die zuständige Stelle im Einzelfall erfolgen. Für die Entscheidung über die Anrechnung auf die Ausbildungsdauer kann der Hauptausschuss des Bundesinstituts für Berufsbildung Empfehlungen beschließen.
(3) Die Anrechnung bedarf des gemeinsamen Antrags der Auszubildenden und der Ausbildenden. Der Antrag ist an die zuständige Stelle zu richten. Er kann sich auf Teile des höchstzulässigen Anrechnungszeitraums beschränken.
(4) Ein Anrechnungszeitraum muss in ganzen Monaten durch sechs teilbar sein.

**§ 7a Teilzeitberufsausbildung** (1) Die Berufsausbildung kann in Teilzeit durchgeführt werden. Im Berufsausbildungsvertrag ist für die gesamte Ausbildungszeit oder für einen bestimmten Zeitraum der Berufsausbildung die Verkürzung der täglichen oder der wöchentlichen Ausbildungszeit zu vereinbaren. Die Kürzung der täglichen oder der wöchentlichen Ausbildungszeit darf nicht mehr als 50 Prozent betragen.
(2) Die Dauer der Teilzeitberufsausbildung verlängert sich entsprechend, höchstens jedoch bis zum Eineinhalbfachen der Dauer, die in der Ausbildungsordnung für die betreffende Berufsausbildung in Vollzeit festgelegt ist. Die Dauer der Teilzeitberufsausbildung ist auf ganze Monate abzurunden. § 8 Absatz 2 bleibt unberührt.
(3) Auf Verlangen der Auszubildenden verlängert sich die Ausbildungsdauer auch über die Höchstdauer nach Absatz 2 Satz 1 hinaus bis zur nächsten möglichen Abschlussprüfung.
(4) Der Antrag auf Eintragung des Berufsausbildungsvertrages nach § 36 Absatz 1 in das Verzeichnis der Berufsausbildungsverhältnisse für eine Teilzeitberufsausbildung kann mit einem Antrag auf Verkürzung der Ausbildungsdauer nach § 8 Absatz 1 verbunden werden.

**§ 8 Verkürzung oder Verlängerung der Ausbildungsdauer** (1) Auf gemeinsamen Antrag der Auszubildenden und der Ausbildenden hat die zuständige Stelle die Ausbildungsdauer zu kürzen, wenn zu erwarten ist, dass das Ausbildungsziel in der gekürzten Dauer erreicht wird.
(2) In Ausnahmefällen kann die zuständige Stelle auf Antrag Auszubildender die Ausbildungsdauer verlängern, wenn die Verlängerung erforderlich ist, um das Ausbildungsziel zu erreichen. Vor der Entscheidung über die Verlängerung sind die Ausbildenden zu hören.
(3) Für die Entscheidung über die Verkürzung oder Verlängerung der Ausbildungsdauer kann der Hauptausschuss des Bundesinstituts für Berufsbildung Empfehlungen beschließen.

**§ 9 Regelungsbefugnis** Soweit Vorschriften nicht bestehen, regelt die zuständige Stelle die Durchführung der Berufsausbildung im Rahmen dieses Gesetzes.

**§ 10 Vertrag** (1) Wer andere Personen zur Berufsausbildung einstellt (Ausbildende), hat mit den Auszubildenden einen Berufsausbildungsvertrag zu schließen.
(2) Auf den Berufsausbildungsvertrag sind, soweit sich aus seinem Wesen und Zweck und aus diesem Gesetz nichts anderes ergibt, die für den Arbeitsvertrag geltenden Rechtsvorschriften und Rechtsgrundsätze anzuwenden.
(3) Schließen die gesetzlichen Vertreter oder Vertreterinnen mit ihrem Kind einen Berufsausbildungsvertrag, so sind sie von dem Verbot des § 181 des Bürgerlichen Gesetzbuchs befreit.
(4) Ein Mangel in der Berechtigung, Auszubildende einzustellen oder auszubilden, berührt die Wirksamkeit des Berufsausbildungsvertrages nicht.
(5) Zur Erfüllung der vertraglichen Verpflichtungen der Ausbildenden können mehrere natürliche oder juristische Personen in einem Ausbildungsverbund zusammenwirken, soweit die Verantwortlichkeit für die einzelnen Ausbildungsabschnitte sowie für die Ausbildungszeit insgesamt sichergestellt ist (Verbundausbildung).

**§ 11 Vertragsniederschrift** (1) Ausbildende haben unverzüglich nach Abschluss des Berufsausbildungsvertrages, spätestens vor Beginn der Berufsausbildung, den wesentlichen Inhalt des Vertrages gemäß Satz 2 schriftlich niederzulegen; die elektronische Form ist ausgeschlossen. In die Niederschrift sind mindestens aufzunehmen
1. Art, sachliche und zeitliche Gliederung sowie Ziel der Berufsausbildung, insbesondere die Berufstätigkeit, für die ausgebildet werden soll,
2. Beginn und Dauer der Berufsausbildung,
3. Ausbildungsmaßnahmen außerhalb der Ausbildungsstätte,
4. Dauer der regelmäßigen täglichen Ausbildungszeit,
5. Dauer der Probezeit,
6. Zahlung und Höhe der Vergütung,
7. Dauer des Urlaubs,
8. Voraussetzungen, unter denen der Berufsausbildungsvertrag gekündigt werden kann,
9. ein in allgemeiner Form gehaltener Hinweis auf die Tarifverträge, Betriebs- oder Dienstvereinbarungen, die auf das Berufsausbildungsverhältnis anzuwenden sind,
10. die Form des Ausbildungsnachweises nach § 13 Satz 2 Nummer 7.
(2) Die Niederschrift ist von den Ausbildenden, den Auszubildenden und deren gesetzlichen Vertretern und Vertreterinnen zu unterzeichnen.
(3) Ausbildende haben den Auszubildenden und deren gesetzlichen Vertretern und Vertreterinnen eine Ausfertigung der unterzeichneten Niederschrift unverzüglich auszuhändigen.
(4) Bei Änderungen des Berufsausbildungsvertrages gelten die Absätze 1 bis 3 entsprechend.

**§ 12 Nichtige Vereinbarungen** (1) Eine Vereinbarung, die Auszubildende für die Zeit nach Beendigung des Berufsausbildungsverhältnisses in der Ausübung ihrer beruflichen Tätigkeit beschränkt, ist nichtig. Dies gilt nicht, wenn sich Auszubildende innerhalb der letzten sechs Monate des Berufsausbildungsverhältnisses dazu verpflichten, nach dessen Beendigung mit den Ausbildenden ein Arbeitsverhältnis einzugehen.

(2) Nichtig ist eine Vereinbarung über

1. die Verpflichtung Auszubildender, für die Berufsausbildung eine Entschädigung zu zahlen, 2. Vertragsstrafen,
3. den Ausschluss oder die Beschränkung von Schadensersatzansprüchen,
4. die Festsetzung der Höhe eines Schadensersatzes in Pauschbeträgen.

Unterabschnitt 2

Pflichten der Auszubildenden

pflichten Azubi

**§ 13 Verhalten während der Berufsausbildung** Auszubildende haben sich zu bemühen, die berufliche Handlungsfähigkeit zu erwerben, die zum Erreichen des Ausbildungsziels erforderlich ist. Sie sind insbesondere verpflichtet,

1. die ihnen im Rahmen ihrer Berufsausbildung aufgetragenen Aufgaben sorgfältig auszuführen,
2. an Ausbildungsmaßnahmen teilzunehmen, für die sie nach § 15 freigestellt werden,
3. den Weisungen zu folgen, die ihnen im Rahmen der Berufsausbildung von Ausbildenden, von Ausbildern oder Ausbilderinnen oder von anderen weisungsberechtigten Personen erteilt werden,
4. die für die Ausbildungsstätte geltende Ordnung zu beachten,
5. Werkzeug, Maschinen und sonstige Einrichtungen pfleglich zu behandeln,
6. über Betriebs- und Geschäftsgeheimnisse Stillschweigen zu wahren,
7. einen schriftlichen oder elektronischen Ausbildungsnachweis zu führen.

**§ 14 Berufsausbildung** (1) Ausbildende haben pflichten Firma

1. dafür zu sorgen, dass den Auszubildenden die berufliche Handlungsfähigkeit vermittelt wird, die zum Erreichen des Ausbildungsziels erforderlich ist, und die Berufsausbildung in einer durch ihren Zweck gebotenen Form planmäßig, zeitlich und sachlich gegliedert so durchzuführen, dass das Ausbildungsziel in der vorgesehenen Ausbildungszeit erreicht werden kann,
2. selbst auszubilden oder einen Ausbilder oder eine Ausbilderin ausdrücklich damit zu beauftragen,
3. Auszubildenden kostenlos die Ausbildungsmittel, insbesondere Werkzeuge, Werkstoffe und Fachliteratur zur Verfügung zu stellen, die zur Berufsausbildung und zum Ablegen von Zwischen- und Abschlussprüfungen, auch soweit solche nach Beendigung des Berufsausbildungsverhältnisses stattfinden, erforderlich sind,
4. Auszubildende zum Besuch der Berufsschule anzuhalten,
5. dafür zu sorgen, dass Auszubildende charakterlich gefördert sowie sittlich und körperlich nicht gefährdet werden.

(2) Ausbildende haben Auszubildende zum Führen der Ausbildungsnachweise nach § 13 Satz 2 Nummer 7 anzuhalten und diese regelmäßig durchzusehen. Den Auszubildenden ist Gelegenheit zu geben, den Ausbildungsnachweis am Arbeitsplatz zu führen.

(3) Auszubildenden dürfen nur Aufgaben übertragen werden, die dem Ausbildungszweck dienen und ihren körperlichen Kräften angemessen sind.

**§ 15 Freistellung, Anrechnung** (1) Ausbildende dürfen Auszubildende vor einem vor 9 Uhr beginnenden Berufsschulunterricht nicht beschäftigen. Sie haben Auszubildende freizustellen
1. für die Teilnahme am Berufsschulunterricht,
2. an einem Berufsschultag mit mehr als fünf Unterrichtsstunden von mindestens je 45 Minuten, einmal in der Woche,
3. in Berufsschulwochen mit einem planmäßigen Blockunterricht von mindestens 25 Stunden an mindestens fünf Tagen,
4. für die Teilnahme an Prüfungen und Ausbildungsmaßnahmen, die auf Grund öffentlich-rechtlicher oder vertraglicher Bestimmungen außerhalb der Ausbildungsstätte durchzuführen sind, und
5. an dem Arbeitstag, der der schriftlichen Abschlussprüfung unmittelbar vorangeht.
Im Fall von Satz 2 Nummer 3 sind zusätzliche betriebliche Ausbildungsveranstaltungen bis zu zwei Stunden wöchentlich zulässig.
(2) Auf die Ausbildungszeit der Auszubildenden werden angerechnet
1. die Berufsschulunterrichtszeit einschließlich der Pausen nach Absatz 1 Satz 2 Nummer 1,
2. Berufsschultage nach Absatz 1 Satz 2 Nummer 2 mit der durchschnittlichen täglichen Ausbildungszeit,
3. Berufsschulwochen nach Absatz 1 Satz 2 Nummer 3 mit der durchschnittlichen wöchentlichen Ausbildungszeit,
4. die Freistellung nach Absatz 1 Satz 2 Nummer 4 mit der Zeit der Teilnahme einschließlich der Pausen und
5. die Freistellung nach Absatz 1 Satz 2 Nummer 5 mit der durchschnittlichen täglichen Ausbildungszeit.
(3) Für Auszubildende unter 18 Jahren gilt das Jugendarbeitsschutzgesetz.

**§ 16 Zeugnis** (1) Ausbildende haben den Auszubildenden bei Beendigung des Berufsausbildungsverhältnisses ein schriftliches Zeugnis auszustellen. Die elektronische Form ist ausgeschlossen. Haben Ausbildende die Berufsausbildung nicht selbst durchgeführt, so soll auch der Ausbilder oder die Ausbilderin das Zeugnis unterschreiben.
(2) Das Zeugnis muss Angaben enthalten über Art, Dauer und Ziel der Berufsausbildung sowie über die erworbenen beruflichen Fertigkeiten, Kenntnisse und Fähigkeiten der Auszubildenden. Auf Verlangen Auszubildender sind auch Angaben über Verhalten und Leistung aufzunehmen.

**§ 17 Vergütungsanspruch und Mindestvergütung** (1) Ausbildende haben Auszubildenden eine angemessene Vergütung zu gewähren. Die Vergütung steigt mit fortschreitender Berufsausbildung, mindestens jährlich, an.

(2) Die Angemessenheit der Vergütung ist ausgeschlossen, wenn sie folgende monatliche Mindestvergütung unterschreitet:
1. im ersten Jahr einer Berufsausbildung
a) 515 Euro, wenn die Berufsausbildung im Zeitraum vom 1. Januar 2020 bis zum 31. Dezember 2020 begonnen wird,
b) 550 Euro, wenn die Berufsausbildung im Zeitraum vom 1. Januar 2021 bis zum 31. Dezember 2021 begonnen wird,
c) 585 Euro, wenn die Berufsausbildung im Zeitraum vom 1. Januar 2022 bis zum 31. Dezember 2022 begonnen wird, und
d) 620 Euro, wenn die Berufsausbildung im Zeitraum vom 1. Januar 2023 bis zum 31. Dezember 2023 begonnen wird,
2. im zweiten Jahr einer Berufsausbildung den Betrag nach Nummer 1 für das jeweilige Jahr, in dem die Berufsausbildung begonnen worden ist, zuzüglich 18 Prozent,
3. im dritten Jahr einer Berufsausbildung den Betrag nach Nummer 1 für das jeweilige Jahr, in dem die Berufsausbildung begonnen worden ist, zuzüglich 35 Prozent und
4. im vierten Jahr einer Berufsausbildung den Betrag nach Nummer 1 für das jeweilige Jahr, in dem die Berufsausbildung begonnen worden ist, zuzüglich 40 Prozent.
Die Höhe der Mindestvergütung nach Satz 1 Nummer 1 wird zum 1. Januar eines jeden Jahres, erstmals zum
1. Januar 2024, fortgeschrieben. Die Fortschreibung entspricht dem rechnerischen Mittel der nach § 88 Absatz
1 Satz 1 Nummer 1 Buchstabe g erhobenen Ausbildungsvergütungen im Vergleich der beiden dem Jahr der Bekanntgabe vorausgegangenen Kalenderjahre. Dabei ist der sich ergebende Betrag bis unter 0,50 Euro abzurunden sowie von 0,50 Euro an aufzurunden. Das Bundesministerium für Bildung und Forschung gibt jeweils spätestens bis zum 1. November eines jeden Kalenderjahres die Höhe der Mindestvergütung nach Satz
1 Nummer 1 bis 4, die für das folgende Kalenderjahr maßgebend ist, im Bundesgesetzblatt bekannt. Die nach den Sätzen 2 bis 5 fortgeschriebene Höhe der Mindestvergütung für das erste Jahr einer Berufsausbildung gilt für Berufsausbildungen, die im Jahr der Fortschreibung begonnen werden. Die Aufschläge nach Satz 1 Nummer 2 bis 4 für das zweite bis vierte Jahr einer Berufsausbildung sind auf der Grundlage dieses Betrages zu berechnen.
(3) Angemessen ist auch eine für den Ausbildenden nach § 3 Absatz 1 des Tarifvertragsgesetzes geltende tarifvertragliche Vergütungsregelung, durch die die in Absatz 2 genannte jeweilige Mindestvergütung unterschritten wird. Nach Ablauf eines Tarifvertrages nach Satz 1 gilt dessen Vergütungsregelung für bereits begründete Ausbildungsverhältnisse weiterhin als angemessen, bis sie durch einen neuen oder ablösenden Tarifvertrag ersetzt wird.
(4) Die Angemessenheit der vereinbarten Vergütung ist auch dann, wenn sie die Mindestvergütung nach Absatz 2 nicht unterschreitet, in der Regel ausgeschlossen, wenn sie die Höhe der in einem Tarifvertrag geregelten Vergütung, in dessen Geltungsbereich das Ausbildungsverhältnis fällt, an den der Ausbildende aber nicht gebunden ist, um mehr als 20 Prozent unterschreitet.

(5) Bei einer Teilzeitberufsausbildung kann eine nach den Absätzen 2 bis 4 zu gewährende Vergütung unterschritten werden. Die Angemessenheit der Vergütung ist jedoch ausgeschlossen, wenn die prozentuale Kürzung der Vergütung höher ist als die prozentuale Kürzung der täglichen oder der wöchentlichen Arbeitszeit.
(6) Sachleistungen können in Höhe der nach § 17 Absatz 1 Satz 1 Nummer 4 des Vierten Buches Sozialgesetzbuch festgesetzten Sachbezugswerte angerechnet werden, jedoch nicht über 75 Prozent der Bruttovergütung hinaus.
(7) Eine über die vereinbarte regelmäßige tägliche Ausbildungszeit hinausgehende Beschäftigung ist besonders zu vergüten oder durch die Gewährung entsprechender Freizeit auszugleichen.

**§ 18 Bemessung und Fälligkeit der Vergütung** (1) Die Vergütung bemisst sich nach Monaten. Bei Berechnung der Vergütung für einzelne Tage wird der Monat zu 30 Tagen gerechnet.
(2) Ausbildende haben die Vergütung für den laufenden Kalendermonat spätestens am letzten Arbeitstag des Monats zu zahlen.
(3) Gilt für Ausbildende nicht nach § 3 Absatz 1 des Tarifvertragsgesetzes eine tarifvertragliche Vergütungsregelung, sind sie verpflichtet, den bei ihnen beschäftigten Auszubildenden spätestens zu dem in Absatz 2 genannten Zeitpunkt eine Vergütung mindestens in der bei Beginn der Berufsausbildung geltenden Höhe der Mindestvergütung nach § 17 Absatz 2 Satz 1 zu zahlen. Satz 1 findet bei einer Teilzeitberufsausbildung mit der Maßgabe Anwendung, dass die Vergütungshöhe mindestens dem prozentualen Anteil an der Arbeitszeit entsprechen muss.

**§ 19 Fortzahlung der Vergütung** (1) Auszubildenden ist die Vergütung auch zu zahlen
1. für die Zeit der Freistellung (§ 15),
2. bis zur Dauer von sechs Wochen, wenn sie
a) sich für die Berufsausbildung bereithalten, diese aber ausfällt oder
b) aus einem sonstigen, in ihrer Person liegenden Grund unverschuldet verhindert sind, ihre Pflichten aus dem Berufsausbildungsverhältnis zu erfüllen.
(2) Können Auszubildende während der Zeit, für welche die Vergütung fortzuzahlen ist, aus berechtigtem Grund Sachleistungen nicht abnehmen, so sind diese nach den Sachbezugswerten (§ 17 Absatz 6) abzugelten.

**§ 20 Probezeit** Das Berufsausbildungsverhältnis beginnt mit der Probezeit. Sie muss mindestens einen Monat und darf höchstens vier Monate betragen.

**§ 21 Beendigung** (1) Das Berufsausbildungsverhältnis endet mit dem Ablauf der Ausbildungsdauer. Im Falle der Stufenausbildung endet es mit Ablauf der letzten Stufe.
(2) Bestehen Auszubildende vor Ablauf der Ausbildungsdauer die Abschlussprüfung, so endet das Berufsausbildungsverhältnis mit Bekanntgabe des Ergebnisses durch den Prüfungsausschuss.

(3) Bestehen Auszubildende die Abschlussprüfung nicht, so verlängert sich das Berufsausbildungsverhältnis auf ihr Verlangen bis zur nächstmöglichen Wiederholungsprüfung, höchstens um ein Jahr.

**§ 22 Kündigung** (1) Während der Probezeit kann das Berufsausbildungsverhältnis jederzeit ohne Einhalten einer Kündigungsfrist gekündigt werden.
(2) Nach der Probezeit kann das Berufsausbildungsverhältnis nur gekündigt werden
1. aus einem wichtigen Grund ohne Einhalten einer Kündigungsfrist,
2. von Auszubildenden mit einer Kündigungsfrist von vier Wochen, wenn sie die Berufsausbildung aufgeben oder sich für eine andere Berufstätigkeit ausbilden lassen wollen.
(3) Die Kündigung muss schriftlich und in den Fällen des Absatzes 2 unter Angabe der Kündigungsgründe erfolgen.
(4) Eine Kündigung aus einem wichtigen Grund ist unwirksam, wenn die ihr zugrunde liegenden Tatsachen dem zur Kündigung Berechtigten länger als zwei Wochen bekannt sind. Ist ein vorgesehenes Güteverfahren vor einer außergerichtlichen Stelle eingeleitet, so wird bis zu dessen Beendigung der Lauf dieser Frist gehemmt.

**§ 23 Schadensersatz bei vorzeitiger Beendigung** (1) Wird das Berufsausbildungsverhältnis nach der Probezeit vorzeitig gelöst, so können Ausbildende oder Auszubildende Ersatz des Schadens verlangen, wenn die andere Person den Grund für die Auflösung zu vertreten hat. Dies gilt nicht im Falle des § 22 Abs. 2 Nr. 2.
(2) Der Anspruch erlischt, wenn er nicht innerhalb von drei Monaten nach Beendigung des Berufsausbildungsverhältnisses geltend gemacht wird.
Unterabschnitt 6 Sonstige Vorschriften

**§ 24 Weiterarbeit** Werden Auszubildende im Anschluss an das Berufsausbildungsverhältnis beschäftigt, ohne dass hierüber ausdrücklich etwas vereinbart worden ist, so gilt ein Arbeitsverhältnis auf unbestimmte Zeit als begründet.

**§ 25 Unabdingbarkeit** Eine Vereinbarung, die zuungunsten Auszubildender von den Vorschriften dieses Teils des Gesetzes abweicht, ist nichtig.

**§ 26 Andere Vertragsverhältnisse** Soweit nicht ein Arbeitsverhältnis vereinbart ist, gelten für Personen, die eingestellt werden, um berufliche Fertigkeiten, Kenntnisse, Fähigkeiten oder berufliche Erfahrungen zu erwerben, ohne dass es sich um eine Berufsausbildung im Sinne dieses Gesetzes handelt, die §§ 10 bis 16 und 17 Absatz 1, 6 und 7 sowie die §§ 18 bis 23 und 25 mit der Maßgabe, dass die gesetzliche Probezeit abgekürzt, auf die Vertragsniederschrift verzichtet und bei vorzeitiger Lösung des Vertragsverhältnisses nach Ablauf der Probezeit abweichend von § 23 Abs. 1 Satz 1 Schadensersatz nicht verlangt werden kann.

**§ 27 Eignung der Ausbildungsstätte** (1) Auszubildende dürfen nur eingestellt und ausgebildet werden, wenn
1. die Ausbildungsstätte nach Art und Einrichtung für die Berufsausbildung geeignet ist und
2. die Zahl der Auszubildenden in einem angemessenen Verhältnis zur Zahl der Ausbildungsplätze oder zur Zahl der beschäftigten Fachkräfte steht, es sei denn, dass anderenfalls die Berufsausbildung nicht gefährdet wird.
(2) Eine Ausbildungsstätte, in der die erforderlichen beruflichen Fertigkeiten, Kenntnisse und Fähigkeiten nicht im vollen Umfang vermittelt werden können, gilt als geeignet, wenn diese durch Ausbildungsmaßnahmen außerhalb der Ausbildungsstätte vermittelt werden.
(3) Eine Ausbildungsstätte ist nach Art und Einrichtung für die Berufsausbildung in Berufen der Landwirtschaft, einschließlich der ländlichen Hauswirtschaft, nur geeignet, wenn sie von der nach Landesrecht zuständigen Behörde als Ausbildungsstätte anerkannt ist. Das Bundesministerium für Ernährung und Landwirtschaft kann im Einvernehmen mit dem Bundesministerium für Bildung und Forschung nach Anhörung des Hauptausschusses des Bundesinstituts für Berufsbildung durch Rechtsverordnung, die nicht der Zustimmung des Bundesrates bedarf, Mindestanforderungen für die Größe, die Einrichtung und den Bewirtschaftungszustand der Ausbildungsstätte festsetzen.
(4) Eine Ausbildungsstätte ist nach Art und Einrichtung für die Berufsausbildung in Berufen der Hauswirtschaft nur geeignet, wenn sie von der nach Landesrecht zuständigen Behörde als Ausbildungsstätte anerkannt ist. Das Bundesministerium für Wirtschaft und Energie kann im Einvernehmen mit dem Bundesministerium für Bildung und Forschung nach Anhörung des Hauptausschusses des Bundesinstituts für Berufsbildung durch Rechtsverordnung, die nicht der Zustimmung des Bundesrates bedarf, Mindestanforderungen für die Größe, die Einrichtung und den Bewirtschaftungszustand der Ausbildungsstätte festsetzen.

**§ 28 Eignung von Ausbildenden und Ausbildern oder Ausbilderinnen** (1) Auszubildende darf nur einstellen, wer persönlich geeignet ist. Auszubildende darf nur ausbilden, wer persönlich und fachlich geeignet ist.
(2) Wer fachlich nicht geeignet ist oder wer nicht selbst ausbildet, darf Auszubildende nur dann einstellen, wenn er persönlich und fachlich geeignete Ausbilder oder Ausbilderinnen bestellt, die die Ausbildungsinhalte in der Ausbildungsstätte unmittelbar, verantwortlich und in wesentlichem Umfang vermitteln.
(3) Unter der Verantwortung des Ausbilders oder der Ausbilderin kann bei der Berufsausbildung mitwirken, wer selbst nicht Ausbilder oder Ausbilderin ist, aber abweichend von den besonderen Voraussetzungen des § 30 die für die Vermittlung von Ausbildungsinhalten erforderlichen beruflichen Fertigkeiten, Kenntnisse und Fähigkeiten besitzt und persönlich geeignet ist.

**§ 29 Persönliche Eignung** Persönlich nicht geeignet ist insbesondere, wer
1. Kinder und Jugendliche nicht beschäftigen darf oder

2. wiederholt oder schwer gegen dieses Gesetz oder die auf Grund dieses Gesetzes erlassenen Vorschriften und Bestimmungen verstoßen hat.

**§ 30 Fachliche Eignung** (1) Fachlich geeignet ist, wer die beruflichen sowie die berufs- und arbeitspädagogischen Fertigkeiten, Kenntnisse und Fähigkeiten besitzt, die für die Vermittlung der Ausbildungsinhalte erforderlich sind.
(2) Die erforderlichen beruflichen Fertigkeiten, Kenntnisse und Fähigkeiten besitzt, wer
1. die Abschlussprüfung in einer dem Ausbildungsberuf entsprechenden Fachrichtung bestanden hat,
2. eine anerkannte Prüfung an einer Ausbildungsstätte oder vor einer Prüfungsbehörde oder eine Abschlussprüfung an einer staatlichen oder staatlich anerkannten Schule in einer dem Ausbildungsberuf entsprechenden Fachrichtung bestanden hat,
3. eine Abschlussprüfung an einer deutschen Hochschule in einer dem Ausbildungsberuf entsprechenden Fachrichtung bestanden hat oder
4. im Ausland einen Bildungsabschluss in einer dem Ausbildungsberuf entsprechenden Fachrichtung erworben hat, dessen Gleichwertigkeit nach dem Berufsqualifikationsfeststellungsgesetz oder anderen rechtlichen Regelungen festgestellt worden ist
und eine angemessene Zeit in seinem Beruf praktisch tätig gewesen ist.
(3) Das Bundesministerium für Wirtschaft und Energie oder das sonst zuständige Fachministerium kann im Einvernehmen mit dem Bundesministerium für Bildung und Forschung nach Anhörung des Hauptausschusses des Bundesinstituts für Berufsbildung durch Rechtsverordnung, die nicht der Zustimmung des Bundesrates bedarf, in den Fällen des Absatzes 2 Nr. 2 bestimmen, welche Prüfungen für welche Ausbildungsberufe anerkannt werden.
(4) Das Bundesministerium für Wirtschaft und Energie oder das sonst zuständige Fachministerium kann im Einvernehmen mit dem Bundesministerium für Bildung und Forschung nach Anhörung des Hauptausschusses des Bundesinstituts für Berufsbildung durch Rechtsverordnung, die nicht der Zustimmung des Bundesrates bedarf, für einzelne Ausbildungsberufe bestimmen, dass abweichend von Absatz 2 die für die fachliche Eignung erforderlichen beruflichen Fertigkeiten, Kenntnisse und Fähigkeiten nur besitzt, wer
1. die Voraussetzungen des Absatzes 2 Nr. 2 oder 3 erfüllt und eine angemessene Zeit in seinem Beruf praktisch tätig gewesen ist oder
2. die Voraussetzungen des Absatzes 2 Nr. 3 erfüllt und eine angemessene Zeit in seinem Beruf praktisch tätig gewesen ist oder
3. für die Ausübung eines freien Berufes zugelassen oder in ein öffentliches Amt bestellt ist.
(5) Das Bundesministerium für Bildung und Forschung kann nach Anhörung des Hauptausschusses des Bundesinstituts für Berufsbildung durch Rechtsverordnung, die nicht der Zustimmung des Bundesrates bedarf, bestimmen, dass der Erwerb berufs- und arbeitspädagogischer Fertigkeiten, Kenntnisse und Fähigkeiten gesondert

nachzuweisen ist. Dabei können Inhalt, Umfang und Abschluss der Maßnahmen für den Nachweis geregelt werden.
(6) Die nach Landesrecht zuständige Behörde kann Personen, die die Voraussetzungen des Absatzes 2, 4 oder 5 nicht erfüllen, die fachliche Eignung nach Anhörung der zuständigen Stelle widerruflich zuerkennen.

**§ 31 Europaklausel** (1) In den Fällen des § 30 Abs. 2 und 4 besitzt die für die fachliche Eignung erforderlichen beruflichen Fertigkeiten, Kenntnisse und Fähigkeiten auch, wer die Voraussetzungen für die Anerkennung seiner Berufsqualifikation nach der Richtlinie 2005/36/EG des Europäischen Parlaments und des Rates vom 7. September 2005 über die Anerkennung von Berufsqualifikationen (ABl. EU Nr. L 255 S. 22) erfüllt, sofern er eine angemessene Zeit in seinem Beruf praktisch tätig gewesen ist. § 30 Abs. 4 Nr. 3 bleibt unberührt.
(2) Die Anerkennung kann unter den in Artikel 14 der in Absatz 1 genannten Richtlinie aufgeführten Voraussetzungen davon abhängig gemacht werden, dass der Antragsteller oder die Antragstellerin zunächst einen höchstens dreijährigen Anpassungslehrgang ableistet oder eine Eignungsprüfung ablegt.
(3) Die Entscheidung über die Anerkennung trifft die zuständige Stelle. Sie kann die Durchführung von Anpassungslehrgängen und Eignungsprüfungen regeln.

**§ 31a Sonstige ausländische Vorqualifikationen** In den Fällen des § 30 Absatz 2 und 4 besitzt die für die fachliche Eignung erforderlichen Fertigkeiten, Kenntnisse und Fähigkeiten, wer die Voraussetzungen von § 2 Absatz 1 in Verbindung mit § 9 des Berufsqualifikationsfeststellungsgesetzes erfüllt und nicht in einem anderen Mitgliedstaat der Europäischen Union oder einem anderen Vertragsstaat des Europäischen Wirtschaftsraums oder der Schweiz seinen Befähigungsnachweis erworben hat, sofern er eine angemessene Zeit in seinem Beruf praktisch tätig gewesen ist. § 30 Absatz 4 Nummer 3 bleibt unberührt.

**§ 32 Überwachung der Eignung** (1) Die zuständige Stelle hat darüber zu wachen, dass die Eignung der Ausbildungsstätte sowie die persönliche und fachliche Eignung vorliegen.
(2) Werden Mängel der Eignung festgestellt, so hat die zuständige Stelle, falls der Mangel zu beheben und eine Gefährdung Auszubildender nicht zu erwarten ist, Ausbildende aufzufordern, innerhalb einer von ihr gesetzten Frist den Mangel zu beseitigen. Ist der Mangel der Eignung nicht zu beheben oder ist eine Gefährdung Auszubildender zu erwarten oder wird der Mangel nicht innerhalb der gesetzten Frist beseitigt, so hat die zuständige Stelle dies der nach Landesrecht zuständigen Behörde mitzuteilen.

**§ 33 Untersagung des Einstellens und Ausbildens** (1) Die nach Landesrecht zuständige Behörde kann für eine bestimmte Ausbildungsstätte das Einstellen und Ausbilden untersagen, wenn die Voraussetzungen nach § 27 nicht oder nicht mehr vorliegen.

(2) Die nach Landesrecht zuständige Behörde hat das Einstellen und Ausbilden zu untersagen, wenn die persönliche oder fachliche Eignung nicht oder nicht mehr vorliegt.
(3) Vor der Untersagung sind die Beteiligten und die zuständige Stelle zu hören. Dies gilt nicht im Falle des § 29 Nr. 1.

**§ 34 Einrichten, Führen** (1) Die zuständige Stelle hat für anerkannte Ausbildungsberufe ein Verzeichnis der Berufsausbildungsverhältnisse einzurichten und zu führen, in das der Berufsausbildungsvertrag einzutragen ist. Die Eintragung ist für Auszubildende gebührenfrei.
(2) Die Eintragung umfasst für jedes Berufsausbildungsverhältnis
1. Name, Vorname, Geburtsdatum, Anschrift der Auszubildenden,
2. Geschlecht, Staatsangehörigkeit, allgemeinbildender Schulabschluss, vorausgegangene Teilnahme an berufsvorbereitender Qualifizierung oder beruflicher Grundbildung, vorherige Berufsausbildung sowie vorheriges Studium, Anschlussvertrag bei Anrechnung einer zuvor absolvierten dualen Berufsausbildung nach diesem Gesetz oder nach der Handwerksordnung einschließlich Ausbildungsberuf,
3. Name, Vorname und Anschrift der gesetzlichen Vertreter und Vertreterinnen,
4. Ausbildungsberuf einschließlich Fachrichtung,
5. Berufsausbildung im Rahmen eines ausbildungsintegrierenden dualen Studiums,
6. Tag, Monat und Jahr des Abschlusses des Ausbildungsvertrages, Ausbildungsdauer, Dauer der Probezeit, Verkürzung der Ausbildungsdauer, Teilzeitberufsausbildung,
7. die bei Abschluss des Berufsausbildungsvertrages vereinbarte Vergütung für jedes Ausbildungsjahr,
8. Tag, Monat und Jahr des vertraglich vereinbarten Beginns und Endes der Berufsausbildung sowie Tag, Monat und Jahr einer vorzeitigen Auflösung des Ausbildungsverhältnisses,
9. Art der Förderung bei überwiegend öffentlich, insbesondere auf Grund des Dritten Buches Sozialgesetzbuch geförderten Berufsausbildungsverhältnissen,
10. Name und Anschrift der Ausbildenden, Anschrift und amtliche Gemeindeschlüssel der Ausbildungsstätte, Wirtschaftszweig, Betriebsnummer der Ausbildungsstätte nach § 18i Absatz 1 oder § 18k Absatz 1 des Vierten Buches Sozialgesetzbuch, Zugehörigkeit zum öffentlichen Dienst,
11. Name, Vorname, Geschlecht und Art der fachlichen Eignung der Ausbilder und Ausbilderinnen.

**§ 35 Eintragen, Ändern, Löschen** (1) Ein Berufsausbildungsvertrag und Änderungen seines wesentlichen Inhalts sind in das Verzeichnis einzutragen, wenn
1. der Berufsausbildungsvertrag diesem Gesetz und der Ausbildungsordnung entspricht,
2. die persönliche und fachliche Eignung sowie die Eignung der Ausbildungsstätte für das Einstellen und Ausbilden vorliegen und

3. für Auszubildende unter 18 Jahren die ärztliche Bescheinigung über die Erstuntersuchung nach § 32 Abs. 1 des Jugendarbeitsschutzgesetzes zur Einsicht vorgelegt wird.

(2) Die Eintragung ist abzulehnen oder zu löschen, wenn die Eintragungsvoraussetzungen nicht vorliegen und der Mangel nicht nach § 32 Abs. 2 behoben wird. Die Eintragung ist ferner zu löschen, wenn die ärztliche Bescheinigung über die erste Nachuntersuchung nach § 33 Abs. 1 des Jugendarbeitsschutzgesetzes nicht spätestens am Tage der Anmeldung der Auszubildenden zur Zwischenprüfung oder zum ersten Teil der Abschlussprüfung zur Einsicht vorgelegt und der Mangel nicht nach § 32 Abs. 2 behoben wird.

(3) Die nach § 34 Absatz 2 Nummer 1, 4, 8 und 10 erhobenen Daten werden zur Verbesserung
der Ausbildungsvermittlung, zur Verbesserung der Zuverlässigkeit und Aktualität der Ausbildungsvermittlungsstatistik sowie zur Verbesserung der Feststellung von Angebot und Nachfrage auf dem Ausbildungsmarkt an die Bundesagentur für Arbeit übermittelt. Bei der Datenübermittlung sind dem jeweiligen Stand der Technik entsprechende Maßnahmen zur Sicherstellung von Datenschutz und Datensicherheit, insbesondere nach den Artikeln 24, 25 und 32 der Verordnung (EU) 2016/679 des Europäischen Parlaments und des Rates vom 27. April 2016 zum Schutz natürlicher Personen bei der Verarbeitung personenbezogener Daten, zum freien Datenverkehr und zur Aufhebung der Richtlinie 95/46/EG (Datenschutz-Grundverordnung) (ABl. L 119 vom 4.5.2016, S. 1), zu treffen, die insbesondere die Vertraulichkeit, Unversehrtheit und Zurechenbarkeit der Daten gewährleisten.

**§ 36 Antrag und Mitteilungspflichten** (1) Ausbildende haben unverzüglich nach Abschluss des Berufsausbildungsvertrages die Eintragung in das Verzeichnis zu beantragen. Der Antrag kann schriftlich oder elektronisch gestellt werden; eine Kopie der Vertragsniederschrift ist jeweils beizufügen. Auf einen betrieblichen Ausbildungsplan im Sinne von § 11 Absatz 1 Satz 2 Nummer 1, der der zuständigen Stelle bereits vorliegt, kann dabei Bezug genommen werden. Entsprechendes gilt bei Änderungen des wesentlichen Vertragsinhalts.

(2) Ausbildende und Auszubildende sind verpflichtet, den zuständigen Stellen die zur Eintragung nach § 34 erforderlichen Tatsachen auf Verlangen mitzuteilen.

**§ 37 Abschlussprüfung** (1) In den anerkannten Ausbildungsberufen sind Abschlussprüfungen durchzuführen. Die Abschlussprüfung kann im Falle des Nichtbestehens zweimal wiederholt werden. Sofern die Abschlussprüfung in zwei zeitlich auseinander fallenden Teilen durchgeführt wird, ist der erste Teil der Abschlussprüfung nicht eigenständig wiederholbar.

(2) Dem Prüfling ist ein Zeugnis auszustellen. Ausbildenden werden auf deren Verlangen die Ergebnisse der Abschlussprüfung der Auszubildenden übermittelt. Sofern die Abschlussprüfung in zwei zeitlich auseinander fallenden Teilen durchgeführt wird, ist das Ergebnis der Prüfungsleistungen im ersten Teil der Abschlussprüfung dem Prüfling schriftlich mitzuteilen.

(3) Dem Zeugnis ist auf Antrag des Auszubildenden eine englischsprachige und eine französischsprachige Übersetzung beizufügen. Auf Antrag des Auszubildenden ist das Ergebnis berufsschulischer Leistungsfeststellungen auf dem Zeugnis auszuweisen. Der Auszubildende hat den Nachweis der berufsschulischen Leistungsfeststellungen dem Antrag beizufügen.
(4) Die Abschlussprüfung ist für Auszubildende gebührenfrei.

**§ 38 Prüfungsgegenstand** Durch die Abschlussprüfung ist festzustellen, ob der Prüfling die berufliche Handlungsfähigkeit erworben hat. In ihr soll der Prüfling nachweisen, dass er die erforderlichen beruflichen Fertigkeiten beherrscht, die notwendigen beruflichen Kenntnisse und Fähigkeiten besitzt und mit dem im Berufsschulunterricht zu vermittelnden, für die Berufsausbildung wesentlichen Lehrstoff vertraut ist. Die Ausbildungsordnung ist zugrunde zu legen.

**§ 39 Prüfungsausschüsse, Prüferdelegationen** (1) Für die Durchführung der Abschlussprüfung errichtet die zuständige Stelle Prüfungsausschüsse. Mehrere zuständige Stellen können bei einer von ihnen gemeinsame Prüfungsausschüsse errichten.
(2) Prüfungsausschüsse oder Prüferdelegationen nach § 42 Absatz 2 nehmen die Prüfungsleistungen ab.
(3) Prüfungsausschüsse oder Prüferdelegationen nach § 42 Absatz 2 können zur Bewertung einzelner, nicht mündlich zu erbringender Prüfungsleistungen gutachterliche Stellungnahmen Dritter, insbesondere berufsbildender Schulen, einholen. Im Rahmen der Begutachtung sind die wesentlichen Abläufe zu dokumentieren und die für die Bewertung erheblichen Tatsachen festzuhalten.

**§ 40 Zusammensetzung, Berufung** (1) Der Prüfungsausschuss besteht aus mindestens drei Mitgliedern. Die Mitglieder müssen für die Prüfungsgebiete sachkundig und für die Mitwirkung im Prüfungswesen geeignet sein.
(2) Dem Prüfungsausschuss müssen als Mitglieder Beauftragte der Arbeitgeber und der Arbeitnehmer in gleicher Zahl sowie mindestens eine Lehrkraft einer berufsbildenden Schule angehören. Mindestens zwei Drittel der Gesamtzahl der Mitglieder müssen Beauftragte der Arbeitgeber und der Arbeitnehmer sein. Die Mitglieder haben Stellvertreter oder Stellvertreterinnen.
(3) Die Mitglieder werden von der zuständigen Stelle längstens für fünf Jahre berufen. Die Beauftragten der Arbeitnehmer werden auf Vorschlag der im Bezirk der zuständigen Stelle bestehenden Gewerkschaften und selbständigen Vereinigungen von Arbeitnehmern mit sozial- oder berufspolitischer Zwecksetzung berufen. Die Lehrkraft einer berufsbildenden Schule wird im Einvernehmen mit der Schulaufsichtsbehörde oder der von ihr bestimmten Stelle berufen. Werden Mitglieder nicht oder nicht in ausreichender Zahl innerhalb einer von der zuständigen Stelle gesetzten angemessenen Frist vorgeschlagen, so beruft die zuständige Stelle insoweit nach pflichtgemäßem Ermessen. Die Mitglieder der Prüfungsausschüsse können nach

Anhören der an ihrer Berufung Beteiligten aus wichtigem Grund abberufen werden. Die Sätze 1 bis 5 gelten für die stellvertretenden Mitglieder entsprechend.
(4) Die zuständige Stelle kann weitere Prüfende für den Einsatz in Prüferdelegationen nach § 42 Absatz 2 berufen. Die Berufung weiterer Prüfender kann auf bestimmte Prüf- oder Fachgebiete beschränkt werden. Absatz 3 ist entsprechend anzuwenden.
(5) Die für die Berufung von Prüfungsausschussmitgliedern Vorschlagsberechtigten sind über die Anzahl und die Größe der einzurichtenden Prüfungsausschüsse sowie über die Zahl der von ihnen vorzuschlagenden weiteren Prüfenden zu unterrichten. Die Vorschlagsberechtigten werden von der zuständigen Stelle darüber unterrichtet, welche der von ihnen vorgeschlagenen Mitglieder, Stellvertreter und Stellvertreterinnen sowie weiteren Prüfenden berufen wurden.
(6) Die Tätigkeit im Prüfungsausschuss oder in einer Prüferdelegation ist ehrenamtlich. Für bare Auslagen
und für Zeitversäumnis ist, soweit eine Entschädigung nicht von anderer Seite gewährt wird, eine angemessene Entschädigung zu zahlen, deren Höhe von der zuständigen Stelle mit Genehmigung der obersten Landesbehörde festgesetzt wird. Die Entschädigung für Zeitversäumnis hat mindestens im Umfang von § 16 des Justizvergütungs- und -entschädigungsgesetzes in der jeweils geltenden Fassung zu erfolgen.
(6a) Prüfende sind von ihrem Arbeitgeber von der Erbringung der Arbeitsleistung freizustellen, wenn
1. es zur ordnungsgemäßen Durchführung der ihnen durch das Gesetz zugewiesenen Aufgaben erforderlich ist und
2. wichtige betriebliche Gründe nicht entgegenstehen.
(7) Von Absatz 2 darf nur abgewichen werden, wenn anderenfalls die erforderliche Zahl von Mitgliedern des Prüfungsausschusses nicht berufen werden kann.

**§ 41 Vorsitz, Beschlussfähigkeit, Abstimmung** (1) Der Prüfungsausschuss wählt ein Mitglied, das den Vorsitz führt, und ein weiteres Mitglied, das den Vorsitz stellvertretend übernimmt. Der Vorsitz und das ihn stellvertretende Mitglied sollen nicht derselben Mitgliedergruppe angehören.
(2) Der Prüfungsausschuss ist beschlussfähig, wenn zwei Drittel der Mitglieder, mindestens drei, mitwirken. Er beschließt mit der Mehrheit der abgegebenen Stimmen. Bei Stimmengleichheit gibt die Stimme des vorsitzenden Mitglieds den Ausschlag.

**§ 42 Beschlussfassung, Bewertung der Abschlussprüfung** (1) Der Prüfungsausschuss fasst die Beschlüsse über
1. die Noten zur Bewertung einzelner Prüfungsleistungen, die er selbst abgenommen hat,
2. die Noten zur Bewertung der Prüfung insgesamt sowie
3. das Bestehen oder Nichtbestehen der Abschlussprüfung.
(2) Die zuständige Stelle kann im Einvernehmen mit den Mitgliedern des Prüfungsausschusses die Abnahme und abschließende Bewertung von

Prüfungsleistungen auf Prüferdelegationen übertragen. Für die Zusammensetzung von Prüferdelegationen und für die Abstimmungen in der Prüferdelegation sind § 40 Absatz 1 und 2 sowie § 41 Absatz 2 entsprechend anzuwenden. Mitglieder von Prüferdelegationen können die Mitglieder des Prüfungsausschusses, deren Stellvertreter und Stellvertreterinnen sowie weitere Prüfende sein, die durch die zuständige Stelle nach § 40 Absatz 4 berufen worden sind.
(3) Die zuständige Stelle hat vor Beginn der Prüfung über die Bildung von Prüferdelegationen, über deren Mitglieder sowie über deren Stellvertreter und Stellvertreterinnen zu entscheiden. Prüfende können Mitglieder mehrerer Prüferdelegationen sein. Sind verschiedene Prüfungsleistungen derart aufeinander bezogen, dass deren Beurteilung nur einheitlich erfolgen kann, so müssen diese Prüfungsleistungen von denselben Prüfenden abgenommen werden.
(4) Nach § 47 Absatz 2 Satz 2 erstellte oder ausgewählte Antwort-Wahl-Aufgaben können automatisiert ausgewertet werden, wenn das Aufgabenerstellungs- oder Aufgabenauswahlgremium festgelegt hat, welche Antworten als zutreffend anerkannt werden. Die Ergebnisse sind vom Prüfungsausschuss zu übernehmen.
(5) Der Prüfungsausschuss oder die Prüferdelegation kann einvernehmlich die Abnahme und Bewertung einzelner schriftlicher oder sonstiger Prüfungsleistungen, deren Bewertung unabhängig von der Anwesenheit bei der Erbringung erfolgen kann, so vornehmen, dass zwei seiner oder ihrer Mitglieder die Prüfungsleistungen selbständig und unabhängig bewerten. Weichen die auf der Grundlage des in der Prüfungsordnung vorgesehenen Bewertungsschlüssels erfolgten Bewertungen der beiden Prüfenden um nicht mehr als 10 Prozent der erreichbaren Punkte voneinander ab, so errechnet sich die endgültige Bewertung aus dem Durchschnitt der beiden Bewertungen. Bei einer größeren Abweichung erfolgt die endgültige Bewertung durch ein vorab bestimmtes weiteres Mitglied des Prüfungsausschusses oder der Prüferdelegation.
(6) Sieht die Ausbildungsordnung vor, dass Auszubildende bei erfolgreichem Abschluss eines zweijährigen Ausbildungsberufs vom ersten Teil der Abschlussprüfung eines darauf aufbauenden drei- oder dreieinhalbjährigen Ausbildungsberufs befreit sind, so ist das Ergebnis der Abschlussprüfung des zweijährigen Ausbildungsberufs vom Prüfungsausschuss als das Ergebnis des ersten Teils der Abschlussprüfung des auf dem zweijährigen Ausbildungsberuf aufbauenden drei- oder dreieinhalbjährigen Ausbildungsberufs zu übernehmen.

**§ 43 Zulassung zur Abschlussprüfung** (1) Zur Abschlussprüfung ist zuzulassen,
1. wer die Ausbildungsdauer zurückgelegt hat oder wessen Ausbildungsdauer nicht später als zwei Monate nach dem Prüfungstermin endet,
2. wer an vorgeschriebenen Zwischenprüfungen teilgenommen sowie einen vom Ausbilder und Auszubildenden unterzeichneten Ausbildungsnachweis nach § 13 Satz 2 Nummer 7 vorgelegt hat und
3. wessen Berufsausbildungsverhältnis in das Verzeichnis der Berufsausbildungsverhältnisse eingetragen oder aus einem Grund nicht eingetragen

ist, den weder die Auszubildenden noch deren gesetzliche Vertreter oder Vertreterinnen zu vertreten haben.

(2) Zur Abschlussprüfung ist ferner zuzulassen, wer in einer berufsbildenden Schule oder einer sonstigen Berufsbildungseinrichtung ausgebildet worden ist, wenn dieser Bildungsgang der Berufsausbildung in einem anerkannten Ausbildungsberuf entspricht. Ein Bildungsgang entspricht der Berufsausbildung in einem anerkannten Ausbildungsberuf, wenn er

1. nach Inhalt, Anforderung und zeitlichem Umfang der jeweiligen Ausbildungsordnung gleichwertig ist,
2. systematisch, insbesondere im Rahmen einer sachlichen und zeitlichen Gliederung, durchgeführt wird und
3. durch Lernortkooperation einen angemessenen Anteil an fachpraktischer Ausbildung gewährleistet.

**§ 44 Zulassung zur Abschlussprüfung bei zeitlich auseinander fallenden Teilen** (1) Sofern die Abschlussprüfung in zwei zeitlich auseinander fallenden Teilen durchgeführt wird, ist über die Zulassung jeweils gesondert zu entscheiden.

(2) Zum ersten Teil der Abschlussprüfung ist zuzulassen, wer die in der Ausbildungsordnung vorgeschriebene, erforderliche Ausbildungsdauer zurückgelegt hat und die Voraussetzungen des § 43 Abs. 1 Nr. 2 und 3 erfüllt.

(3) Zum zweiten Teil der Abschlussprüfung ist zuzulassen, wer

1. über die Voraussetzungen des § 43 Absatz 1 hinaus am ersten Teil der Abschlussprüfung teilgenommen hat,
2. auf Grund einer Rechtsverordnung nach § 5 Absatz 2 Satz 1 Nummer 2b von der Ablegung des ersten Teils der Abschlussprüfung befreit ist oder
3. aus Gründen, die er nicht zu vertreten hat, am ersten Teil der Abschlussprüfung nicht teilgenommen hat.

Im Fall des Satzes 1 Nummer 3 ist der erste Teil der Abschlussprüfung zusammen mit dem zweiten Teil abzulegen.

**§ 45 Zulassung in besonderen Fällen** (1) Auszubildende können nach Anhörung der Ausbildenden und der Berufsschule vor Ablauf ihrer Ausbildungszeit zur Abschlussprüfung zugelassen werden, wenn ihre Leistungen dies rechtfertigen.

(2) Zur Abschlussprüfung ist auch zuzulassen, wer nachweist, dass er mindestens das Eineinhalbfache der Zeit, die als Ausbildungsdauer vorgeschrieben ist, in dem Beruf tätig gewesen ist, in dem die Prüfung abgelegt werden soll. Als Zeiten der Berufstätigkeit gelten auch Ausbildungszeiten in einem anderen, einschlägigen Ausbildungsberuf. Vom Nachweis der Mindestzeit nach Satz 1 kann ganz oder teilweise abgesehen werden, wenn durch Vorlage von Zeugnissen oder auf andere Weise glaubhaft gemacht wird, dass der Bewerber oder die Bewerberin die berufliche Handlungsfähigkeit erworben hat, die die Zulassung zur Prüfung rechtfertigt. Ausländische Bildungsabschlüsse und Zeiten der Berufstätigkeit im Ausland sind dabei zu berücksichtigen.

(3) Soldaten oder Soldatinnen auf Zeit und ehemalige Soldaten oder Soldatinnen sind nach Absatz 2 Satz 3 zur Abschlussprüfung zuzulassen, wenn das Bundesministerium der Verteidigung oder die von ihm bestimmte Stelle bescheinigt, dass der Bewerber oder die Bewerberin berufliche Fertigkeiten, Kenntnisse und Fähigkeiten erworben hat, welche die Zulassung zur Prüfung rechtfertigen.

**§ 46 Entscheidung über die Zulassung** (1) Über die Zulassung zur Abschlussprüfung entscheidet die zuständige Stelle. Hält sie die Zulassungsvoraussetzungen nicht für gegeben, so entscheidet der Prüfungsausschuss.
(2) Auszubildenden, die Elternzeit in Anspruch genommen haben, darf bei der Entscheidung über die Zulassung hieraus kein Nachteil erwachsen.

**§ 47 Prüfungsordnung** (1) Die zuständige Stelle hat eine Prüfungsordnung für die Abschlussprüfung zu erlassen. Die Prüfungsordnung bedarf der Genehmigung der zuständigen obersten Landesbehörde.
(2) Die Prüfungsordnung muss die Zulassung, die Gliederung der Prüfung, die Bewertungsmaßstäbe,
die Erteilung der Prüfungszeugnisse, die Folgen von Verstößen gegen die Prüfungsordnung und die Wiederholungsprüfung regeln. Sie kann vorsehen, dass Prüfungsaufgaben, die überregional oder von einem Aufgabenerstellungsausschuss bei der zuständigen Stelle erstellt oder ausgewählt werden, zu übernehmen sind, sofern diese Aufgaben von Gremien erstellt oder ausgewählt werden, die entsprechend § 40 Abs. 2 zusammengesetzt sind.
(3) Im Fall des § 73 Absatz 1 erlässt das Bundesministerium des Innern, für Bau und Heimat oder das sonst zuständige Fachministerium die Prüfungsordnung durch Rechtsverordnung, die nicht der Zustimmung des Bundesrates bedarf. Das Bundesministerium des Innern, für Bau und Heimat oder das sonst zuständige Fachministerium kann die Ermächtigung nach Satz 1 durch Rechtsverordnung auf die von ihm bestimmte zuständige Stelle übertragen.
(4) Im Fall des § 73 Absatz 2 erlässt die zuständige Landesregierung die Prüfungsordnung durch Rechtsverordnung. Die Ermächtigung nach Satz 1 kann durch Rechtsverordnung auf die von ihr bestimmte zuständige Stelle übertragen werden.
(5) Wird im Fall des § 71 Absatz 8 die zuständige Stelle durch das Land bestimmt, so erlässt die zuständige Landesregierung die Prüfungsordnung durch Rechtsverordnung. Die Ermächtigung nach Satz 1 kann durch Rechtsverordnung auf die von ihr bestimmte zuständige Stelle übertragen werden.
(6) Der Hauptausschuss des Bundesinstituts für Berufsbildung erlässt für die Prüfungsordnung Richtlinien.

**§ 48 Zwischenprüfungen** (1) Während der Berufsausbildung ist zur Ermittlung des Ausbildungsstandes eine Zwischenprüfung entsprechend der Ausbildungsordnung durchzuführen. Die §§ 37 bis 39 gelten entsprechend.
(2) Die Zwischenprüfung entfällt, sofern

1. die Ausbildungsordnung vorsieht, dass die Abschlussprüfung in zwei zeitlich auseinanderfallenden Teilen durchgeführt wird, oder
2. die Ausbildungsordnung vorsieht, dass auf die Dauer der durch die Ausbildungsordnung geregelten Berufsausbildung die Dauer einer anderen abgeschlossenen Berufsausbildung im Umfang von mindestens zwei Jahren anzurechnen ist, und die Vertragsparteien die Anrechnung mit mindestens dieser Dauer vereinbart haben.

(3) Umzuschulende sind auf ihren Antrag zur Zwischenprüfung zuzulassen.

**§ 49 Zusatzqualifikationen** (1) Zusätzliche berufliche Fertigkeiten, Kenntnisse und Fähigkeiten nach § 5 Abs. 2 Nr. 5 werden gesondert geprüft und bescheinigt. Das Ergebnis der Prüfung nach § 37 bleibt unberührt.
(2) § 37 Abs. 3 und 4 sowie die §§ 39 bis 42 und 47 gelten entsprechend.

**§ 50 Gleichstellung von Prüfungszeugnissen** (1) Das Bundesministerium für Wirtschaft und Energie oder das sonst zuständige Fachministerium kann im Einvernehmen mit dem Bundesministerium für Bildung und Forschung nach Anhörung des Hauptausschusses des Bundesinstituts für Berufsbildung durch Rechtsverordnung außerhalb des Anwendungsbereichs dieses Gesetzes erworbene Prüfungszeugnisse den entsprechenden Zeugnissen über das Bestehen der Abschlussprüfung gleichstellen, wenn die Berufsausbildung und die in der Prüfung nachzuweisenden beruflichen Fertigkeiten, Kenntnisse und Fähigkeiten gleichwertig sind.
(2) Das Bundesministerium für Wirtschaft und Energie oder das sonst zuständige Fachministerium kann im Einvernehmen mit dem Bundesministerium für Bildung und Forschung nach Anhörung des Hauptausschusses des Bundesinstituts für Berufsbildung durch Rechtsverordnung im Ausland erworbene Prüfungszeugnisse den entsprechenden Zeugnissen über das Bestehen der Abschlussprüfung gleichstellen, wenn die in der Prüfung nachzuweisenden beruflichen Fertigkeiten, Kenntnisse und Fähigkeiten gleichwertig sind.

**§ 50a Gleichwertigkeit ausländischer Berufsqualifikationen** Ausländische Berufsqualifikationen stehen einer bestandenen Aus- oder Fortbildungsprüfung nach diesem Gesetz gleich, wenn die Gleichwertigkeit der beruflichen Fertigkeiten, Kenntnisse und Fähigkeiten nach dem Berufsqualifikationsfeststellungsgesetz festgestellt wurde.

**§ 51 Interessenvertretung** (1) Auszubildende, deren praktische Berufsbildung in einer sonstigen Berufsbildungseinrichtung außerhalb der schulischen und betrieblichen Berufsbildung (§ 2 Abs. 1 Nr. 3) mit in der Regel mindestens fünf Auszubildenden stattfindet und die nicht wahlberechtigt zum Betriebsrat nach § 7 des Betriebsverfassungsgesetzes, zur Jugend- und Auszubildendenvertretung nach § 60 des Betriebsverfassungsgesetzes oder zur Mitwirkungsvertretung nach § 52 des Neunten Buches Sozialgesetzbuch sind (außerbetriebliche Auszubildende), wählen eine besondere Interessenvertretung.

(2) Absatz 1 findet keine Anwendung auf Berufsbildungseinrichtungen von Religionsgemeinschaften sowie auf andere Berufsbildungseinrichtungen, soweit sie eigene gleichwertige Regelungen getroffen haben.

**§ 52 Verordnungsermächtigung** Das Bundesministerium für Bildung und Forschung kann durch Rechtsverordnung, die nicht der Zustimmung des Bundesrates bedarf, die Fragen bestimmen, auf die sich die Beteiligung erstreckt, die Zusammensetzung und die Amtszeit der Interessenvertretung, die Durchführung der Wahl, insbesondere die Feststellung der Wahlberechtigung und der Wählbarkeit sowie Art und Umfang der Beteiligung.

**§ 53 Fortbildungsordnungen der höherqualifizierenden Berufsbildung** (1) Als Grundlage für eine einheitliche höherqualifizierende Berufsbildung kann das Bundesministerium für Bildung und Forschung im Einvernehmen mit dem Bundesministerium für Wirtschaft und Energie oder mit dem sonst zuständigen Fachministerium nach Anhörung des Hauptausschusses des Bundesinstituts für Berufsbildung durch Rechtsverordnung, die nicht der Zustimmung des Bundesrates bedarf, Abschlüsse der höherqualifizierenden Berufsbildung anerkennen und hierfür Prüfungsregelungen erlassen (Fortbildungsordnungen).
(2) Die Fortbildungsordnungen haben festzulegen:
1. die Bezeichnung des Fortbildungsabschlusses,
2. die Fortbildungsstufe,
3. das Ziel, den Inhalt und die Anforderungen der Prüfung,
4. die Zulassungsvoraussetzungen für die Prüfung und
5. das Prüfungsverfahren.
(3) Abweichend von Absatz 1 werden Fortbildungsordnungen
1. in den Berufen der Landwirtschaft, einschließlich der ländlichen Hauswirtschaft, durch das Bundesministerium für Ernährung und Landwirtschaft im Einvernehmen mit dem Bundesministerium für Bildung und Forschung erlassen und
2. in Berufen der Hauswirtschaft durch das Bundesministerium für Wirtschaft und Energie im Einvernehmen mit dem Bundesministerium für Bildung und Forschung erlassen.

**§ 53a Fortbildungsstufen** (1) Die Fortbildungsstufen der höherqualifizierenden Berufsbildung sind
1. als erste Fortbildungsstufe der Geprüfte Berufsspezialist und die Geprüfte Berufsspezialistin,
2. als zweite Fortbildungsstufe der Bachelor Professional und
3. als dritte Fortbildungsstufe der Master Professional.
(2) Jede Fortbildungsordnung, die eine höherqualifizierende Berufsbildung der ersten Fortbildungsstufe regelt, soll auf einen Abschluss der zweiten Fortbildungsstufe hinführen.

**§ 53b Geprüfter Berufsspezialist und Geprüfte Berufsspezialistin** (1) Den Fortbildungsabschluss des Geprüften Berufsspezialisten oder der Geprüften Berufsspezialistin erlangt, wer eine Prüfung der ersten beruflichen Fortbildungsstufe besteht.

(2) In der Fortbildungsprüfung der ersten beruflichen Fortbildungsstufe wird festgestellt, ob der Prüfling

1. die Fertigkeiten, Kenntnisse und Fähigkeiten, die er in der Regel im Rahmen der Berufsausbildung erworben hat, vertieft hat und
2. die in der Regel im Rahmen der Berufsausbildung erworbene berufliche Handlungsfähigkeit um neue Fertigkeiten, Kenntnisse und Fähigkeiten ergänzt hat.

Der Lernumfang für den Erwerb dieser Fertigkeiten, Kenntnisse und Fähigkeiten soll mindestens 400 Stunden betragen.

(3) Als Voraussetzung zur Zulassung für eine Prüfung der ersten beruflichen Fortbildungsstufe ist als Regelzugang der Abschluss in einem anerkannten Ausbildungsberuf vorzusehen.

(4) Die Bezeichnung eines Fortbildungsabschlusses der ersten beruflichen Fortbildungsstufe beginnt mit den Wörtern „Geprüfter Berufsspezialist für" oder „Geprüfte Berufsspezialistin für". Die Fortbildungsordnung kann vorsehen, dass dieser Abschlussbezeichnung eine weitere Abschlussbezeichnung vorangestellt wird. Diese Abschlussbezeichnung der ersten beruflichen Fortbildungsstufe darf nur führen, wer

1. die Prüfung der ersten beruflichen Fortbildungsstufe bestanden hat oder
2. die Prüfung einer gleichwertigen beruflichen Fortbildung auf der Grundlage bundes- oder landesrechtlicher Regelungen, die diese Abschlussbezeichnung vorsehen, bestanden hat.

**§ 53c Bachelor Professional** (1) Den Fortbildungsabschluss Bachelor Professional erlangt, wer eine Prüfung der zweiten beruflichen Fortbildungsstufe erfolgreich besteht.

(2) In der Fortbildungsprüfung der zweiten beruflichen Fortbildungsstufe wird festgestellt, ob der Prüfling in der Lage ist, Fach- und Führungsfunktionen zu übernehmen, in denen zu verantwortende Leitungsprozesse von Organisationen eigenständig gesteuert werden, eigenständig ausgeführt werden und dafür Mitarbeiter und Mitarbeiterinnen geführt werden. Der Lernumfang für den Erwerb dieser Fertigkeiten, Kenntnisse und Fähigkeiten soll mindestens 1 200 Stunden betragen.

(3) Als Voraussetzung zur Zulassung für eine Prüfung der zweiten beruflichen Fortbildungsstufe ist als Regelzugang vorzusehen:

1. der Abschluss in einem anerkannten Ausbildungsberuf oder
2. ein Abschluss der ersten beruflichen Fortbildungsstufe.

(4) Die Bezeichnung eines Fortbildungsabschlusses der zweiten beruflichen Fortbildungsstufe beginnt mit den Wörtern „Bachelor Professional in". Die Fortbildungsordnung kann vorsehen, dass dieser Abschlussbezeichnung eine weitere Abschlussbezeichnung vorangestellt wird. Die Abschlussbezeichnung der zweiten beruflichen Fortbildungsstufe darf nur führen, wer

1. die Prüfung der zweiten beruflichen Fortbildungsstufe bestanden hat oder

2. die Prüfung einer gleichwertigen beruflichen Fortbildung auf der Grundlage bundes- oder landesrechtlicher Regelungen, die diese Abschlussbezeichnung vorsehen, bestanden hat.

**§ 53d Master Professional** (1) Den Fortbildungsabschluss Master Professional erlangt, wer die Prüfung der dritten beruflichen Fortbildungsstufe besteht.
(2) In der Fortbildungsprüfung der dritten beruflichen Fortbildungsstufe wird festgestellt, ob der Prüfling
1. die Fertigkeiten, Kenntnisse und Fähigkeiten, die er in der Regel mit der Vorbereitung auf eine Fortbildungsprüfung der zweiten Fortbildungsstufe erworben hat, vertieft hat und
2. neue Fertigkeiten, Kenntnisse und Fähigkeiten erworben hat, die erforderlich sind für die verantwortliche Führung von Organisationen oder zur Bearbeitung von neuen, komplexen Aufgaben- und Problemstellungen wie der Entwicklung von Verfahren und Produkten.
Der Lernumfang für den Erwerb dieser Fertigkeiten, Kenntnisse und Fähigkeiten soll mindestens 1 600 Stunden betragen.
(3) Als Voraussetzung zur Zulassung für eine Prüfung der dritten beruflichen Fortbildungsstufe ist als Regelzugang ein Abschluss auf der zweiten beruflichen Fortbildungsstufe vorzusehen.
(4) Die Bezeichnung eines Fortbildungsabschlusses der dritten beruflichen Fortbildungsstufe beginnt mit den Wörtern „Master Professional in". Die Fortbildungsordnung kann vorsehen, dass dieser Abschlussbezeichnung eine weitere Abschlussbezeichnung vorangestellt wird. Die Abschlussbezeichnung der dritten beruflichen Fortbildungsstufe darf nur führen, wer
1. die Prüfung der dritten beruflichen Fortbildungsstufe bestanden hat oder
2. die Prüfung einer gleichwertigen beruflichen Fortbildung auf der Grundlage bundes- oder landesrechtlicher Regelungen, die diese Abschlussbezeichnung vorsehen, bestanden hat.

**§ 53e Anpassungsfortbildungsordnungen** (1) Als Grundlage für eine einheitliche Anpassungsfortbildung kann das Bundesministerium für Bildung
und Forschung im Einvernehmen mit dem Bundesministerium für Wirtschaft und Energie oder dem sonst zuständigen Fachministerium nach Anhörung des Hauptausschusses des Bundesinstituts für Berufsbildung durch Rechtsverordnung, die nicht der Zustimmung des Bundesrates bedarf, Fortbildungsabschlüsse anerkennen und hierfür Prüfungsregelungen erlassen (Anpassungsfortbildungsordnungen).
(2) Die Anpassungsfortbildungsordnungen haben festzulegen:
1. die Bezeichnung des Fortbildungsabschlusses,
2. das Ziel, den Inhalt und die Anforderungen der Prüfung,
3. die Zulassungsvoraussetzungen und
4. das Prüfungsverfahren.
(3) Abweichend von Absatz 1 werden Anpassungsfortbildungsordnungen

1. in den Berufen der Landwirtschaft, einschließlich der ländlichen Hauswirtschaft, durch das Bundesministerium für Ernährung und Landwirtschaft im Einvernehmen mit dem Bundesministerium für Bildung und Forschung erlassen und
2. in Berufen der Hauswirtschaft durch das Bundesministerium für Wirtschaft und Energie im Einvernehmen mit dem Bundesministerium für Bildung und Forschung erlassen.

**§ 54 Fortbildungsprüfungsregelungen der zuständigen Stellen** (1) Sofern für einen Fortbildungsabschluss weder eine Fortbildungsordnung noch eine Anpassungsfortbildungsordnung erlassen worden ist, kann die zuständige Stelle Fortbildungsprüfungsregelungen erlassen. Wird im Fall des § 71 Absatz 8 als zuständige Stelle eine Landesbehörde bestimmt, so erlässt die zuständige Landesregierung die Fortbildungsprüfungsregelungen durch Rechtsverordnung. Die Ermächtigung nach Satz 2 kann durch Rechtsverordnung auf die von ihr bestimmte zuständige Stelle übertragen werden.
(2) Die Fortbildungsprüfungsregelungen haben festzulegen:
1. die Bezeichnung des Fortbildungsabschlusses,
2. das Ziel, den Inhalt und die Anforderungen der Prüfungen,
3. die Zulassungsvoraussetzungen für die Prüfung und
4. das Prüfungsverfahren.
(3) Bestätigt die zuständige oberste Landesbehörde,
1. dass die Fortbildungsprüfungsregelungen die Voraussetzungen des § 53b Absatz 2 und 3 sowie des § 53a Absatz 2 erfüllen, so beginnt die Bezeichnung des Fortbildungsabschlusses mit den Wörtern „Geprüfter Berufsspezialist für" oder „Geprüfte Berufsspezialistin für",
2. dass die Fortbildungsprüfungsregelungen die Voraussetzungen des § 53c Absatz 2 und 3 erfüllen, so beginnt die Bezeichnung des Fortbildungsabschlusses mit den Wörtern „Bachelor Professional in",
3. dass die Fortbildungsprüfungsregelungen die Voraussetzungen des § 53d Absatz 2 und 3 erfüllen, so beginnt die Bezeichnung des Fortbildungsabschlusses mit den Wörtern „Master Professional in".
Der Abschlussbezeichnung nach Satz 1 ist in Klammern ein Zusatz beizufügen, aus dem sich zweifelsfrei die zuständige Stelle ergibt, die die Fortbildungsprüfungsregelungen erlassen hat. Die Fortbildungsprüfungsregelungen können vorsehen, dass dieser Abschlussbezeichnung eine weitere Abschlussbezeichnung vorangestellt wird.
(4) Eine Abschlussbezeichnung, die in einer von der zuständigen obersten Landesbehörde bestätigten Fortbildungsprüfungsregelung enthalten ist, darf nur führen, wer die Prüfung bestanden hat.

**§ 55 Berücksichtigung ausländischer Vorqualifikationen** Sofern Fortbildungsordnungen, Anpassungsfortbildungsordnungen oder Fortbildungsprüfungsregelungen nach § 54 Zulassungsvoraussetzungen zu Prüfungen vorsehen, sind ausländische Bildungsabschlüsse und Zeiten der Berufstätigkeit im Ausland zu berücksichtigen.

**§ 56 Fortbildungsprüfungen** (1) Für die Durchführung von Prüfungen im Bereich der beruflichen Fortbildung errichtet die zuständige Stelle Prüfungsausschüsse. § 37 Absatz 2 Satz 1 und 2 und Absatz 3 Satz 1 sowie § 39 Absatz 1 Satz 2, Absatz 2 und 3 und die §§ 40 bis 42, 46 und 47 sind entsprechend anzuwenden.
(2) Der Prüfling ist auf Antrag von der Ablegung einzelner Prüfungsbestandteile durch die zuständige Stelle zu befreien, wenn
1. er eine andere vergleichbare Prüfung vor einer öffentlichen oder einer staatlich anerkannten Bildungseinrichtung oder vor einem staatlichen Prüfungsausschuss erfolgreich abgelegt hat und
2. die Anmeldung zur Fortbildungsprüfung innerhalb von zehn Jahren nach der Bekanntgabe des Bestehens der Prüfung erfolgt.

**§ 57 Gleichstellung von Prüfungszeugnissen** Das Bundesministerium für Wirtschaft und Energie oder das sonst zuständige Fachministerium kann im Einvernehmen mit dem Bundesministerium für Bildung und Forschung nach Anhörung des Hauptausschusses des Bundesinstituts für Berufsbildung durch Rechtsverordnung Prüfungszeugnisse, die außerhalb des Anwendungsbereichs dieses Gesetzes oder im Ausland erworben worden sind, den entsprechenden Zeugnissen über das Bestehen einer Fortbildungsprüfung auf der Grundlage der §§ 53b bis 53e und 54 gleichstellen, wenn die in der Prüfung nachzuweisenden beruflichen Fertigkeiten, Kenntnisse und Fähigkeiten gleichwertig sind.

**§ 58 Umschulungsordnung** Als Grundlage für eine geordnete und einheitliche berufliche Umschulung kann das Bundesministerium für Bildung und Forschung im Einvernehmen mit dem Bundesministerium für Wirtschaft und Energie oder dem sonst zuständigen Fachministerium nach Anhörung des Hauptausschusses des Bundesinstituts für Berufsbildung durch Rechtsverordnung, die nicht der Zustimmung des Bundesrates bedarf,
1. die Bezeichnung des Umschulungsabschlusses,
2. das Ziel, den Inhalt, die Art und Dauer der Umschulung,
3. die Anforderungen der Umschulungsprüfung und die Zulassungsvoraussetzungen sowie
4. das Prüfungsverfahren der Umschulung
unter Berücksichtigung der besonderen Erfordernisse der beruflichen Erwachsenenbildung bestimmen (Umschulungsordnung).

**§ 59 Umschulungsprüfungsregelungen der zuständigen Stellen** Soweit Rechtsverordnungen nach § 58 nicht erlassen sind, kann die zuständige Stelle Umschulungsprüfungsregelungen erlassen. Wird im Fall des § 71 Absatz 8 als zuständige Stelle eine Landesbehörde bestimmt, so erlässt die zuständige Landesregierung die Umschulungsprüfungsregelungen durch Rechtsverordnung. Die

Ermächtigung nach Satz 2 kann durch Rechtsverordnung auf die von ihr bestimmte zuständige Stelle übertragen werden. Die zuständige Stelle regelt die Bezeichnung des Umschulungsabschlusses, Ziel, Inhalt und Anforderungen der Prüfungen, die Zulassungsvoraussetzungen sowie das Prüfungsverfahren unter Berücksichtigung der besonderen Erfordernisse beruflicher Erwachsenenbildung.

**§ 60 Umschulung für einen anerkannten Ausbildungsberuf** Sofern sich die Umschulungsordnung (§ 58) oder eine Regelung der zuständigen Stelle (§ 59) auf die Umschulung für einen anerkannten Ausbildungsberuf richtet, sind das Ausbildungsberufsbild (§ 5 Abs. 1 Nr. 3), der Ausbildungsrahmenplan (§ 5 Abs. 1 Nr. 4) und die Prüfungsanforderungen (§ 5 Abs. 1 Nr. 5) zugrunde zu legen. Die §§ 27 bis 33 gelten entsprechend.

**§ 61 Berücksichtigung ausländischer Vorqualifikationen** Sofern die Umschulungsordnung (§ 58) oder eine Regelung der zuständigen Stelle (§ 59) Zulassungsvoraussetzungen vorsieht, sind ausländische Bildungsabschlüsse und Zeiten der Berufstätigkeit im Ausland zu berücksichtigen.

**§ 62 Umschulungsmaßnahmen; Umschulungsprüfungen** (1) Maßnahmen der beruflichen Umschulung müssen nach Inhalt, Art, Ziel und Dauer den besonderen Erfordernissen der beruflichen Erwachsenenbildung entsprechen.

(2) Umschulende haben die Durchführung der beruflichen Umschulung vor Beginn der Maßnahme der zuständigen Stelle schriftlich anzuzeigen. Die Anzeigepflicht erstreckt sich auf den wesentlichen Inhalt des Umschulungsverhältnisses. Bei Abschluss eines Umschulungsvertrages ist eine Ausfertigung der Vertragsniederschrift beizufügen.

(3) Für die Durchführung von Prüfungen im Bereich der beruflichen Umschulung errichtet die zuständige Stelle Prüfungsausschüsse. § 37 Absatz 2 und 3 sowie § 39 Absatz 2 und die §§ 40 bis 42, 46 und 47 gelten entsprechend.

(4) Der Prüfling ist auf Antrag von der Ablegung einzelner Prüfungsbestandteile durch die zuständige Stelle zu befreien, wenn er eine andere vergleichbare Prüfung vor einer öffentlichen oder staatlich anerkannten Bildungseinrichtung oder vor einem staatlichen Prüfungsausschuss erfolgreich abgelegt hat und die Anmeldung zur Umschulungsprüfung innerhalb von zehn Jahren nach der Bekanntgabe des Bestehens der anderen Prüfung erfolgt.

**§ 63 Gleichstellung von Prüfungszeugnissen** Das Bundesministerium für Wirtschaft und Energie oder das sonst zuständige Fachministerium kann im Einvernehmen mit dem Bundesministerium für Bildung und Forschung nach Anhörung des Hauptausschusses des Bundesinstituts für Berufsbildung durch Rechtsverordnung außerhalb des Anwendungsbereichs dieses Gesetzes oder im Ausland erworbene Prüfungszeugnisse den entsprechenden Zeugnissen über das Bestehen einer Umschulungsprüfung auf der Grundlage der §§ 58 und 59 gleichstellen, wenn die in der Prüfung nachzuweisenden beruflichen Fertigkeiten, Kenntnisse und Fähigkeiten gleichwertig sind.

**§ 64 Berufsausbildung** Behinderte Menschen (§ 2 Abs. 1 Satz 1 des Neunten Buches Sozialgesetzbuch) sollen in anerkannten Ausbildungsberufen ausgebildet werden.

**§ 65 Berufsausbildung in anerkannten Ausbildungsberufen** (1) Regelungen nach den §§ 9 und 47 sollen die besonderen Verhältnisse behinderter Menschen berücksichtigen. Dies gilt insbesondere für die zeitliche und sachliche Gliederung der Ausbildung, die Dauer von Prüfungszeiten, die Zulassung von Hilfsmitteln und die Inanspruchnahme von Hilfeleistungen Dritter wie Gebärdensprachdolmetscher für hörbehinderte Menschen.
(2) Der Berufsausbildungsvertrag mit einem behinderten Menschen ist in das Verzeichnis der Berufsausbildungsverhältnisse (§ 34) einzutragen. Der behinderte Mensch ist zur Abschlussprüfung auch zuzulassen, wenn die Voraussetzungen des § 43 Abs. 1 Nr. 2 und 3 nicht vorliegen.

**§ 66 Ausbildungsregelungen der zuständigen Stellen** (1) Für behinderte Menschen, für die wegen Art und Schwere ihrer Behinderung eine Ausbildung in einem anerkannten Ausbildungsberuf nicht in Betracht kommt, treffen die zuständigen Stellen auf Antrag der behinderten Menschen oder ihrer gesetzlichen Vertreter oder Vertreterinnen Ausbildungsregelungen entsprechend den Empfehlungen des Hauptausschusses des Bundesinstituts für Berufsbildung. Die Ausbildungsinhalte sollen unter Berücksichtigung von Lage und Entwicklung des allgemeinen Arbeitsmarktes aus den Inhalten anerkannter Ausbildungsberufe entwickelt werden. Im Antrag nach Satz 1 ist eine Ausbildungsmöglichkeit in dem angestrebten Ausbildungsgang nachzuweisen.
(2) § 65 Abs. 2 Satz 1 gilt entsprechend.

**§ 67 Berufliche Fortbildung, berufliche Umschulung** Für die berufliche Fortbildung und die berufliche Umschulung behinderter Menschen gelten die §§ 64 bis 66 entsprechend, soweit es Art und Schwere der Behinderung erfordern.

**§ 68 Personenkreis und Anforderungen** (1) Die Berufsausbildungsvorbereitung richtet sich an lernbeeinträchtigte oder sozial benachteiligte Personen, deren Entwicklungsstand eine erfolgreiche Ausbildung in einem anerkannten Ausbildungsberuf noch nicht erwarten lässt. Sie muss nach Inhalt, Art, Ziel und Dauer den besonderen Erfordernissen des in Satz 1 genannten Personenkreises entsprechen und durch umfassende sozialpädagogische Betreuung und Unterstützung begleitet werden.
(2) Für die Berufsausbildungsvorbereitung, die nicht im Rahmen des Dritten Buches Sozialgesetzbuch oder anderer vergleichbarer, öffentlich geförderter Maßnahmen durchgeführt wird, gelten die §§ 27 bis 33 entsprechend.

**§ 69 Qualifizierungsbausteine, Bescheinigung** (1) Die Vermittlung von Grundlagen für den Erwerb beruflicher Handlungsfähigkeit (§ 1 Abs. 2) kann insbesondere durch inhaltlich und zeitlich abgegrenzte Lerneinheiten erfolgen, die aus den Inhalten anerkannter Ausbildungsberufe entwickelt werden (Qualifizierungsbausteine).
(2) Über vermittelte Grundlagen für den Erwerb beruflicher Handlungsfähigkeit stellt der Anbieter der Berufsausbildungsvorbereitung eine Bescheinigung aus. Das Nähere regelt das Bundesministerium für Bildung und Forschung im Einvernehmen mit den für den Erlass von Ausbildungsordnungen zuständigen Fachministerien nach Anhörung des Hauptausschusses des Bundesinstituts für Berufsbildung durch Rechtsverordnung, die nicht der Zustimmung des Bundesrates bedarf.

**§ 70 Überwachung, Beratung** (1) Die nach Landesrecht zuständige Behörde hat die Berufsausbildungsvorbereitung zu untersagen, wenn die Voraussetzungen des § 68 Abs. 1 nicht vorliegen.
(2) Der Anbieter hat die Durchführung von Maßnahmen der Berufsausbildungsvorbereitung vor Beginn der Maßnahme der zuständigen Stelle schriftlich anzuzeigen. Die Anzeigepflicht erstreckt sich auf den wesentlichen Inhalt des Qualifizierungsvertrages.
(3) Die Absätze 1 und 2 sowie § 76 finden keine Anwendung, soweit die Berufsausbildungsvorbereitung im Rahmen des Dritten Buches Sozialgesetzbuch oder anderer vergleichbarer, öffentlich geförderter Maßnahmen durchgeführt wird.

**§ 71 Zuständige Stellen** (1) Für die Berufsbildung in Berufen der Handwerksordnung ist die Handwerkskammer zuständige Stelle im Sinne dieses Gesetzes.
(2) Für die Berufsbildung in nichthandwerklichen Gewerbeberufen ist die Industrie- und Handelskammer zuständige Stelle im Sinne dieses Gesetzes.
(3) Für die Berufsbildung in Berufen der Landwirtschaft, einschließlich der ländlichen Hauswirtschaft, ist die Landwirtschaftskammer zuständige Stelle im Sinne dieses Gesetzes.
(4) Für die Berufsbildung der Fachangestellten im Bereich der Rechtspflege sind jeweils für ihren Bereich die Rechtsanwalts-, Patentanwalts- und Notarkammern und für ihren Tätigkeitsbereich die Notarkassen zuständige Stelle im Sinne dieses Gesetzes.
(5) Für die Berufsbildung der Fachangestellten im Bereich der Wirtschaftsprüfung und Steuerberatung sind jeweils für ihren Bereich die Wirtschaftsprüferkammern und die Steuerberaterkammern zuständige Stelle im Sinne dieses Gesetzes.
(6) Für die Berufsbildung der Fachangestellten im Bereich der Gesundheitsdienstberufe sind jeweils für ihren Bereich die Ärzte-, Zahnärzte-, Tierärzte- und Apothekerkammern zuständige Stelle im Sinne dieses Gesetzes.
(7) Soweit die Berufsausbildungsvorbereitung, die Berufsausbildung und die berufliche Umschulung in Betrieben zulassungspflichtiger Handwerke, zulassungsfreier Handwerke und handwerksähnlicher Gewerbe durchgeführt wird, ist abweichend von den Absätzen 2 bis 6 die Handwerkskammer zuständige Stelle im Sinne dieses Gesetzes.

(8) Soweit Kammern für einzelne Berufsbereiche der Absätze 1 bis 6 nicht bestehen, bestimmt das Land die zuständige Stelle.
(9) Zuständige Stellen können vereinbaren, dass die ihnen jeweils durch Gesetz zugewiesenen Aufgaben im Bereich der Berufsbildung durch eine von ihnen für die Beteiligten wahrgenommen werden. Die Vereinbarung bedarf der Genehmigung durch die zuständigen obersten Bundes- oder Landesbehörden.

**§ 72 Bestimmung durch Rechtsverordnung** Das zuständige Fachministerium kann im Einvernehmen mit dem Bundesministerium für Bildung und Forschung durch Rechtsverordnung mit Zustimmung des Bundesrates für Berufsbereiche, die durch § 71 nicht geregelt sind, die zuständige Stelle bestimmen.

**§ 73 Zuständige Stellen im Bereich des öffentlichen Dienstes** (1) Im öffentlichen Dienst bestimmt für den Bund die oberste Bundesbehörde für ihren Geschäftsbereich die zuständige Stelle
1. in den Fällen der §§ 32, 33 und 76 sowie der §§ 23, 24 und 41a der Handwerksordnung,
2. für die Berufsbildung in anderen als den durch die §§ 71 und 72 erfassten Berufsbereichen; dies gilt auch für die der Aufsicht des Bundes unterstehenden Körperschaften, Anstalten und Stiftungen des öffentlichen Rechts.
(2) Im öffentlichen Dienst bestimmen die Länder für ihren Bereich sowie für die Gemeinden und Gemeindeverbände die zuständige Stelle für die Berufsbildung in anderen als den durch die §§ 71 und 72 erfassten Berufsbereichen. Dies gilt auch für die der Aufsicht der Länder unterstehenden Körperschaften, Anstalten und Stiftungen des öffentlichen Rechts.
(3) § 71 Absatz 9 gilt entsprechend.

**§ 74 Erweiterte Zuständigkeit** § 73 gilt entsprechend für Ausbildungsberufe, in denen im Bereich der Kirchen und sonstigen Religionsgemeinschaften des öffentlichen Rechts oder außerhalb des öffentlichen Dienstes nach Ausbildungsordnungen des öffentlichen Dienstes ausgebildet wird.

**§ 75 Zuständige Stellen im Bereich der Kirchen und sonstigen Religionsgemeinschaften des öffentlichen Rechts** Die Kirchen und sonstigen Religionsgemeinschaften des öffentlichen Rechts bestimmen für ihren Bereich die zuständige Stelle für die Berufsbildung in anderen als den durch die §§ 71, 72 und 74 erfassten Berufsbereichen. Die §§ 77 bis 80 finden keine Anwendung.

**§ 76 Überwachung, Beratung** (1) Die zuständige Stelle überwacht die Durchführung
1. der Berufsausbildungsvorbereitung,
2. der Berufsausbildung und
3. der beruflichen Umschulung
und fördert diese durch Beratung der an der Berufsbildung beteiligten Personen. Sie hat zu diesem Zweck Berater oder Beraterinnen zu bestellen.

(2) Ausbildende, Umschulende und Anbieter von Maßnahmen der Berufsausbildungsvorbereitung sind auf Verlangen verpflichtet, die für die Überwachung notwendigen Auskünfte zu erteilen und Unterlagen vorzulegen sowie die Besichtigung der Ausbildungsstätten zu gestatten.
(3) Die Durchführung von Auslandsaufenthalten nach § 2 Abs. 3 überwacht und fördert die zuständige Stelle in geeigneter Weise. Beträgt die Dauer eines Ausbildungsabschnitts im Ausland mehr als acht Wochen, ist hierfür ein mit der zuständigen Stelle abgestimmter Plan erforderlich.
(4) Auskunftspflichtige können die Auskunft auf solche Fragen verweigern, deren Beantwortung sie selbst oder einen der in § 52 der Strafprozessordnung bezeichneten Angehörigen der Gefahr strafgerichtlicher Verfolgung oder eines Verfahrens nach dem Gesetz über Ordnungswidrigkeiten aussetzen würde.
(5) Die zuständige Stelle teilt der Aufsichtsbehörde nach dem Jugendarbeitsschutzgesetz Wahrnehmungen mit, die für die Durchführung des Jugendarbeitsschutzgesetzes von Bedeutung sein können.

**§ 77 Errichtung** (1) Die zuständige Stelle errichtet einen Berufsbildungsausschuss. Ihm gehören sechs Beauftragte der Arbeitgeber, sechs Beauftragte der Arbeitnehmer und sechs Lehrkräfte an berufsbildenden Schulen an, die Lehrkräfte mit beratender Stimme.
(2) Die Beauftragten der Arbeitgeber werden auf Vorschlag der zuständigen Stelle, die Beauftragten der Arbeitnehmer auf Vorschlag der im Bezirk der zuständigen Stelle bestehenden Gewerkschaften und selbständigen Vereinigungen von Arbeitnehmern mit sozial- oder berufspolitischer Zwecksetzung, die Lehrkräfte an berufsbildenden Schulen von der nach Landesrecht zuständigen Behörde längstens für vier Jahre als Mitglieder berufen.
(3) Die Tätigkeit im Berufsbildungsausschuss ist ehrenamtlich. Für bare Auslagen und für Zeitversäumnis ist, soweit eine Entschädigung nicht von anderer Seite gewährt wird, eine angemessene Entschädigung zu zahlen, deren Höhe von der zuständigen Stelle mit Genehmigung der obersten Landesbehörde festgesetzt wird.
(4) Die Mitglieder können nach Anhören der an ihrer Berufung Beteiligten aus wichtigem Grund abberufen werden.
(5) Die Mitglieder haben Stellvertreter oder Stellvertreterinnen. Die Absätze 1 bis 4 gelten für die Stellvertreter und Stellvertreterinnen entsprechend.
(6) Der Berufsbildungsausschuss wählt ein Mitglied, das den Vorsitz führt, und ein weiteres Mitglied, das den Vorsitz stellvertretend übernimmt. Der Vorsitz und seine Stellvertretung sollen nicht derselben Mitgliedergruppe angehören.

**§ 78 Beschlussfähigkeit, Abstimmung** (1) Der Berufsbildungsausschuss ist beschlussfähig, wenn mehr als die Hälfte seiner stimmberechtigten Mitglieder anwesend ist. Er beschließt mit der Mehrheit der abgegebenen Stimmen.
(2) Zur Wirksamkeit eines Beschlusses ist es erforderlich, dass der Gegenstand bei der Einberufung des Ausschusses bezeichnet ist, es sei denn, dass er mit Zustimmung von

zwei Dritteln der stimmberechtigten Mitglieder nachträglich auf die Tagesordnung gesetzt wird.

**§ 79 Aufgaben** (1) Der Berufsbildungsausschuss ist in allen wichtigen Angelegenheiten der beruflichen Bildung zu unterrichten und zu hören. Er hat im Rahmen seiner Aufgaben auf eine stetige Entwicklung der Qualität der beruflichen Bildung hinzuwirken.

(2) Wichtige Angelegenheiten, in denen der Berufsbildungsausschuss anzuhören ist, sind insbesondere:

1. Erlass von Verwaltungsgrundsätzen über die Eignung von Ausbildungs- und Umschulungsstätten, für das Führen von Ausbildungsnachweisen nach § 13 Satz 2 Nummer 7, für die Verkürzung der Ausbildungsdauer, für die vorzeitige Zulassung zur Abschlussprüfung, für die Durchführung der Prüfungen, zur Durchführung von über- und außerbetrieblicher Ausbildung sowie Verwaltungsrichtlinien zur beruflichen Bildung,
2. Umsetzung der vom Landesausschuss für Berufsbildung empfohlenen Maßnahmen,
3. wesentliche inhaltliche Änderungen des Ausbildungsvertragsmusters.

(3) Wichtige Angelegenheiten, in denen der Berufsbildungsausschuss zu unterrichten ist, sind insbesondere:

1. Zahl und Art der der zuständigen Stelle angezeigten Maßnahmen der Berufsausbildungsvorbereitung und beruflichen Umschulung sowie der eingetragenen Berufsausbildungsverhältnisse,
2. Zahl und Ergebnisse von durchgeführten Prüfungen sowie hierbei gewonnene Erfahrungen,
3. Tätigkeit der Berater und Beraterinnen nach § 76 Abs. 1 Satz 2,
4. für den räumlichen und fachlichen Zuständigkeitsbereich der zuständigen Stelle neue Formen, Inhalte und Methoden der Berufsbildung,
5. Stellungnahmen oder Vorschläge der zuständigen Stelle gegenüber anderen Stellen und Behörden, soweit sie sich auf die Durchführung dieses Gesetzes oder der auf Grund dieses Gesetzes erlassenen Rechtsvorschriften beziehen,
6. Bau eigener überbetrieblicher Berufsbildungsstätten,
7. Beschlüsse nach Absatz 5 sowie beschlossene Haushaltsansätze zur Durchführung der Berufsbildung mit Ausnahme der Personalkosten,
8. Verfahren zur Beilegung von Streitigkeiten aus Ausbildungsverhältnissen,
9. Arbeitsmarktfragen, soweit sie die Berufsbildung im Zuständigkeitsbereich der zuständigen Stelle berühren.

(4) Der Berufsbildungsausschuss hat die auf Grund dieses Gesetzes von der zuständigen Stelle zu erlassenden Rechtsvorschriften für die Durchführung der Berufsbildung zu beschließen. Gegen Beschlüsse, die gegen Gesetz oder Satzung verstoßen, kann die zur Vertretung der zuständigen Stelle berechtigte Person innerhalb einer Woche Einspruch einlegen. Der Einspruch ist zu begründen und hat aufschiebende Wirkung. Der Berufsbildungsausschuss hat seinen Beschluss zu überprüfen und erneut zu beschließen.

(5) Beschlüsse, zu deren Durchführung die für Berufsbildung im laufenden Haushalt vorgesehenen Mittel nicht ausreichen, bedürfen für ihre Wirksamkeit der Zustimmung der für den Haushaltsplan zuständigen Organe. Das Gleiche gilt für Beschlüsse, zu deren Durchführung in folgenden Haushaltsjahren Mittel bereitgestellt werden müssen, die die Ausgaben für Berufsbildung des laufenden Haushalts nicht unwesentlich übersteigen.
(6) Abweichend von § 77 Abs. 1 haben die Lehrkräfte Stimmrecht bei Beschlüssen zu Angelegenheiten der Berufsausbildungsvorbereitung und Berufsausbildung, soweit sich die Beschlüsse unmittelbar auf die Organisation der schulischen Berufsbildung auswirken.

**§ 80 Geschäftsordnung** Der Berufsbildungsausschuss gibt sich eine Geschäftsordnung. Sie kann die Bildung von Unterausschüssen vorsehen und bestimmen, dass ihnen nicht nur Mitglieder des Ausschusses angehören. Für die Unterausschüsse gelten § 77 Abs. 2 bis 6 und § 78 entsprechend.
Abschnitt 4 Zuständige Behörden

**§ 81 Zuständige Behörden** (1) Im Bereich des Bundes ist die oberste Bundesbehörde oder die von ihr bestimmte Behörde die zuständige Behörde im Sinne des § 30 Absatz 6, der §§ 32, 33, 40 Absatz 6 und der §§ 47, 54 Absatz 3 und des § 77 Absatz 2 und 3.
(2) Ist eine oberste Bundesbehörde oder eine oberste Landesbehörde zuständige Stelle im Sinne dieses Gesetzes, so bedarf es im Fall des § 40 Absatz 6, des § 47 Absatz 1 und des § 77 Absatz 3 keiner Genehmigung und im Fall des § 54 keiner Bestätigung.

**§ 82 Errichtung, Geschäftsordnung, Abstimmung** (1) Bei der Landesregierung wird ein Landesausschuss für Berufsbildung errichtet. Er setzt sich zusammen aus einer gleichen Zahl von Beauftragten der Arbeitgeber, der Arbeitnehmer und der obersten Landesbehörden. Die Hälfte der Beauftragten der obersten Landesbehörden muss in Fragen des Schulwesens sachverständig sein.
(2) Die Mitglieder des Landesausschusses werden längstens für vier Jahre von der Landesregierung berufen,
die Beauftragten der Arbeitgeber auf Vorschlag der auf Landesebene bestehenden Zusammenschlüsse der Kammern, der Arbeitgeberverbände und der Unternehmerverbände, die Beauftragten der Arbeitnehmer
auf Vorschlag der auf Landesebene bestehenden Gewerkschaften und selbständigen Vereinigungen von Arbeitnehmern mit sozial- oder berufspolitischer Zwecksetzung. Die Tätigkeit im Landesausschuss ist ehrenamtlich. Für bare Auslagen und für Zeitversäumnis ist, soweit eine Entschädigung nicht von anderer Seite gewährt wird, eine angemessene Entschädigung zu zahlen, deren Höhe von der Landesregierung oder der von ihr bestimmten obersten Landesbehörde festgesetzt wird. Die Mitglieder können nach Anhören der an ihrer Berufung Beteiligten aus wichtigem Grund abberufen werden. Der Ausschuss wählt ein Mitglied, das den Vorsitz führt, und ein weiteres Mitglied, das den Vorsitz stellvertretend übernimmt. Der Vorsitz und seine Stellvertretung sollen nicht derselben Mitgliedergruppe angehören.

(3) Die Mitglieder haben Stellvertreter oder Stellvertreterinnen. Die Absätze 1 und 2 gelten für die Stellvertreter und Stellvertreterinnen entsprechend.
(4) Der Landesausschuss gibt sich eine Geschäftsordnung, die der Genehmigung der Landesregierung oder der von ihr bestimmten obersten Landesbehörde bedarf. Sie kann die Bildung von Unterausschüssen vorsehen und bestimmen, dass ihnen nicht nur Mitglieder des Landesausschusses angehören. Absatz 2 Satz 2 gilt für die Unterausschüsse hinsichtlich der Entschädigung entsprechend. An den Sitzungen des Landesausschusses und der Unterausschüsse können Vertreter der beteiligten obersten Landesbehörden, der Gemeinden und Gemeindeverbände sowie der Agentur für Arbeit teilnehmen.
(5) Der Landesausschuss ist beschlussfähig, wenn mehr als die Hälfte seiner Mitglieder anwesend ist. Er beschließt mit der Mehrheit der abgegebenen Stimmen.

**§ 83 Aufgaben** (1) Der Landesausschuss hat die Landesregierung in den Fragen der Berufsbildung zu beraten, die sich für das Land ergeben. Er hat im Rahmen seiner Aufgaben auf eine stetige Entwicklung der Qualität der beruflichen Bildung hinzuwirken.
(2) Er hat insbesondere im Interesse einer einheitlichen Berufsbildung auf eine Zusammenarbeit zwischen der schulischen Berufsbildung und der Berufsbildung nach diesem Gesetz sowie auf eine Berücksichtigung der Berufsbildung bei der Neuordnung und Weiterentwicklung des Schulwesens hinzuwirken. Der Landesausschuss kann zur Stärkung der regionalen Ausbildungs- und Beschäftigungssituation Empfehlungen zur inhaltlichen und organisatorischen Abstimmung und zur Verbesserung der Ausbildungsangebote aussprechen.

**§ 84 Ziele der Berufsbildungsforschung** Die Berufsbildungsforschung soll
1. Grundlagen der Berufsbildung klären,
2. inländische, europäische und internationale Entwicklungen in der Berufsbildung beobachten,
3. Anforderungen an Inhalte und Ziele der Berufsbildung ermitteln,
4. Weiterentwicklungen der Berufsbildung in Hinblick auf gewandelte wirtschaftliche, gesellschaftliche und technische Erfordernisse vorbereiten,
5. Instrumente und Verfahren der Vermittlung von Berufsbildung sowie den Wissens- und Technologietransfer fördern.

**§ 85 Ziele der Berufsbildungsplanung** (1) Durch die Berufsbildungsplanung sind Grundlagen für eine abgestimmte und den technischen, wirtschaftlichen und gesellschaftlichen Anforderungen entsprechende Entwicklung der beruflichen Bildung zu schaffen.
(2) Die Berufsbildungsplanung hat insbesondere dazu beizutragen, dass die Ausbildungsstätten nach Art, Zahl, Größe und Standort ein qualitativ und quantitativ ausreichendes Angebot an beruflichen Ausbildungsplätzen gewährleisten und dass sie unter Berücksichtigung der voraussehbaren Nachfrage und des langfristig zu erwartenden Bedarfs an Ausbildungsplätzen möglichst günstig genutzt werden.

**§ 86 Berufsbildungsbericht** (1) Das Bundesministerium für Bildung und Forschung hat Entwicklungen in der beruflichen Bildung ständig zu beobachten und darüber bis zum 15. Mai jeden Jahres der Bundesregierung einen Bericht (Berufsbildungsbericht) vorzulegen. In dem Bericht sind Stand und voraussichtliche Weiterentwicklungen der Berufsbildung darzustellen. Erscheint die Sicherung eines regional und sektoral ausgewogenen Angebots an Ausbildungsplätzen als gefährdet, sollen in den Bericht Vorschläge für die Behebung aufgenommen werden.
(2) Der Bericht soll angeben
1. für das vergangene Kalenderjahr
a) auf der Grundlage von Angaben der zuständigen Stellen die in das Verzeichnis der Berufsausbildungsverhältnisse nach diesem Gesetz oder der Handwerksordnung eingetragenen Berufsausbildungsverträge, die vor dem 1. Oktober des vergangenen Jahres in den vorangegangenen zwölf Monaten abgeschlossen worden sind und am 30. September des vergangenen Jahres noch bestehen, sowie
b) die Zahl der am 30. September des vergangenen Jahres nicht besetzten, der Bundesagentur für Arbeit zur Vermittlung angebotenen Ausbildungsplätze und die Zahl der zu diesem Zeitpunkt bei der Bundesagentur für Arbeit gemeldeten Ausbildungsplätze suchenden Personen;
2. für das laufende Kalenderjahr
a) die bis zum 30. September des laufenden Jahres zu erwartende Zahl der Ausbildungsplätze suchenden Personen,
b) eine Einschätzung des bis zum 30. September des laufenden Jahres zu erwartenden Angebots an Ausbildungsplätzen.

**§ 87 Zweck und Durchführung der Berufsbildungsstatistik** (1) Für Zwecke der Planung und Ordnung der Berufsbildung wird eine Bundesstatistik durchgeführt.
(2) Das Bundesinstitut für Berufsbildung und die Bundesagentur für Arbeit unterstützen das Statistische Bundesamt bei der technischen und methodischen Vorbereitung der Statistik.
(3) Das Erhebungs- und Aufbereitungsprogramm ist im Benehmen mit dem Bundesinstitut für Berufsbildung so zu gestalten, dass die erhobenen Daten für Zwecke der Planung und Ordnung der Berufsbildung im Rahmen der jeweiligen Zuständigkeiten Verwendung finden können.

**§ 88 Erhebungen** (1) Die jährliche Bundesstatistik erfasst
1. für jeden Berufsausbildungsvertrag:
a) Geschlecht, Geburtsjahr, Staatsangehörigkeit der Auszubildenden,
b) Amtlicher Gemeindeschlüssel des Wohnortes der Auszubildenden bei Vertragsabschluss,
c) allgemeinbildender Schulabschluss, vorausgegangene Teilnahme an berufsvorbereitender Qualifizierung oder beruflicher Grundbildung, vorherige Berufsausbildung sowie vorheriges Studium der Auszubildenden,
d) Ausbildungsberuf einschließlich Fachrichtung,

e) Amtlicher Gemeindeschlüssel und geografische Gitterzelle der Ausbildungsstätte, Wirtschaftszweig, Zugehörigkeit zum öffentlichen Dienst,
f) Verkürzung der Ausbildungsdauer, Teilzeitberufsausbildung, Dauer der Probezeit,
g) die bei Vertragsabschluss vereinbarte Vergütung für jedes Ausbildungsjahr,
h) Tag, Monat und Jahr des vertraglich vereinbarten Beginns und Endes der aktuellen Ausbildung, Tag, Monat und Jahr einer vorzeitigen Auflösung des Berufsausbildungsverhältnisses,
i) Anschlussvertrag bei Anrechnung einer zuvor absolvierten dualen Berufsausbildung nach diesem Gesetz oder nach der Handwerksordnung mit Angabe des Ausbildungsberufs,
j) Art der Förderung bei überwiegend öffentlich, insbesondere auf Grund des Dritten Buches Sozialgesetzbuch geförderten Berufsausbildungsverhältnissen,
k) Tag, Monat und Jahr der Abschlussprüfung, Art der Zulassung zur Prüfung, Tag, Monat und Jahr der Wiederholungsprüfungen, Prüfungserfolg,
l) ausbildungsintegrierendes duales Studium,
2. für jede Prüfungsteilnahme in der beruflichen Bildung mit Ausnahme der durch Nummer 1 erfassten Ausbildungsverträge: Geschlecht, Geburtsjahr und Vorbildung der Teilnehmenden, Berufsrichtung, Wiederholungsprüfung, Art der Prüfung, Prüfungserfolg,
3. für jeden Ausbilder und jede Ausbilderin: Geschlecht, Geburtsjahr, Art der fachlichen Eignung.
Der Berichtszeitraum für die Erhebungen ist das Kalenderjahr. Die Angaben werden mit dem Datenstand zum 31. Dezember des Berichtszeitraums erhoben.
(2) Hilfsmerkmale sind Name und Anschrift der Auskunftspflichtigen, die laufenden Nummern der Datensätze zu den Auszubildenden, den Prüfungsteilnehmenden und den Ausbildern und Ausbilderinnen sowie die Betriebsnummer der Ausbildungsstätte nach § 18i Absatz 1 oder § 18k Absatz 1 des Vierten Buches Sozialgesetzbuch. Die Hilfsmerkmale sind zum frühestmöglichen Zeitpunkt, spätestens jedoch nach Abschluss der wiederkehrenden Erhebung, zu löschen. Die Merkmale nach Absatz 1 Satz 1 Nummer 1 Buchstabe e Wirtschaftszweig, Amtlicher Gemeindeschlüssel und geografische Gitterzelle dürfen mittels des Hilfsmerkmals Betriebsnummer der Ausbildungsstätte nach § 18i Absatz 1 oder § 18k Absatz 1 des Vierten Buches Sozialgesetzbuch aus den Daten des Statistikregisters nach § 13 Absatz 1 des Bundesstatistikgesetzes ermittelt werden und mit den Daten nach Absatz 1 Satz 1 und nach Absatz 2 Satz 1 zusammengeführt werden.
(3) Auskunftspflichtig sind die zuständigen Stellen.
(4) Zu Zwecken der Erstellung der Berufsbildungsberichterstattung sowie zur Durchführung der Berufsbildungsforschung nach § 84 werden die nach Absatz 1 Satz 1 Nummer 1 bis 3 erhobenen Daten
als Einzelangaben vom Statistischen Bundesamt und von den statistischen Ämtern der Länder verarbeitet
und an das Bundesinstitut für Berufsbildung übermittelt. Hierzu wird beim Bundesinstitut für Berufsbildung eine Organisationseinheit eingerichtet, die räumlich, organisatorisch und personell von den anderen Aufgabenbereichen des

Bundesinstituts für Berufsbildung zu trennen ist. Die in der Organisationseinheit tätigen Personen müssen Amtsträger oder für den öffentlichen Dienst besonders Verpflichtete sein. Sie dürfen aus ihrer Tätigkeit gewonnene Erkenntnisse nur zur Erstellung des Berufsbildungsberichts sowie zur Durchführung der Berufsbildungsforschung verwenden. Die nach Satz 1 übermittelten Daten dürfen nicht mit anderen personenbezogenen Daten zusammengeführt werden. Das Nähere zur Ausführung der Sätze 2 und 3 regelt das Bundesministerium für Bildung und Forschung durch Erlass.

**§ 89 Bundesinstitut für Berufsbildung** Das Bundesinstitut für Berufsbildung ist eine bundesunmittelbare rechtsfähige Anstalt des öffentlichen Rechts. Es hat seinen Sitz in Bonn.

**§ 90 Aufgaben** (1) Das Bundesinstitut für Berufsbildung führt seine Aufgaben im Rahmen der Bildungspolitik der Bundesregierung durch.

(2) Das Bundesinstitut für Berufsbildung hat die Aufgabe, durch wissenschaftliche Forschung zur Berufsbildungsforschung beizutragen. Die Forschung wird auf der Grundlage eines jährlichen Forschungsprogramms durchgeführt; das Forschungsprogramm bedarf der Genehmigung des Bundesministeriums für Bildung und Forschung. Weitere Forschungsaufgaben können dem Bundesinstitut für Berufsbildung von obersten Bundesbehörden im Einvernehmen mit dem Bundesministerium für Bildung und Forschung übertragen werden. Die wesentlichen Ergebnisse der Forschungsarbeit des Bundesinstituts für Berufsbildung sind zu veröffentlichen.

(3) Das Bundesinstitut für Berufsbildung hat die sonstigen Aufgaben:

1. nach Weisung des zuständigen Bundesministeriums

a) an der Vorbereitung von Ausbildungsordnungen und sonstigen Rechtsverordnungen, die nach diesem Gesetz oder nach dem zweiten Teil der Handwerksordnung zu erlassen sind, mitzuwirken,

b) an der Vorbereitung des Berufsbildungsberichts mitzuwirken,

c) an der Durchführung der Berufsbildungsstatistik nach Maßgabe des § 87 mitzuwirken,

d) Modellversuche einschließlich wissenschaftlicher Begleituntersuchungen zu fördern,

e) an der internationalen Zusammenarbeit in der beruflichen Bildung mitzuwirken,

f) weitere Verwaltungsaufgaben des Bundes zur Förderung der Berufsbildung zu übernehmen;

2. nach allgemeinen Verwaltungsvorschriften des zuständigen Bundesministeriums die Förderung überbetrieblicher Berufsbildungsstätten durchzuführen und die Planung, Errichtung und Weiterentwicklung dieser Einrichtungen zu unterstützen;

3. das Verzeichnis der anerkannten Ausbildungsberufe zu führen und zu veröffentlichen;

4. die im Fernunterrichtsschutzgesetz beschriebenen Aufgaben nach den vom Hauptausschuss erlassenen und vom zuständigen Bundesministerium genehmigten

Richtlinien wahrzunehmen und durch Förderung von Entwicklungsvorhaben zur Verbesserung und Ausbau des berufsbildenden Fernunterrichts beizutragen.
(3a) Das Bundesinstitut für Berufsbildung nimmt die Aufgaben nach § 53 Absatz 5 Satz 1 und § 54 des Pflegeberufegesetzes wahr.
(4) Das Bundesinstitut für Berufsbildung kann mit Zustimmung des Bundesministeriums für Bildung und Forschung mit Stellen außerhalb der Bundesverwaltung Verträge zur Übernahme weiterer Aufgaben schließen.

**§ 91 Organe** Die Organe des Bundesinstituts für Berufsbildung sind:
1. der Hauptausschuss,
2. der Präsident oder die Präsidentin.

**§ 92 Hauptausschuss** (1) Der Hauptausschuss hat neben den ihm durch sonstige Vorschriften dieses Gesetzes zugewiesenen Aufgaben folgende weitere Aufgaben:
1. er beschließt über die Angelegenheiten des Bundesinstituts für Berufsbildung, soweit sie nicht dem Präsidenten oder der Präsidentin übertragen sind;
2. er berät die Bundesregierung in grundsätzlichen Fragen der Berufsbildung und kann eine Stellungnahme zu dem Entwurf des Berufsbildungsberichts abgeben;
3. er beschließt das jährliche Forschungsprogramm;
4. er kann Empfehlungen zur einheitlichen Anwendung dieses Gesetzes geben;
5. er kann zu den vom Bundesinstitut vorbereiteten Entwürfen der Verordnungen gemäß § 4 Abs. 1 unter Berücksichtigung der entsprechenden Entwürfe der schulischen Rahmenlehrpläne Stellung nehmen;
6. er beschließt über die in § 90 Abs. 3 Nr. 3 und 4 sowie § 97 Abs. 4 genannten Angelegenheiten des Bundesinstituts für Berufsbildung.
(2) Der Präsident oder die Präsidentin unterrichtet den Hauptausschuss unverzüglich über erteilte Weisungen zur Durchführung von Aufgaben nach § 90 Abs. 3 Nr. 1 und erlassene Verwaltungsvorschriften nach § 90 Abs. 3 Nr. 2.
(3) Dem Hauptausschuss gehören je acht Beauftragte der Arbeitgeber, der Arbeitnehmer und der Länder sowie fünf Beauftragte des Bundes an. Die Beauftragten des Bundes führen acht Stimmen, die nur einheitlich abgegeben werden können; bei der Beratung der Bundesregierung in grundsätzlichen Fragen der Berufsbildung, bei der Stellungnahme zum Entwurf des Berufsbildungsberichts und im Rahmen von Anhörungen nach diesem Gesetz haben sie kein Stimmrecht. An den Sitzungen des Hauptausschusses können je ein Beauftragter oder eine Beauftragte der Bundesagentur für Arbeit, der auf Bundesebene bestehenden kommunalen Spitzenverbände sowie des wissenschaftlichen Beirats mit beratender Stimme teilnehmen.
(4) Die Beauftragten der Arbeitgeber werden auf Vorschlag der auf Bundesebene bestehenden Zusammenschlüsse der Kammern, Arbeitgeberverbände und Unternehmensverbände, die Beauftragten der Arbeitnehmer auf Vorschlag der auf Bundesebene bestehenden Gewerkschaften, die Beauftragten des Bundes auf Vorschlag der Bundesregierung und die Beauftragten der Länder auf Vorschlag des Bundesrates vom Bundesministerium für Bildung und Forschung längstens für vier Jahre berufen.

(5) Der Hauptausschuss wählt auf die Dauer eines Jahres ein Mitglied, das den Vorsitz führt, und ein weiteres Mitglied, das den Vorsitz stellvertretend übernimmt. Der oder die Vorsitzende wird der Reihe nach von den Beauftragten der Arbeitgeber, der Arbeitnehmer, der Länder und des Bundes vorgeschlagen.
(6) Die Tätigkeit im Hauptausschuss ist ehrenamtlich. Für bare Auslagen und Verdienstausfälle ist, soweit eine Entschädigung nicht von anderer Seite gewährt wird, eine angemessene Entschädigung zu zahlen, deren Höhe vom Bundesinstitut für Berufsbildung mit Genehmigung des Bundesministeriums für Bildung und Forschung festgesetzt wird. Die Genehmigung ergeht im Einvernehmen mit dem Bundesministerium der Finanzen.
(7) Die Mitglieder können nach Anhören der an ihrer Berufung Beteiligten aus wichtigem Grund abberufen werden.
(8) Die Beauftragten haben Stellvertreter oder Stellvertreterinnen. Die Absätze 4, 6 und 7 gelten entsprechend.
(9) Der Hauptausschuss kann nach näherer Regelung der Satzung Unterausschüsse einsetzen, denen auch andere als Mitglieder des Hauptausschusses angehören können. Den Unterausschüssen sollen Beauftragte der Arbeitgeber, der Arbeitnehmer, der Länder und des Bundes angehören. Die Absätze 4 bis 7 gelten für die Unterausschüsse entsprechend.
(10) Bei der Wahrnehmung seiner Aufgaben unterliegt der Hauptausschuss keinen Weisungen.

**§ 93 Präsident oder Präsidentin** (1) Der Präsident oder die Präsidentin vertritt das Bundesinstitut für Berufsbildung gerichtlich und außergerichtlich. Er oder sie verwaltet das Bundesinstitut und führt dessen Aufgaben durch. Soweit er oder sie nicht Weisungen und allgemeine Verwaltungsvorschriften des zuständigen Bundesministeriums zu beachten hat (§ 90 Abs. 3 Nr. 1 und 2), führt er oder sie die Aufgaben nach Richtlinien des Hauptausschusses durch.
(2) Der Präsident oder die Präsidentin wird auf Vorschlag der Bundesregierung, der Ständige Vertreter oder die Ständige Vertreterin des Präsidenten oder der Präsidentin auf Vorschlag des Bundesministeriums für Bildung und Forschung im Benehmen mit dem Präsidenten oder der Präsidentin unter Berufung in das Beamtenverhältnis von dem Bundespräsidenten oder der Bundespräsidentin ernannt.

**§ 94 Wissenschaftlicher Beirat** (1) Der wissenschaftliche Beirat berät die Organe des Bundesinstituts für Berufsbildung durch Stellungnahmen und Empfehlungen
1. zum Forschungsprogramm des Bundesinstituts für Berufsbildung,
2. zur Zusammenarbeit des Instituts mit Hochschulen und anderen Forschungseinrichtungen und
3. zu den jährlichen Berichten über die wissenschaftlichen Ergebnisse des Bundesinstituts für Berufsbildung.
(2) Zur Wahrnehmung seiner Aufgaben werden dem Beirat von dem Präsidenten oder der Präsidentin des Bundesinstituts für Berufsbildung die erforderlichen Auskünfte

erteilt. Auf Wunsch werden ihm einmal jährlich im Rahmen von Kolloquien die wissenschaftlichen Arbeiten des Bundesinstituts für Berufsbildung erläutert.
(3) Dem Beirat gehören bis zu elf anerkannte Fachleute auf dem Gebiet der Berufsbildungsforschung aus dem In- und Ausland an, die nicht Angehörige des Bundesinstituts für Berufsbildung sind. Sie werden von dem Präsidenten oder der Präsidentin des Bundesinstituts für Berufsbildung im Einvernehmen mit dem Bundesministerium für Bildung und Forschung auf vier Jahre bestellt. Einmalige Wiederberufung in Folge ist möglich. An den Sitzungen des wissenschaftlichen Beirats können vier Mitglieder des Hauptausschusses, und zwar je ein Beauftragter oder eine Beauftragte der Arbeitgeber, der Arbeitnehmer, der Länder und des Bundes, ohne Stimmrecht teilnehmen.
(4) Der wissenschaftliche Beirat kann sich eine Geschäftsordnung geben. (5) § 92 Abs. 6 gilt entsprechend.

**§ 95 Ausschuss für Fragen behinderter Menschen** (1) Zur Beratung des Bundesinstituts für Berufsbildung bei seinen Aufgaben auf dem Gebiet der beruflichen Bildung behinderter Menschen wird ein ständiger Unterausschuss des Hauptausschusses errichtet. Der Ausschuss hat darauf hinzuwirken, dass die besonderen Belange der behinderten Menschen in der beruflichen Bildung berücksichtigt werden und die berufliche Bildung behinderter Menschen mit den übrigen Leistungen zur Teilhabe am Arbeitsleben koordiniert wird. Das Bundesinstitut für Berufsbildung trifft Entscheidungen über die Durchführung von Forschungsvorhaben, die die berufliche Bildung behinderter Menschen betreffen, unter Berücksichtigung von Vorschlägen des Ausschusses.
(2) Der Ausschuss besteht aus 17 Mitgliedern, die von dem Präsidenten oder der Präsidentin längstens für vier Jahre berufen werden. Eine Wiederberufung ist zulässig. Die Mitglieder des Ausschusses werden auf Vorschlag des Beirats für die Teilhabe behinderter Menschen (§ 86 des Neunten Buches Sozialgesetzbuch) berufen, und zwar
ein Mitglied, das die Arbeitnehmer vertritt,
ein Mitglied, das die Arbeitgeber vertritt,
drei Mitglieder, die Organisationen behinderter Menschen vertreten, ein Mitglied, das die Bundesagentur für Arbeit vertritt,
ein Mitglied, das die gesetzliche Rentenversicherung vertritt,
ein Mitglied, das die gesetzliche Unfallversicherung vertritt,
ein Mitglied, das die Freie Wohlfahrtspflege vertritt,
zwei Mitglieder, die Einrichtungen der beruflichen Rehabilitation vertreten,
sechs weitere für die berufliche Bildung behinderter Menschen sachkundige Personen, die in Bildungsstätten oder ambulanten Diensten für behinderte Menschen tätig sind.
(3) Der Ausschuss kann behinderte Menschen, die beruflich ausgebildet, fortgebildet oder umgeschult werden, zu den Beratungen hinzuziehen.

**§ 96 Finanzierung des Bundesinstituts für Berufsbildung** (1) Die Ausgaben für die Errichtung und Verwaltung des Bundesinstituts für Berufsbildung werden durch

Zuschüsse des Bundes gedeckt. Die Höhe der Zuschüsse des Bundes regelt das Haushaltsgesetz.
(2) Die Ausgaben zur Durchführung von Aufträgen nach § 90 Abs. 2 Satz 3 und von Aufgaben nach § 90 Abs. 3 Nr. 1 Buchstabe f werden durch das beauftragende Bundesministerium gedeckt. Die Ausgaben zur Durchführung von Verträgen nach § 90 Abs. 4 sind durch den Vertragspartner zu decken.

**§ 97 Haushalt** (1) Der Haushaltsplan wird von dem Präsidenten oder der Präsidentin aufgestellt. Der Hauptausschuss stellt den Haushaltsplan fest.
(2) Der Haushaltsplan bedarf der Genehmigung des Bundesministeriums für Bildung und Forschung. Die Genehmigung erstreckt sich auch auf die Zweckmäßigkeit der Ansätze.
(3) Der Haushaltsplan soll rechtzeitig vor Einreichung der Voranschläge zum Bundeshaushalt, spätestens zum 15. Oktober des vorhergehenden Jahres, dem Bundesministerium für Bildung und Forschung vorgelegt werden.
(4) Über- und außerplanmäßige Ausgaben können vom Hauptausschuss auf Vorschlag des Präsidenten oder der Präsidentin bewilligt werden. Die Bewilligung bedarf der Einwilligung des Bundesministeriums für Bildung und Forschung und des Bundesministeriums der Finanzen. Die Sätze 1 und 2 gelten entsprechend für Maßnahmen, durch die für das Bundesinstitut für Berufsbildung Verpflichtungen entstehen können, für die Ausgaben im Haushaltsplan nicht veranschlagt sind.
(5) Nach Ende des Haushaltsjahres wird die Rechnung von dem Präsidenten oder der Präsidentin aufgestellt. Die Entlastung obliegt dem Hauptausschuss. Sie bedarf nicht der Genehmigung nach § 109 Abs. 3 der Bundeshaushaltsordnung.

**§ 98 Satzung** (1) Durch die Satzung des Bundesinstituts für Berufsbildung sind
1. die Art und Weise der Aufgabenerfüllung (§ 90 Abs. 2 und 3) sowie
2. die Organisation

näher zu regeln.
(2) Der Hauptausschuss beschließt mit einer Mehrheit von vier Fünfteln der Stimmen seiner Mitglieder die Satzung. Sie bedarf der Genehmigung des Bundesministeriums für Bildung und Forschung und ist im Bundesanzeiger bekannt zu geben.
(3) Absatz 2 gilt für Satzungsänderungen entsprechend.

**§ 99 Personal** (1) Die Aufgaben des Bundesinstituts für Berufsbildung werden von Beamten, Beamtinnen und Dienstkräften, die als Angestellte, Arbeiter und Arbeiterinnen beschäftigt sind, wahrgenommen. Es ist Dienstherr im Sinne des § 2 des Bundesbeamtengesetzes. Die Beamten und Beamtinnen sind Bundesbeamte und Bundesbeamtinnen.
(2) Das Bundesministerium für Bildung und Forschung ernennt und entlässt die Beamten und Beamtinnen des Bundesinstituts, soweit das Recht zur Ernennung und Entlassung der Beamten und Beamtinnen, deren Amt in der Bundesbesoldungsordnung B aufgeführt ist, nicht von dem Bundespräsidenten oder der Bundespräsidentin ausgeübt wird. Das zuständige Bundesministerium kann seine Befugnisse auf den Präsidenten oder die Präsidentin übertragen.

(3) Oberste Dienstbehörde für die Beamten und Beamtinnen des Bundesinstituts ist das Bundesministerium für Bildung und Forschung. Es kann seine Befugnisse auf den Präsidenten oder die Präsidentin übertragen. § 144 Abs. 1 des Bundesbeamtengesetzes und § 83 Abs. 1 des Bundesdisziplinargesetzes bleiben unberührt.
(4) Auf die Angestellten, Arbeiter und Arbeiterinnen des Bundesinstituts sind die für Arbeitnehmer und Arbeitnehmerinnen des Bundes geltenden Tarifverträge und sonstigen Bestimmungen anzuwenden. Ausnahmen bedürfen der vorherigen Zustimmung des Bundesministeriums für Bildung und Forschung; die Zustimmung ergeht im Einvernehmen mit dem Bundesministerium des Innern, für Bau und Heimat und dem Bundesministerium der Finanzen.

**§ 100 Aufsicht über das Bundesinstitut für Berufsbildung** Das Bundesinstitut für Berufsbildung unterliegt, soweit in diesem Gesetz nicht weitergehende Aufsichtsbefugnisse vorgesehen sind, der Rechtsaufsicht des Bundesministeriums für Bildung und Forschung.

**§ 101 Bußgeldvorschriften** (1) Ordnungswidrig handelt, wer
1. entgegen § 11 Abs. 1 Satz 1, auch in Verbindung mit Abs. 4, den wesentlichen Inhalt des Vertrages oder eine wesentliche Änderung nicht, nicht richtig, nicht vollständig, nicht in der vorgeschriebenen Weise oder nicht rechtzeitig niederlegt,
2. entgegen § 11 Abs. 3, auch in Verbindung mit Abs. 4, eine Ausfertigung der Niederschrift nicht oder nicht rechtzeitig aushändigt,
3. entgegen § 14 Absatz 3 Auszubildenden eine Verrichtung überträgt, die dem Ausbildungszweck nicht dient,
4. entgegen § 15 Absatz 1 Satz 1 oder 2 Auszubildende beschäftigt oder nicht freistellt,
5. entgegen § 18 Absatz 3 Satz 1, auch in Verbindung mit Satz 2, eine dort genannte Vergütung nicht, nicht richtig, nicht vollständig oder nicht rechtzeitig zahlt,
6. entgegen § 28 Abs. 1 oder 2 Auszubildende einstellt oder ausbildet,
7. einer vollziehbaren Anordnung nach § 33 Abs. 1 oder 2 zuwiderhandelt,
8. entgegen § 36 Abs. 1 Satz 1 oder 2, jeweils auch in Verbindung mit Satz 3, die Eintragung in das dort genannte Verzeichnis nicht oder nicht rechtzeitig beantragt oder eine Ausfertigung der Vertragsniederschrift nicht beifügt,
9. entgegen § 53b Absatz 4 Satz 3, § 53c Absatz 4 Satz 3, § 53d Absatz 4 Satz 3 und § 54 Absatz 4 eine Abschlussbezeichnung führt oder
10. entgegen § 76 Abs. 2 eine Auskunft nicht, nicht richtig, nicht vollständig oder nicht rechtzeitig erteilt, eine Unterlage nicht, nicht richtig, nicht vollständig oder nicht rechtzeitig vorlegt oder eine Besichtigung nicht oder nicht rechtzeitig gestattet.
(2) Die Ordnungswidrigkeit kann in den Fällen des Absatzes 1 Nr. 3 bis 7 mit einer Geldbuße bis zu fünftausend Euro, in den übrigen Fällen mit einer Geldbuße bis zu tausend Euro geahndet werden.

**§ 102 Gleichstellung von Abschlusszeugnissen im Rahmen der deutschen Einheit** Prüfungszeugnisse nach der Systematik der Ausbildungsberufe und der Systematik der Facharbeiterberufe und Prüfungszeugnisse nach § 37 Abs. 2 stehen einander gleich.

**§ 103 Fortgeltung bestehender Regelungen** (1) Die vor dem 1. September 1969 anerkannten Lehrberufe und Anlernberufe oder vergleichbar geregelten Ausbildungsberufe gelten als Ausbildungsberufe im Sinne des § 4. Die Berufsbilder, die Berufsbildungspläne, die Prüfungsanforderungen und die Prüfungsordnungen für diese Berufe sind bis zum Erlass von Ausbildungsordnungen nach § 4 und der Prüfungsordnungen nach § 47 anzuwenden.
(2) Die vor dem 1. September 1969 erteilten Prüfungszeugnisse in Berufen, die nach Absatz 1 als anerkannte Ausbildungsberufe gelten, stehen Prüfungszeugnissen nach § 37 Abs. 2 gleich.
(3) Auf Ausbildungsverträge, die vor dem 30. September 2017 abgeschlossen wurden oder bis zu diesem Zeitpunkt abgeschlossen werden, sind § 5 Absatz 2 Satz 1, § 11 Absatz 1 Satz 2, § 13 Satz 2, die §§ 14, 43 Absatz 1 Nummer 2, § 79 Absatz 2 Nummer 1 sowie § 101 Absatz 1 Nummer 3 in ihrer bis zum 5. April 2017 geltenden Fassung weiter anzuwenden.

**§ 104 Übertragung von Zuständigkeiten** Die Landesregierungen werden ermächtigt, durch Rechtsverordnung die nach diesem Gesetz den nach Landesrecht zuständigen Behörden übertragenen Zuständigkeiten nach den §§ 27, 30, 32, 33 und 70 auf zuständige Stellen zu übertragen.

**§ 105 Evaluation** Die Regelungen zur Mindestvergütung, zu Prüferdelegationen und die Regelung des § 5 Absatz 2 Satz 1 Nummer 2a werden vom Bundesinstitut für Berufsbildung fünf Jahre nach dem Inkrafttreten des Gesetzes zur Modernisierung und Stärkung der beruflichen Bildung wissenschaftlich evaluiert.

**§ 106 Übergangsregelung** (1) Auf Berufsausbildungsverträge, die bis zum Ablauf des 31. Dezember 2019 abgeschlossen werden, ist § 17 in der bis dahin geltenden Fassung anzuwenden.
(2) Für Berufsausbildungsverträge mit Ausbildungsbeginn ab dem 1. Januar 2020 gelten § 34 Absatz 2 Nummer 7 und § 88 Absatz 1 Satz 1 Nummer 1 Buchstabe g in der ab dem 1. Januar 2020 geltenden Fassung. Im Übrigen sind für Berufsausbildungsverträge mit Ausbildungsbeginn bis zum Ablauf des 31. Dezember 2020 die §§ 34, 35 Absatz 3 Satz 1 und § 88 in der am 31. Dezember 2019 geltenden Fassung weiterhin anzuwenden.
(3) Sofern für einen anerkannten Fortbildungsabschluss eine Fortbildungsordnung auf Grund des § 53 in der bis zum Ablauf des 31. Dezember 2019 geltenden Fassung erlassen worden ist, ist diese Fortbildungsordnung bis zum erstmaligen Erlass einer Fortbildungsordnung nach § 53 in der ab dem 1. Januar 2020 geltenden Fassung weiterhin anzuwenden. Sofern eine Fortbildungsprüfungsregelung nach § 54 in der bis zum Ablauf des 31. Dezember 2019 geltenden Fassung erlassen worden ist, ist diese Fortbildungsprüfungsregelung bis zum erstmaligen Erlass einer Fortbildungsprüfungsregelung nach § 54 in der ab dem 1. Januar 2020 geltenden Fassung weiterhin anzuwenden.

## 3.5. Gesetz zum Elterngeld und zur Elternzeit (Bundeselterngeld- und Elternzeitgesetz – BEEG) (Auszug)

**§ 1 Berechtigte** (1) Anspruch auf Elterngeld hat, wer
1. einen Wohnsitz oder seinen gewöhnlichen Aufenthalt in Deutschland hat,
2. mit seinem Kind in einem Haushalt lebt,
3. dieses Kind selbst betreut und erzieht und
4. keine oder keine volle Erwerbstätigkeit ausübt.
Bei Mehrlingsgeburten besteht nur ein Anspruch auf Elterngeld.
(2) Anspruch auf Elterngeld hat auch, wer, ohne eine der Voraussetzungen des Absatzes 1 Satz 1 Nummer 1 zu erfüllen,
1. nach § 4 des Vierten Buches Sozialgesetzbuch dem deutschen Sozialversicherungsrecht unterliegt oder im Rahmen seines in Deutschland bestehenden öffentlich-rechtlichen Dienst- oder Amtsverhältnisses vorübergehend ins Ausland abgeordnet, versetzt oder kommandiert ist,
2. Entwicklungshelfer oder Entwicklungshelferin im Sinne des § 1 des Entwicklungshelfer-Gesetzes ist oder als Missionar oder Missionarin der Missionswerke und -gesellschaften, die Mitglieder oder Vereinbarungspartner des Evangelischen Missionswerkes Hamburg, der Arbeitsgemeinschaft Evangelikaler Missionen e. V. oder der Arbeitsgemeinschaft pfingstlich-charismatischer Missionen sind, tätig ist oder
3. die deutsche Staatsangehörigkeit besitzt und nur vorübergehend bei einer zwischen- oder überstaatlichen Einrichtung tätig ist, insbesondere nach den Entsenderichtlinien des Bundes beurlaubte Beamte und Beamtinnen, oder wer vorübergehend eine nach § 123a des Beamtenrechtsrahmengesetzes oder § 29 des Bundesbeamtengesetzes zugewiesene Tätigkeit im Ausland wahrnimmt.
Dies gilt auch für mit der nach Satz 1 berechtigten Person in einem Haushalt lebende Ehegatten oder Ehegattinnen.
(3) Anspruch auf Elterngeld hat abweichend von Absatz 1 Satz 1 Nummer 2 auch, wer
1. mit einem Kind in einem Haushalt lebt, das er mit dem Ziel der Annahme als Kind aufgenommen hat,
2. ein Kind des Ehegatten oder der Ehegattin in seinen Haushalt aufgenommen hat oder
3. mit einem Kind in einem Haushalt lebt und die von ihm erklärte Anerkennung der Vaterschaft nach § 1594 Absatz 2 des Bürgerlichen Gesetzbuchs noch nicht wirksam oder über die von ihm beantragte Vaterschaftsfeststellung nach § 1600d des Bürgerlichen Gesetzbuchs noch nicht entschieden ist.
Für angenommene Kinder und Kinder im Sinne des Satzes 1 Nummer 1 sind die Vorschriften dieses Gesetzes mit der Maßgabe anzuwenden, dass statt des Zeitpunktes der Geburt der Zeitpunkt der Aufnahme des Kindes bei der berechtigten Person maßgeblich ist.
(4) Können die Eltern wegen einer schweren Krankheit, Schwerbehinderung oder Todes der Eltern ihr Kind nicht betreuen, haben Verwandte bis zum dritten Grad und ihre Ehegatten oder Ehegattinnen Anspruch auf Elterngeld, wenn sie die übrigen Voraussetzungen nach Absatz 1 erfüllen und wenn von anderen Berechtigten Elterngeld nicht in Anspruch genommen wird.

(5) Der Anspruch auf Elterngeld bleibt unberührt, wenn die Betreuung und Erziehung des Kindes aus einem wichtigen Grund nicht sofort aufgenommen werden kann oder wenn sie unterbrochen werden muss.
(6) Eine Person ist nicht voll erwerbstätig, wenn ihre Arbeitszeit 32 Wochenstunden im Durchschnitt des Lebensmonats nicht übersteigt, sie eine Beschäftigung zur Berufsbildung ausübt oder sie eine geeignete Tagespflegeperson im Sinne des § 23 des Achten Buches Sozialgesetzbuch ist und nicht mehr als fünf Kinder in Tagespflege betreut.
(7) ...
(8) Ein Anspruch entfällt, wenn die berechtigte Person im letzten abgeschlossenen Veranlagungszeitraum vor der Geburt des Kindes ein zu versteuerndes Einkommen nach § 2 Absatz 5 des Einkommensteuergesetzes in Höhe von mehr als 250 000 Euro erzielt hat. Erfüllt auch eine andere Person die Voraussetzungen des Absatzes 1 Satz 1 Nummer 2 oder der Absätze 3 oder 4, entfällt abweichend von Satz 1 der Anspruch, wenn die Summe des zu versteuernden Einkommens beider Personen mehr als 300 000 Euro beträgt.

**§ 2 Höhe des Elterngeldes** (1) Elterngeld wird in Höhe von 67 Prozent des Einkommens aus Erwerbstätigkeit vor der Geburt des Kindes gewährt. Es wird bis zu einem Höchstbetrag von 1 800 Euro monatlich für volle Lebensmonate gezahlt, in denen die berechtigte Person kein Einkommen aus Erwerbstätigkeit hat. Das Einkommen aus Erwerbstätigkeit errechnet sich nach Maßgabe der §§ 2c bis 2f aus der um die Abzüge für Steuern und Sozialabgaben verminderten Summe der positiven Einkünfte aus
1. nichtselbständiger Arbeit nach § 2 Absatz 1 Satz 1 Nummer 4 des Einkommensteuergesetzes sowie
2. Land- und Forstwirtschaft, Gewerbebetrieb und selbständiger Arbeit nach § 2 Absatz 1 Satz 1 Nummer 1 bis 3 des Einkommensteuergesetzes,

die im Inland zu versteuern sind und die die berechtigte Person durchschnittlich monatlich im Bemessungszeitraum nach § 2b oder in Lebensmonaten der Bezugszeit nach § 2 Absatz 3 hat.
(2) In den Fällen, in denen das Einkommen aus Erwerbstätigkeit vor der Geburt geringer als 1 000 Euro war, erhöht sich der Prozentsatz von 67 Prozent um 0,1 Prozentpunkte für je 2 Euro, um die dieses Einkommen den Betrag von 1 000 Euro unterschreitet, auf bis zu 100 Prozent. In den Fällen, in denen das Einkommen aus Erwerbstätigkeit vor der Geburt höher als 1 200 Euro war, sinkt der Prozentsatz von 67 Prozent um 0,1 Prozentpunkte für je 2 Euro, um die dieses Einkommen den Betrag von 1 200 Euro überschreitet, auf bis zu 65 Prozent.
(3) Für Lebensmonate nach der Geburt des Kindes, in denen die berechtigte Person ein Einkommen aus Erwerbstätigkeit hat, das durchschnittlich geringer ist als das Einkommen aus Erwerbstätigkeit vor der Geburt, wird Elterngeld in Höhe des nach Absatz 1 oder 2 maßgeblichen Prozentsatzes des Unterschiedsbetrages dieser Einkommen aus Erwerbstätigkeit gezahlt. Als Einkommen aus Erwerbstätigkeit vor der Geburt ist dabei höchstens der Betrag von 2 770 Euro anzusetzen. Der Unterschiedsbetrag nach Satz 1 ist für das Einkommen aus Erwerbstätigkeit in Lebensmonaten, in denen die berechtigte Person Basiselterngeld in Anspruch nimmt, und in Lebensmonaten, in denen sie Elterngeld Plus im Sinne des § 4a Absatz 2 in Anspruch nimmt, getrennt zu berechnen.
(4) Elterngeld wird mindestens in Höhe von 300 Euro gezahlt. Dies gilt auch, wenn die berechtigte Person vor der Geburt des Kindes kein Einkommen aus Erwerbstätigkeit hat.

**§ 4 Bezugsdauer, Anspruchsumfang** (1) Elterngeld wird als Basiselterngeld oder als Elterngeld Plus gewährt. Es kann ab dem Tag der Geburt bezogen werden. Basiselterngeld kann bis zur Vollendung des 14. Lebensmonats des Kindes bezogen werden. Elterngeld Plus kann bis zur Vollendung des 32. Lebensmonats bezogen werden, solange es ab dem 15. Lebensmonat in aufeinander folgenden Lebensmonaten von zumindest einem Elternteil in Anspruch genommen wird. Für angenommene Kinder und Kinder im Sinne des § 1 Absatz 3 Satz 1 Nummer 1 kann Elterngeld ab Aufnahme bei der berechtigten Person längstens bis zur Vollendung des achten Lebensjahres des Kindes bezogen werden.

(2) Elterngeld wird in Monatsbeträgen für Lebensmonate des Kindes gezahlt. Der Anspruch endet mit dem Ablauf des Lebensmonats, in dem eine Anspruchsvoraussetzung entfallen ist. Die Eltern können die jeweiligen Monatsbeträge abwechselnd oder gleichzeitig beziehen.

(3) Die Eltern haben gemeinsam Anspruch auf zwölf Monatsbeträge Basiselterngeld. Ist das Einkommen aus Erwerbstätigkeit eines Elternteils in zwei Lebensmonaten gemindert, haben die Eltern gemeinsam Anspruch auf zwei weitere Monate Basiselterngeld (Partnermonate). Statt für einen Lebensmonat Basiselterngeld zu beanspruchen, kann die berechtigte Person jeweils zwei Lebensmonate Elterngeld Plus beziehen.

(4) Ein Elternteil hat Anspruch auf höchstens zwölf Monatsbeträge Basiselterngeld zuzüglich der höchstens vier zustehenden Monatsbeträge Partnerschaftsbonus nach § 4b. Ein Elternteil hat nur Anspruch auf Elterngeld, wenn er es mindestens für zwei Lebensmonate bezieht. Lebensmonate des Kindes, in denen einem Elternteil nach § 3 Absatz 1 Satz 1 Nummer 1 bis 3 anzurechnende Leistungen oder nach § 192 Absatz 5 Satz 2 des Versicherungsvertragsgesetzes Versicherungsleistungen zustehen, gelten als Monate, für die dieser Elternteil Basiselterngeld nach § 4a Absatz 1 bezieht.

(5) Abweichend von Absatz 3 Satz 1 beträgt der gemeinsame Anspruch der Eltern auf Basiselterngeld für ein Kind, das

1. mindestens sechs Wochen vor dem voraussichtlichen Tag der Entbindung geboren wurde: 13 Monatsbeträge Basiselterngeld;
2. mindestens acht Wochen vor dem voraussichtlichen Tag der Entbindung geboren wurde: 14 Monatsbeträge Basiselterngeld;
3. mindestens zwölf Wochen vor dem voraussichtlichen Tag der Entbindung geboren wurde: 15 Monatsbeträge Basiselterngeld;
4. mindestens 16 Wochen vor dem voraussichtlichen Tag der Entbindung geboren wurde: 16 Monatsbeträge Basiselterngeld.

Für die Berechnung des Zeitraums zwischen dem voraussichtlichen Tag der Entbindung und dem tatsächlichen Tag der Geburt ist der voraussichtliche Tag der Entbindung maßgeblich, wie er sich aus dem ärztlichen Zeugnis oder dem Zeugnis einer Hebamme oder eines Entbindungspflegers ergibt.

Im Fall von

1. Satz 1 Nummer 1

a) hat ein Elternteil abweichend von Absatz 4 Satz 1 Anspruch auf höchstens 13 Monatsbeträge Basiselterngeld zuzüglich der höchstens vier zustehenden Monatsbeträge Partnerschaftsbonus nach § 4b,

b) kann Basiselterngeld abweichend von Absatz 1 Satz 3 bis zur Vollendung des 15. Lebensmonats des Kindes bezogen werden und

c) kann Elterngeld Plus abweichend von Absatz 1 Satz 4 bis zur Vollendung des 32. Lebensmonats des Kindes bezogen werden, solange es ab dem 16. Lebensmonat in aufeinander folgenden Lebensmonaten von zumindest einem Elternteil in Anspruch genommen wird;
2. Satz 1 Nummer 2
a) hat ein Elternteil abweichend von Absatz 4 Satz 1 Anspruch auf höchstens 14 Monatsbeträge Basiselterngeld zuzüglich der höchstens vier zustehenden Monatsbeträge Partnerschaftsbonus nach § 4b,
b) kann Basiselterngeld abweichend von Absatz 1 Satz 3 bis zur Vollendung des 16. Lebensmonats des Kindes bezogen werden und
c) kann Elterngeld Plus abweichend von Absatz 1 Satz 4 bis zur Vollendung des 32. Lebensmonats des Kindes bezogen werden, solange es ab dem 17. Lebensmonat in aufeinander folgenden Lebensmonaten von zumindest einem Elternteil in Anspruch genommen wird;
3. Satz 1 Nummer 3
a) hat ein Elternteil abweichend von Absatz 4 Satz 1 Anspruch auf höchstens 15 Monatsbeträge Basiselterngeld zuzüglich der höchstens vier zustehenden Monatsbeträge Partnerschaftsbonus nach § 4b,
b) kann Basiselterngeld abweichend von Absatz 1 Satz 3 bis zur Vollendung des 17. Lebensmonats des Kindes bezogen werden und
c) kann Elterngeld Plus abweichend von Absatz 1 Satz 4 bis zur Vollendung des 32. Lebensmonats des Kindes bezogen werden, solange es ab dem 18. Lebensmonat in aufeinander folgenden Lebensmonaten von zumindest einem Elternteil in Anspruch genommen wird;
4. Satz 1 Nummer 4
a) hat ein Elternteil abweichend von Absatz 4 Satz 1 Anspruch auf höchstens 16 Monatsbeträge Basiselterngeld zuzüglich der höchstens vier zustehenden Monatsbeträge Partnerschaftsbonus nach § 4b,
b) kann Basiselterngeld abweichend von Absatz 1 Satz 3 bis zur Vollendung des 18. Lebensmonats des Kindes bezogen werden und
c) kann Elterngeld Plus abweichend von Absatz 1 Satz 4 bis zur Vollendung des 32. Lebensmonats des Kindes bezogen werden, solange es ab dem 19. Lebensmonat in aufeinander folgenden Lebensmonaten von zumindest einem Elternteil in Anspruch genommen wird.

**§ 5 Zusammentreffen von Ansprüchen** (1) Erfüllen beide Elternteile die Anspruchsvoraussetzungen, bestimmen sie, wer von ihnen die Monatsbeträge für welche Lebensmonate des Kindes in Anspruch nimmt.
(2) Beanspruchen beide Elternteile zusammen mehr als die ihnen nach § 4 Absatz 3 und § 4b oder nach § 4 Absatz 3 und § 4b in Verbindung mit § 4d zustehenden Monatsbeträge, so besteht der Anspruch eines Elternteils, der nicht über die Hälfte der zustehenden Monatsbeträge hinausgeht, ungekürzt; der Anspruch des anderen Elternteils wird gekürzt auf die vom Gesamtanspruch verbleibenden Monatsbeträge. Beansprucht jeder der beiden Elternteile mehr als die Hälfte der ihm zustehenden Monatsbeträge, steht jedem Elternteil die Hälfte des Gesamtanspruchs der Monatsbeträge zu.

(3) Die Absätze 1 und 2 gelten in den Fällen des § 1 Absatz 3 und 4 entsprechend. Wird eine Einigung mit einem nicht sorgeberechtigten Elternteil oder einer Person, die nach § 1 Absatz 3 Satz 1 Nummer 2 und 3 Anspruch auf Elterngeld hat, nicht erzielt, so kommt es abweichend von Absatz 2 allein auf die Entscheidung des sorgeberechtigten Elternteils an.

**§ 6 Auszahlung** Elterngeld wird im Laufe des Lebensmonats gezahlt, für den es bestimmt ist.

**§ 7 Antragstellung** (1) Elterngeld ist schriftlich zu beantragen. Es wird rückwirkend nur für die letzten drei Lebensmonate vor Beginn des Lebensmonats geleistet, in dem der Antrag auf Elterngeld eingegangen ist. Im Antrag ist anzugeben, für welche Lebensmonate Basiselterngeld, für welche Lebensmonate Elterngeld Plus oder für welche Lebensmonate Partnerschaftsbonus beantragt wird.
(2) Die im Antrag getroffenen Entscheidungen können bis zum Ende des Bezugszeitraums geändert werden. Eine Änderung kann rückwirkend nur für die letzten drei Lebensmonate vor Beginn des Lebensmonats verlangt werden, in dem der Änderungsantrag eingegangen ist. Sie ist außer in den Fällen besonderer Härte unzulässig, soweit Monatsbeträge bereits ausgezahlt sind. Abweichend von den Sätzen 2 und 3 kann für einen Lebensmonat, in dem bereits Elterngeld Plus bezogen wurde, nachträglich Basiselterngeld beantragt werden. Im Übrigen finden die für die Antragstellung geltenden Vorschriften auch auf den Änderungsantrag Anwendung.
(3) Der Antrag ist, außer im Fall des § 4c und der Antragstellung durch eine allein sorgeberechtigte Person, zu unterschreiben von der Person, die ihn stellt, und zur Bestätigung der Kenntnisnahme auch von der anderen berechtigten Person. Die andere berechtigte Person kann gleichzeitig
1. einen Antrag auf Elterngeld stellen oder
2. der Behörde anzeigen, wie viele Monatsbeträge sie beansprucht, wenn mit ihrem Anspruch die Höchstgrenzen nach § 4 Absatz 3 in Verbindung mit § 4b überschritten würden.
Liegt der Behörde von der anderen berechtigten Person weder ein Antrag auf Elterngeld noch eine Anzeige nach Satz 2 vor, so werden sämtliche Monatsbeträge der berechtigten Person ausgezahlt, die den Antrag gestellt hat; die andere berechtigte Person kann bei einem späteren Antrag abweichend von § 5 Absatz 2 nur die unter Berücksichtigung von § 4 Absatz 3 in Verbindung mit § 4b vom Gesamtanspruch verbleibenden Monatsbeträge erhalten.

**§ 8 Auskunftspflicht, Nebenbestimmungen** (1) Soweit im Antrag auf Elterngeld Angaben zum voraussichtlichen Einkommen aus Erwerbstätigkeit gemacht wurden, ist nach Ablauf des Bezugszeitraums für diese Zeit das tatsächliche Einkommen aus Erwerbstätigkeit nachzuweisen.
(1a) Die Mitwirkungspflichten nach § 60 des Ersten Buches Sozialgesetzbuch gelten
1. im Falle des § 1 Absatz 8 Satz 2 auch für die andere Person im Sinne des § 1 Absatz 8 Satz 2 und
2. im Falle des § 4b oder des § 4b in Verbindung mit § 4d Satz 1 für beide Personen, die den Partnerschaftsbonus beantragt haben.
§ 65 Absatz 1 und 3 des Ersten Buches Sozialgesetzbuch gilt entsprechend. (2) – (3) ...

**§ 9 Einkommens- und Arbeitszeitnachweis, Auskunftspflicht des Arbeitgebers** (1) Soweit es zum Nachweis des Einkommens aus Erwerbstätigkeit oder der wöchentlichen Arbeitszeit erforderlich ist, hat der Arbeitgeber der nach § 12 zuständigen Behörde für bei ihm Beschäftigte das Arbeitsentgelt, die für die Ermittlung der nach den §§ 2e und 2f erforderlichen Abzugsmerkmale für Steuern und Sozialabgaben sowie die Arbeitszeit auf Verlangen zu bescheinigen; das Gleiche gilt für ehemalige Arbeitgeber. Für die in Heimarbeit Beschäftigten und die ihnen Gleichgestellten (§ 1 Absatz 1 und 2 des Heimarbeitsgesetzes) tritt an die Stelle des Arbeitgebers der Auftraggeber oder Zwischenmeister.
(2) Für den Nachweis des Einkommens aus Erwerbstätigkeit kann die nach § 12 Absatz 1 zuständige Behörde auch das in § 108a Absatz 1 des Vierten Buches Sozialgesetzbuch vorgesehene Verfahren zur elektronischen Abfrage und Übermittlung von Entgeltbescheinigungsdaten nutzen. Sie darf dieses Verfahren nur nutzen, wenn die betroffene Arbeitnehmerin oder der betroffene Arbeitnehmer zuvor in dessen Nutzung eingewilligt hat. Wenn der betroffene Arbeitgeber ein systemgeprüftes Entgeltabrechnungsprogramm nutzt, ist er verpflichtet, die jeweiligen Entgeltbescheinigungsdaten mit dem in § 108a Absatz 1 des Vierten Buches Sozialgesetzbuch vorgesehenen Verfahren zu übermitteln.

**§ 14 Bußgeldvorschriften** (1) Ordnungswidrig handelt, wer vorsätzlich oder fahrlässig
1. entgegen § 8 Absatz 1 einen Nachweis nicht, nicht richtig, nicht vollständig oder nicht rechtzeitig erbringt,
2. entgegen § 9 Absatz 1 eine dort genannte Angabe nicht, nicht richtig, nicht vollständig oder nicht rechtzeitig bescheinigt,
3. entgegen § 60 Absatz 1 Satz 1 Nummer 1 des Ersten Buches Sozialgesetzbuch, auch in Verbindung mit § 8 Absatz 1a Satz 1, eine Angabe nicht, nicht richtig, nicht vollständig oder nicht rechtzeitig macht,
4. entgegen § 60 Absatz 1 Satz 1 Nummer 2 des Ersten Buches Sozialgesetzbuch, auch in Verbindung mit § 8 Absatz 1a Satz 1, eine Mitteilung nicht, nicht richtig, nicht vollständig oder nicht rechtzeitig macht oder
5. entgegen § 60 Absatz 1 Satz 1 Nummer 3 des Ersten Buches Sozialgesetzbuch, auch in Verbindung mit § 8 Absatz 1a Satz 1, eine Beweisurkunde nicht, nicht richtig, nicht vollständig oder nicht rechtzeitig vorlegt.
(2) Die Ordnungswidrigkeit kann mit einer Geldbuße von bis zu zweitausend Euro geahndet werden.
(3) Verwaltungsbehörden im Sinne des § 36 Absatz 1 Nummer 1 des Gesetzes über Ordnungswidrigkeiten sind die in § 12 Absatz 1 genannten Behörden.

**§ 15 Anspruch auf Elternzeit** (1) Arbeitnehmerinnen und Arbeitnehmer haben Anspruch auf Elternzeit, wenn sie
1. in einem Haushalt leben und
2. dieses Kind selbst betreuen und erziehen.
Nicht sorgeberechtigte Elternteile und Personen, die nach Satz 1 Nummer 1 Buchstabe b und c Elternzeit nehmen können, bedürfen der Zustimmung des sorgeberechtigten Elternteils.

(1a) Anspruch auf Elternzeit haben Arbeitnehmerinnen und Arbeitnehmer auch, wenn sie mit ihrem Enkelkind in einem Haushalt leben und dieses Kind selbst betreuen und erziehen und

1. ein Elternteil des Kindes minderjährig ist oder
2. ein Elternteil des Kindes sich in einer Ausbildung befindet, die vor Vollendung des 18. Lebensjahres begonnen wurde und die Arbeitskraft des Elternteils im Allgemeinen voll in Anspruch nimmt.

Der Anspruch besteht nur für Zeiten, in denen keiner der Elternteile des Kindes selbst Elternzeit beansprucht.

(2) Der Anspruch auf Elternzeit besteht bis zur Vollendung des dritten Lebensjahres eines Kindes. Ein Anteil von bis zu 24 Monaten kann zwischen dem dritten Geburtstag und dem vollendeten achten Lebensjahr des Kindes in Anspruch genommen werden. Die Zeit der Mutterschutzfrist nach § 3 Absatz 2 und 3 des Mutterschutzgesetzes wird für die Elternzeit der Mutter auf die Begrenzung nach den Sätzen 1 und 2 angerechnet. Bei mehreren Kindern besteht der Anspruch auf Elternzeit für jedes Kind, auch wenn sich die Zeiträume im Sinne der Sätze 1 und 2 überschneiden. Bei einem angenommenen Kind und bei einem Kind in Vollzeit- oder Adoptionspflege kann Elternzeit von insgesamt bis zu drei Jahren ab der Aufnahme bei der berechtigten Person, längstens bis zur Vollendung des achten Lebensjahres des Kindes genommen werden; die Sätze 2 und 4 sind entsprechend anwendbar, soweit sie die zeitliche Aufteilung regeln. Der Anspruch kann nicht durch Vertrag ausgeschlossen oder beschränkt werden.

(3) Die Elternzeit kann, auch anteilig, von jedem Elternteil allein oder von beiden Elternteilen gemeinsam genommen werden. Satz 1 gilt in den Fällen des Absatzes 1 Satz 1 Nummer 1 Buchstabe b und c entsprechend.

(4) Der Arbeitnehmer oder die Arbeitnehmerin darf während der Elternzeit nicht mehr als 32 Wochenstunden im Durchschnitt des Monats erwerbstätig sein. Eine im Sinne des § 23 des Achten Buches Sozialgesetzbuch geeignete Tagespflegeperson darf bis zu fünf Kinder in Tagespflege betreuen, auch wenn die wöchentliche Betreuungszeit 32 Stunden übersteigt. Teilzeitarbeit bei einem anderen Arbeitgeber oder selbstständige Tätigkeit nach Satz 1 bedürfen der Zustimmung des Arbeitgebers. Dieser kann sie nur innerhalb von vier Wochen aus dringenden betrieblichen Gründen schriftlich ablehnen.

(5) Der Arbeitnehmer oder die Arbeitnehmerin kann eine Verringerung der Arbeitszeit und ihre Verteilung beantragen. Über den Antrag sollen sich der Arbeitgeber und der Arbeitnehmer oder die Arbeitnehmerin innerhalb von vier Wochen einigen. Der Antrag kann mit der schriftlichen Mitteilung nach Absatz 7 Satz 1 Nummer 5 verbunden werden. Unberührt bleibt das Recht, sowohl die vor der Elternzeit bestehende Teilzeitarbeit unverändert während der Elternzeit fortzusetzen, soweit Absatz 4 beachtet ist, als auch nach der Elternzeit zu der Arbeitszeit zurückzukehren, die vor Beginn der Elternzeit vereinbart war.

(6) Der Arbeitnehmer oder die Arbeitnehmerin kann gegenüber dem Arbeitgeber, soweit eine Einigung nach Absatz 5 nicht möglich ist, unter den Voraussetzungen des Absatzes 7 während der Gesamtdauer der Elternzeit zweimal eine Verringerung seiner oder ihrer Arbeitszeit beanspruchen.

(7) Für den Anspruch auf Verringerung der Arbeitszeit gelten folgende Voraussetzungen: -
a) mit ihrem Kind,

b) mit einem Kind, für das sie die Anspruchsvoraussetzungen nach § 1 Absatz 3 oder 4 erfüllen, oder

c) mit einem Kind, das sie in Vollzeitpflege nach § 33 des Achten Buches Sozialgesetzbuch aufgenommen haben,

1. Der Arbeitgeber beschäftigt, unabhängig von der Anzahl der Personen in Berufsbildung, in der Regel mehr als 15 Arbeitnehmer und Arbeitnehmerinnen,

2. das Arbeitsverhältnis in demselben Betrieb oder Unternehmen besteht ohne Unterbrechung länger als sechs Monate,

3. die vertraglich vereinbarte regelmäßige Arbeitszeit soll für mindestens zwei Monate auf einen Umfang von nicht weniger als 15 und nicht mehr als 32 Wochenstunden im Durchschnitt des Monats verringert werden,

4. dem Anspruch stehen keine dringenden betrieblichen Gründe entgegen und

5. der Anspruch auf Teilzeit wurde dem Arbeitgeber

a) für den Zeitraum bis zum vollendeten dritten Lebensjahr des Kindes sieben Wochen und

b) für den Zeitraum zwischen dem dritten Geburtstag und dem vollendeten achten Lebensjahr des Kindes 13 Wochen

vor Beginn der Teilzeittätigkeit schriftlich mitgeteilt.

Der Antrag muss den Beginn und den Umfang der verringerten Arbeitszeit enthalten. Die gewünschte Verteilung der verringerten Arbeitszeit soll im Antrag angegeben werden. Falls der Arbeitgeber die beanspruchte Verringerung oder Verteilung der Arbeitszeit ablehnen will, muss er dies innerhalb der in Satz 5 genannten Frist mit schriftlicher Begründung tun. Hat ein Arbeitgeber die Verringerung der Arbeitszeit

1. in einer Elternzeit zwischen der Geburt und dem vollendeten dritten Lebensjahr des Kindes nicht spätestens vier Wochen nach Zugang des Antrags oder

2. in einer Elternzeit zwischen dem dritten Geburtstag und dem vollendeten achten Lebensjahr des Kindes nicht spätestens acht Wochen nach Zugang des Antrags

schriftlich abgelehnt, gilt die Zustimmung als erteilt und die Verringerung der Arbeitszeit entsprechend den Wünschen der Arbeitnehmerin oder des Arbeitnehmers als festgelegt. Haben Arbeitgeber und Arbeitnehmerin oder Arbeitnehmer über die Verteilung der Arbeitszeit kein Einvernehmen nach Absatz 5 Satz 2 erzielt und hat der Arbeitgeber nicht innerhalb der in Satz 5 genannten Fristen die gewünschte Verteilung schriftlich abgelehnt, gilt die Verteilung der Arbeitszeit entsprechend den Wünschen der Arbeitnehmerin oder des Arbeitnehmers als festgelegt. Soweit der Arbeitgeber den Antrag auf Verringerung oder Verteilung der Arbeitszeit rechtzeitig ablehnt, kann die Arbeitnehmerin oder der Arbeitnehmer Klage vor dem Gericht für Arbeitssachen erheben.

**§ 16 Inanspruchnahme der Elternzeit** (1) Wer Elternzeit beanspruchen will, muss sie

1. für den Zeitraum bis zum vollendeten dritten Lebensjahr des Kindes spätestens sieben Wochen und

2. für den Zeitraum zwischen dem dritten Geburtstag und dem vollendeten achten Lebensjahr des Kindes spätestens 13 Wochen

vor Beginn der Elternzeit schriftlich vom Arbeitgeber verlangen. Verlangt die Arbeitnehmerin oder der Arbeitnehmer Elternzeit nach Satz 1 Nummer 1, muss sie oder er gleichzeitig erklären, für welche Zeiten innerhalb von zwei Jahren Elternzeit genommen werden soll. Bei dringenden Gründen ist ausnahmsweise eine angemessene kürzere Frist möglich. Nimmt die Mutter die Elternzeit im Anschluss an die Mutterschutzfrist,

wird die Zeit der Mutterschutzfrist nach § 3 Absatz 2 und 3 des Mutterschutzgesetzes auf den Zeitraum nach Satz 2 angerechnet. Nimmt die Mutter die Elternzeit im Anschluss an einen auf die Mutterschutzfrist folgenden Erholungsurlaub, werden die Zeit der Mutterschutzfrist nach § 3 Absatz 2 und 3 des Mutterschutzgesetzes und die Zeit des Erholungsurlaubs auf den Zweijahreszeitraum nach Satz 2 angerechnet. Jeder Elternteil kann seine Elternzeit auf drei Zeitabschnitte verteilen; eine Verteilung auf weitere Zeitabschnitte ist nur mit der Zustimmung des Arbeitgebers möglich. Der Arbeitgeber kann die Inanspruchnahme eines dritten Abschnitts einer Elternzeit innerhalb von acht Wochen nach Zugang des Antrags aus dringenden betrieblichen Gründen ablehnen, wenn dieser Abschnitt im Zeitraum zwischen dem dritten Geburtstag und dem vollendeten achten Lebensjahr des Kindes liegen soll. Der Arbeitgeber hat dem Arbeitnehmer oder der Arbeitnehmerin die Elternzeit zu bescheinigen. Bei einem Arbeitgeberwechsel ist bei der Anmeldung der Elternzeit auf Verlangen des neuen Arbeitgebers eine Bescheinigung des früheren Arbeitgebers über bereits genommene Elternzeit durch die Arbeitnehmerin oder den Arbeitnehmer vorzulegen.
(2) Können Arbeitnehmerinnen aus einem von ihnen nicht zu vertretenden Grund eine sich unmittelbar an die Mutterschutzfrist des § 3 Absatz 2 und 3 des Mutterschutzgesetzes anschließende Elternzeit nicht rechtzeitig verlangen, können sie dies innerhalb einer Woche nach Wegfall des Grundes nachholen.
(3) Die Elternzeit kann vorzeitig beendet oder im Rahmen des § 15 Absatz 2 verlängert werden, wenn der Arbeitgeber zustimmt. Die vorzeitige Beendigung wegen der Geburt eines weiteren Kindes oder in Fällen besonderer Härte, insbesondere bei Eintritt einer schweren Krankheit, Schwerbehinderung oder Tod eines Elternteils oder eines Kindes der berechtigten Person oder bei erheblich gefährdeter wirtschaftlicher Existenz der Eltern nach Inanspruchnahme der Elternzeit, kann der Arbeitgeber unbeschadet von Satz 3 nur innerhalb von vier Wochen aus dringenden betrieblichen Gründen schriftlich ablehnen. Die Elternzeit kann zur Inanspruchnahme der Schutzfristen des § 3 des Mutterschutzgesetzes auch ohne Zustimmung des Arbeitgebers vorzeitig beendet werden; in diesen Fällen soll die Arbeitnehmerin dem Arbeitgeber die Beendigung der Elternzeit rechtzeitig mitteilen. Eine Verlängerung der Elternzeit kann verlangt werden, wenn ein vorgesehener Wechsel der Anspruchsberechtigten aus einem wichtigen Grund nicht erfolgen kann.
(4) Stirbt das Kind während der Elternzeit, endet diese spätestens drei Wochen nach dem Tod des Kindes.
(5) Eine Änderung in der Anspruchsberechtigung hat der Arbeitnehmer oder die Arbeitnehmerin dem Arbeitgeber unverzüglich mitzuteilen.

**§ 17 Urlaub** (1) Der Arbeitgeber kann den Erholungsurlaub, der dem Arbeitnehmer oder der Arbeitnehmerin für das Urlaubsjahr zusteht, für jeden vollen Kalendermonat der Elternzeit um ein Zwölftel kürzen. Dies gilt nicht, wenn der Arbeitnehmer oder die Arbeitnehmerin während der Elternzeit bei seinem oder ihrem Arbeitgeber Teilzeitarbeit leistet.
(2) Hat der Arbeitnehmer oder die Arbeitnehmerin den ihm oder ihr zustehenden Urlaub vor dem Beginn der Elternzeit nicht oder nicht vollständig erhalten, hat der Arbeitgeber den Resturlaub nach der Elternzeit im laufenden oder im nächsten Urlaubsjahr zu gewähren.

(3) Endet das Arbeitsverhältnis während der Elternzeit oder wird es im Anschluss an die Elternzeit nicht fortgesetzt, so hat der Arbeitgeber den noch nicht gewährten Urlaub abzugelten.
(4) Hat der Arbeitnehmer oder die Arbeitnehmerin vor Beginn der Elternzeit mehr Urlaub erhalten, als ihm oder ihr nach Absatz 1 zusteht, kann der Arbeitgeber den Urlaub, der dem Arbeitnehmer oder der Arbeitnehmerin nach dem Ende der Elternzeit zusteht, um die zu viel gewährten Urlaubstage kürzen.

**§ 18 Kündigungsschutz** (1) Der Arbeitgeber darf das Arbeitsverhältnis ab dem Zeitpunkt, von dem an Elternzeit verlangt worden ist, nicht kündigen. Der Kündigungsschutz nach Satz 1 beginnt
1. frühestens acht Wochen vor Beginn einer Elternzeit bis zum vollendeten dritten Lebensjahr des Kindes und
2. frühestens 14 Wochen vor Beginn einer Elternzeit zwischen dem dritten Geburtstag und dem vollendeten achten Lebensjahr des Kindes.
Während der Elternzeit darf der Arbeitgeber das Arbeitsverhältnis nicht kündigen. In besonderen Fällen kann ausnahmsweise eine Kündigung für zulässig erklärt werden. Die Zulässigkeitserklärung erfolgt durch die für den Arbeitsschutz zuständige oberste Landesbehörde oder die von ihr bestimmte Stelle. Die Bundesregierung kann mit Zustimmung des Bundesrates allgemeine Verwaltungsvorschriften zur Durchführung des Satzes 4 erlassen.
(2) Absatz 1 gilt entsprechend, wenn Arbeitnehmer oder Arbeitnehmerinnen
1. während der Elternzeit bei demselben Arbeitgeber Teilzeitarbeit leisten oder
2. ohne Elternzeit in Anspruch zu nehmen, Teilzeitarbeit leisten und Anspruch auf Elterngeld nach § 1 während des Zeitraums nach § 4 Absatz 1 Satz 2, 3 und 5 haben.

**§ 19 Kündigung zum Ende der Elternzeit** Der Arbeitnehmer oder die Arbeitnehmerin kann das Arbeitsverhältnis zum Ende der Elternzeit nur unter Einhaltung einer Kündigungsfrist von drei Monaten kündigen.

**§ 20 Zur Berufsbildung Beschäftigte, in Heimarbeit Beschäftigte** (1) Die zu ihrer Berufsbildung Beschäftigten gelten als Arbeitnehmer und Arbeitnehmerinnen im Sinne dieses Gesetzes. Die Elternzeit wird auf die Dauer einer Berufsausbildung nicht angerechnet, es sei denn, dass während der Elternzeit die Berufsausbildung nach § 7a des Berufsbildungsgesetzes oder § 27b der Handwerksordnung in Teilzeit durchgeführt wird. § 15 Absatz 4 Satz 1 bleibt unberührt.
(2) Anspruch auf Elternzeit haben auch die in Heimarbeit Beschäftigten und die ihnen Gleichgestellten (§ 1 Absatz 1 und 2 des Heimarbeitsgesetzes), soweit sie am Stück mitarbeiten. Für sie tritt an die Stelle des Arbeitgebers der Auftraggeber oder Zwischenmeister und an die Stelle des Arbeitsverhältnisses das Beschäftigungsverhältnis.

**§ 21 Befristete Arbeitsverträge** (1) Ein sachlicher Grund, der die Befristung eines Arbeitsverhältnisses rechtfertigt, liegt vor, wenn ein Arbeitnehmer oder eine Arbeitnehmerin zur Vertretung eines anderen Arbeitnehmers oder einer anderen Arbeitnehmerin für die Dauer eines Beschäftigungsverbotes nach dem Mutterschutzgesetz, einer Elternzeit, einer auf Tarifvertrag, Betriebsvereinbarung oder einzelvertraglicher

Vereinbarung beruhenden Arbeitsfreistellung zur Betreuung eines Kindes oder für diese Zeiten zusammen oder für Teile davon eingestellt wird.
(2) Über die Dauer der Vertretung nach Absatz 1 hinaus ist die Befristung für notwendige Zeiten einer Einarbeitung zulässig.
(3) Die Dauer der Befristung des Arbeitsvertrags muss kalendermäßig bestimmt oder bestimmbar oder den in den Absätzen 1 und 2 genannten Zwecken zu entnehmen sein.
(4) Der Arbeitgeber kann den befristeten Arbeitsvertrag unter Einhaltung einer Frist von mindestens drei Wochen, jedoch frühestens zum Ende der Elternzeit, kündigen, wenn die Elternzeit ohne Zustimmung des Arbeitgebers vorzeitig endet und der Arbeitnehmer oder die Arbeitnehmerin die vorzeitige Beendigung der Elternzeit mitgeteilt hat. Satz 1 gilt entsprechend, wenn der Arbeitgeber die vorzeitige Beendigung der Elternzeit in den Fällen des § 16 Absatz 3 Satz 2 nicht ablehnen darf.
(5) Das Kündigungsschutzgesetz ist im Falle des Absatzes 4 nicht anzuwenden.
(6) Absatz 4 gilt nicht, soweit seine Anwendung vertraglich ausgeschlossen ist.
(7) Wird im Rahmen arbeitsrechtlicher Gesetze oder Verordnungen auf die Zahl der beschäftigten Arbeitnehmer und Arbeitnehmerinnen abgestellt, so sind bei der Ermittlung dieser Zahl Arbeitnehmer und Arbeitnehmerinnen, die sich in der Elternzeit befinden oder zur Betreuung eines Kindes freigestellt sind, nicht mitzuzählen, solange für sie aufgrund von Absatz 1 ein Vertreter oder eine Vertreterin eingestellt ist. Dies gilt nicht, wenn der Vertreter oder die Vertreterin nicht mitzuzählen ist. Die Sätze 1 und 2 gelten entsprechend, wenn im Rahmen arbeitsrechtlicher Gesetze oder Verordnungen auf die Zahl der Arbeitsplätze abgestellt wird.

## 3.6. Betriebsverfassungsgesetz (BetrVG) (Auszug)

**§ 60 Errichtung und Aufgabe** (1) In Betrieben mit in der Regel mindestens fünf Arbeitnehmern, die das 18. Lebensjahr noch nicht vollendet haben (jugendliche Arbeitnehmer) oder die zu ihrer Berufsausbildung beschäftigt sind, werden Jugend- und Auszubildendenvertretungen gewählt.
(2) Die Jugend- und Auszubildendenvertretung nimmt nach Maßgabe der folgenden Vorschriften die besonderen Belange der in Absatz 1 genannten Arbeitnehmer wahr.

**§ 61 Wahlberechtigung und Wählbarkeit** (1) Wahlberechtigt sind alle in § 60 Abs. 1 genannten Arbeitnehmer des Betriebs.
(2) Wählbar sind alle Arbeitnehmer des Betriebs, die das 25. Lebensjahr noch nicht vollendet haben oder die zu ihrer Berufsausbildung beschäftigt sind; § 8 Abs. 1 Satz 3 findet Anwendung. Mitglieder des Betriebsrats können nicht zu Jugend- und Auszubildendenvertretern gewählt werden.

**§ 62 Zahl der Jugend- und Auszubildendenvertreter, Zusammensetzung der Jugend und Auszubildendenvertretung** (1) die Jugend- und Auszubildenden-vertretung besteht in Betrieben mit in der Regel
5 bis 20 der in § 60 Abs. 1 genannten Arbeitnehmer aus einer Person,
21 bis 50 der in § 60 Abs. 1 genannten Arbeitnehmer aus 3 Mitgliedern,
51 bis 150 der in § 60 Abs. 1 genannten Arbeitnehmer aus 5 Mitgliedern,
151 bis 300 der in § 60 Abs. 1 genannten Arbeitnehmer aus 7 Mitgliedern,
301 bis 500 der in § 60 Abs. 1 genannten Arbeitnehmer aus 9 Mitgliedern,
501 bis 700 der in § 60 Abs. 1 genannten Arbeitnehmer aus 11 Mitgliedern,
701 bis 1000 der in § 60 Abs. 1 genannten Arbeitnehmer aus 13 Mitgliedern,
mehr als 1000 der in § 60 Abs. 1 genannten Arbeitnehmer aus 15 Mitgliedern.
(2) Die Jugend- und Auszubildendenvertretung soll sich möglichst aus Vertretern der verschiedenen Beschäftigungsarten und Ausbildungsberufen der im Betrieb tätigen in § 60 Abs. 1 genannten Arbeitnehmer zusammensetzen.
(3) Das Geschlecht, dass unter den in § 60 Abs. 1 genannten Arbeitnehmern in der Minderheit ist, muss mindestens entsprechend seinem zahlenmäßigen Verhältnis in der Jugend- und Auszubildendenvertretung vertreten sein, wenn diese aus mindestens drei Mitgliedern besteht.

**§ 63 Wahlvorschriften** (1) Die Jugend- und Auszubildendenvertretung wird in geheimer und unmittelbarer Wahl gewählt.
(...)

**§ 64 Zeitpunkt der Wahlen und Amtszeit** Die regelmäßigen Wahlen der Jugend- und Auszubildendenvertretung finden alle zwei Jahre in der Zeit vom 1. Oktober bis 30. November statt. (...)

(2) Die regelmäßige Amtszeit der Jugend- und Auszubildendenvertretung beträgt zwei Jahre. Die Amtszeit beginnt mit der Bekanntgabe des Wahlergebnisses oder, wenn zu diesem Zeitpunkt noch eine Jugend- und Auszubildendenvertretung besteht, mit Ablauf von deren Amtszeit. Die Amtszeit endet spätestens am 30. November des Jahres, in dem nach Absatz 1 Satz 1 die regelmäßigen Wahlen stattfinden. In dem Fall des § 13 Abs. 3 Satz 2 endet die Amtszeit spätestens am 30. November des Jahres, in dem die Jugend- und Auszubildendenvertretung neu zu wählen ist. In dem Fall des § 13 Abs. 2 Nr. 2 endet die Amtszeit mit der Bekanntgabe des Wahlergebnisses der neu gewählten Jugend- und Auszubildendenvertretung.
(3) Ein Mitglied der Jugend- und Auszubildendenvertretung, das im Laufe der Amtszeit das 25. Lebensjahr vollendet oder sein Berufsausbildungsverhältnis beendet, bleibt bis zum Ende der Amtszeit Mitglied der Jugend- und Auszubildendenvertretung.

**§ 65 Geschäftsführung** (1) (...)
(2) die Jugend- und Auszubildendenvertretung kann nach Verständigung des Betriebsrats Sitzungen abhalten; § 29 gilt entsprechend. An diesen Sitzungen kann der Betriebsratsvorsitzende oder ein beauftragtes Betriebsratsmitglied teilnehmen.

**§ 66 Aussetzung von Beschlüssen des Betriebsrats** (1) erachtet die Mehrheit der Jugend- und Auszubildendenvertretung einen Beschluss des Betriebsrats als eine erhebliche Beeinträchtigung wichtiger Interessen der in § 60 Abs. 1 genannten Arbeitnehmer, so ist auf ihren Antrag der Beschluss auf die Dauer von einer Woche auszusetzen, damit in dieser Frist eine Verständigung, gegebenenfalls mithilfe der im Betrieb vertretenen Gewerkschaften, versucht werden kann.
(2) wird der erste Beschluss bestätigt, so kann der Antrag auf Aussetzung nicht wiederholt werden; dies gilt auch, wenn der erste Beschluss nur unerheblich geändert wird.

**§ 67 Teilnahme an Betriebsratssitzungen** (1) die Jugend- und Auszubildendenvertretung kann zu allen Betriebsratssitzungen einen Vertreter entsenden. Werden Angelegenheiten behandelt, die besonders die in § 60 Abs. 1 genannten Arbeitnehmer betreffen, so hat zu diesen Tagesordnungspunkten die gesamte Jugend- und Auszubildendenvertretung ein Teilnahmerecht.
(2) die Jugend- und Auszubildendenvertreter haben Stimmrecht, so weit die zu fassenden Beschlüsse des Betriebsrats überwiegend die in § 60 Abs. 1 genannten Arbeitnehmer betreffen.
(3) die Jugend- und Auszubildendenvertretung kann beim Betriebsrat beantragen, Angelegenheiten, die besonders die in § 60 Abs. 1 genannten Arbeitnehmer betreffen und über die Sie beraten hat, auf die nächste Tagesordnung zu setzen. Der Betriebsrat soll Angelegenheiten die besonders die in § 60 Abs. 1 genannten Arbeitnehmer betreffen, der Jugend- und Auszubildendenvertretung zur Beratung zuleiten.

**§ 68 Teilnahme an gemeinsamen Besprechungen** Der Betriebsrat hat die Jugend- und Auszubildendenvertretung zu Besprechungen zwischen Arbeitgeber und Betriebsrat beizuziehen, wenn Angelegenheiten behandelt werden, die besonders die in § 60 Abs. 1 genannten Arbeitnehmer betreffen.

**§ 69 Sprechstunden** in Betrieben, die in der Regel mehr als fünfzig der in § 60 Abs. 1 genannten Arbeitnehmer beschäftigen, kann die Jugend- und Auszubildendenvertretung Sprechstunden während der Arbeitszeit einrichten. Zeit und Ort sind durch Betriebsrat und Arbeitgeber zu vereinbaren. (...

**§ 70 Allgemeine Aufgaben** (1) Die Jugend- und Auszubildendenvertretung hat folgende allgemeine Aufgaben:
1. Maßnahmen, die in § 60 Abs. 1 genannten Arbeitnehmern dienen, insbesondere in Fragen der Berufsbildung und der Übernahme der zu ihrer Berufsausbildung Beschäftigten in ein Arbeitsverhältnis, beim Betriebsrat zu beantragen;
1a. Maßnahmen zur Durchsetzung der tatsächlichen Gleichstellung der in § 60 Abs. 1 genannten Arbeitnehmer entsprechend § 80 Abs. 1 Nummer 2a und 2b beim Betriebsrat zu beantragen;
2. darüber zu wachen, dass die zu Gunsten der in § 60 Abs. 1 genannten Arbeitnehmer geltenden Gesetze, Verordnungen, Unfallverhütungsvorschriften, Tarifverträge und Betriebsvereinbarungen durchgeführt werden;
3. Anregungen von in § 60 Abs. 1 genannten Arbeitnehmern, insbesondere in Fragen der Berufsbildung, entgegenzunehmen und, falls sie berechtigt erscheinen, beim Betriebsrat auf eine Erledigung hinzuwirken. Die Jugend- und Auszubildendenvertretung hat die Betroffenen Fragen in § 60 Abs. 1 genannten Arbeitnehmer über den Stand und das Ergebnis der Verhandlungen zu informieren;
4. die Integration ausländischer, in § 60 Abs. 1 genannte Arbeitnehmer im Betrieb zu fördern und entsprechende Maßnahmen beim Betriebsrat zu beantragen.
(2) Zur Durchführung ihrer Aufgaben ist die Jugend- und Auszubildendenvertretung durch den Betriebsrat rechtzeitig und umfassend zu unterrichten. Die Jugend- und Auszubildendenvertretung kann verlangen, dass ihr der Betriebsrat die zur Durchführung ihrer Aufgaben erforderlichen Unterlagen zur Verfügung stellt.

**§ 71 Jugend- und Auszubildendenversammlung** Die Jugend- und Auszubildendenvertretung kann vor oder nach jeder Betriebsversammlung im Einvernehmen mit dem Betriebsrat eine betriebliche Jugend- und Auszubildendenversammlung einberufen. Im Einvernehmen mit Betriebsrat und Arbeitgeber kann die betriebliche Jugend- und Auszubildendenversammlung auch zu einem anderen Zeitpunkt einberufen werden. (...)

**§ 72 Voraussetzungen der Errichtung, Mitgliederzahl, Stimmengewicht** (1) Bestehen in einem Unternehmen mehrere Jugend- und Auszubildenden-vertretungen, so ist eine Gesamt-Jugend- und Auszubildendenvertretung zu errichten.
(2) In die Gesamt-Jugend- und Auszubildendenvertretung entsendet jede Jugend- und Auszubildendenvertretung ein Mitglied.

(3) Die Jugend- und Auszubildendenvertretung hat für das Mitglied der Gesamt-Jugend- und Auszubildendenvertretung mindestens ein Ersatzmitglied zu bestellen und die Reihenfolge des Nachrückens festzulegen.
(4) Durch Tarifvertrag oder Betriebsvereinbarung kann die Mitgliederzahl der Gesamt-Jugend- und Auszubildendenvertretung abweichend von Abs. 2 geregelt werden.
(...)

**§ 87 Mitbestimmungsrechte** (1) Der Betriebsrat hat, soweit eine gesetzliche oder tarifliche Regelung nicht besteht, in folgenden Angelegenheiten mitzubestimmen:
1. Fragen der Ordnung des Betriebs und des Verhaltens der Arbeitnehmer im Betrieb;
2. Beginn und Ende der täglichen Arbeitszeit einschließlich der Pausen sowie Verteilung der Arbeitszeit auf die einzelnen Wochentage;
3. vorübergehende Verkürzung oder Verlängerung der betriebsüblichen Arbeitszeit;
4. Zeit, Ort und Art der Auszahlung der Arbeitsentgelte;
5. Aufstellung allgemeiner Urlaubsgrundsätze und des Urlaubsplans sowie die Festsetzung der zeitlichen Lage des Urlaubs für einzelne Arbeitnehmer, wenn zwischen dem Arbeitgeber und den beteiligten Arbeitnehmern kein Einverständnis erzielt wird;
6. Einführung und Anwendung von technischen Einrichtungen, die dazu bestimmt sind, das Verhalten oder die Leistung der Arbeitnehmer zu überwachen;
7. Regelungen über die Verhütung von Arbeitsunfällen und Berufskrankheiten sowie über den Gesundheitsschutz im Rahmen der gesetzlichen Vorschriften oder der Unfallverhütungsvorschriften;
8. Form, Ausgestaltung und Verwaltung von Sozialeinrichtungen, deren Wirkungsbereich auf den Betrieb, das Unternehmen oder den Konzern beschränkt ist;
9. Zuweisung und Kündigung von Wohnräumen, die den Arbeitnehmern mit Rücksicht auf das Bestehen eines Arbeitsverhältnisses vermietet werden, sowie die allgemeine Festlegung der Nutzungsbedingungen;
10. Fragen der betrieblichen Lohngestaltung, insbesondere die Aufstellung von Entlohnungsgrundsätzen und die Einführung und Anwendung von neuen Entlohnungsmethoden sowie deren Änderung;
11. Festsetzung der Akkord- und Prämiensätze und vergleichbarer leistungsbezogener Entgelte, einschließlich der Geldfaktoren;
12. Grundsätze über das betriebliche Vorschlagswesen;
13. Grundsätze über die Durchführung von Gruppenarbeit; Gruppenarbeit im Sinne dieser Vorschrift liegt vor, wenn im Rahmen des betrieblichen Arbeitsablaufs eine Gruppe von Arbeitnehmern eine ihr übertragene Gesamtaufgabe im Wesentlichen eigenverantwortlich erledigt;
14. Ausgestaltung von mobiler Arbeit, die mittels Informations- und Kommunikationstechnik erbracht wird.
(2) Kommt eine Einigung über eine Angelegenheit nach Absatz 1 nicht zustande, so entscheidet die Einigungsstelle. Der Spruch der Einigungsstelle ersetzt die Einigung zwischen Arbeitgeber und Betriebsrat.

**§ 90 Unterrichtungs- und Beratungsrechte** (1) Der Arbeitgeber hat den Betriebsrat über die Planung

1. von Neu-, Um- und Erweiterungsbauten von Fabrikations-, Verwaltungs- und sonstigen betrieblichen Räumen,
2. von technischen Anlagen,
3. von Arbeitsverfahren und Arbeitsabläufen einschließlich des Einsatzes von Künstlicher Intelligenz oder
4. der Arbeitsplätze

rechtzeitig unter Vorlage der erforderlichen Unterlagen zu unterrichten.
(2) Der Arbeitgeber hat mit dem Betriebsrat die vorgesehenen Maßnahmen und ihre Auswirkungen auf die Arbeitnehmer, insbesondere auf die Art ihrer Arbeit sowie die sich daraus ergebenden Anforderungen an die Arbeitnehmer so rechtzeitig zu beraten, dass Vorschläge und Bedenken des Betriebsrats bei der Planung berücksichtigt werden können. Arbeitgeber und Betriebsrat sollen dabei auch die gesicherten arbeitswissenschaftlichen Erkenntnisse über die menschengerechte Gestaltung der Arbeit berücksichtigen.

**§ 92 Personalplanung** (1) Der Arbeitgeber hat den Betriebsrat über die Personalplanung, insbesondere über den gegenwärtigen und künftigen Personalbedarf sowie über die sich daraus ergebenden personellen Maßnahmen einschließlich der geplanten Beschäftigung von Personen, die nicht in einem Arbeitsverhältnis zum Arbeitgeber stehen, und Maßnahmen der Berufsbildung anhand von Unterlagen rechtzeitig und umfassend zu unterrichten. Er hat mit dem Betriebsrat über Art und Umfang der erforderlichen Maßnahmen und über die Vermeidung von Härten zu beraten.
(2) Der Betriebsrat kann dem Arbeitgeber Vorschläge für die Einführung einer Personalplanung und ihre Durchführung machen.
(3) Die Absätze 1 und 2 gelten entsprechend für Maßnahmen im Sinne des § 80 Abs. 1 Nr. 2a und 2b, insbesondere für die Aufstellung und Durchführung von Maßnahmen zur Förderung der Gleichstellung von Frauen und Männern. Gleiches gilt für die Eingliederung schwerbehinderter Menschen nach § 80 Absatz 1 Nummer 4.

**§ 94 Personalfragebogen, Beurteilungsgrundsätze** (1) Personalfragebogen bedürfen der Zustimmung des Betriebsrats. Kommt eine Einigung über ihren Inhalt nicht zustande, so entscheidet die Einigungsstelle. Der Spruch der Einigungsstelle ersetzt die Einigung zwischen Arbeitgeber und Betriebsrat.
(2) Absatz 1 gilt entsprechend für persönliche Angaben in schriftlichen Arbeitsverträgen, die allgemein für den Betrieb verwendet werden sollen, sowie für die Aufstellung allgemeiner Beurteilungsgrundsätze.

**§ 95 Auswahlrichtlinien** (1) Richtlinien über die personelle Auswahl bei Einstellungen, Versetzungen, Umgruppierungen und Kündigungen bedürfen der Zustimmung des Betriebsrats. Kommt eine Einigung über die Richtlinien oder ihren Inhalt nicht

zustande, so entscheidet auf Antrag des Arbeitgebers die Einigungsstelle. Der Spruch der Einigungsstelle ersetzt die Einigung zwischen Arbeitgeber und Betriebsrat.
(2) In Betrieben mit mehr als 500 Arbeitnehmern kann der Betriebsrat die Aufstellung von Richtlinien über die bei Maßnahmen des Absatzes 1 Satz 1 zu beachtenden fachlichen und persönlichen Voraussetzungen und sozialen Gesichtspunkte verlangen. Kommt eine Einigung über die Richtlinien oder ihren Inhalt nicht zustande, so entscheidet die Einigungsstelle. Der Spruch der Einigungsstelle ersetzt die Einigung zwischen Arbeitgeber und Betriebsrat.
(2a) Die Absätze 1 und 2 finden auch dann Anwendung, wenn bei der Aufstellung der Richtlinien nach diesen Absätzen Künstliche Intelligenz zum Einsatz kommt.
(3) Versetzung im Sinne dieses Gesetzes ist die Zuweisung eines anderen Arbeitsbereichs, die voraussichtlich die Dauer von einem Monat überschreitet, oder die mit einer erheblichen Änderung der Umstände verbunden ist, unter denen die Arbeit zu leisten ist. Werden Arbeitnehmer nach der Eigenart ihres Arbeitsverhältnisses üblicherweise nicht ständig an einem bestimmten Arbeitsplatz beschäftigt, so gilt die Bestimmung des jeweiligen Arbeitsplatzes nicht als Versetzung.

**§ 96 Förderung der Berufsbildung** (1) Arbeitgeber und Betriebsrat haben im Rahmen der betrieblichen Personalplanung und in Zusammenarbeit mit den für die Berufsbildung und den für die Förderung der Berufsbildung zuständigen Stellen die Berufsbildung der Arbeitnehmer zu fördern. Der Arbeitgeber hat auf Verlangen des Betriebsrats den Berufsbildungsbedarf zu ermitteln und mit ihm Fragen der Berufsbildung der Arbeitnehmer des Betriebs zu beraten. Hierzu kann der Betriebsrat Vorschläge machen.
(1a) Kommt im Rahmen der Beratung nach Absatz 1 eine Einigung über Maßnahmen der Berufsbildung nicht zustande, können der Arbeitgeber oder der Betriebsrat die Einigungsstelle um Vermittlung anrufen. Die Einigungsstelle hat eine Einigung der Parteien zu versuchen.
(2) Arbeitgeber und Betriebsrat haben darauf zu achten, dass unter Berücksichtigung der betrieblichen Notwendigkeiten den Arbeitnehmern die Teilnahme an betrieblichen oder außerbetrieblichen Maßnahmen der Berufsbildung ermöglicht wird. Sie haben dabei auch die Belange älterer Arbeitnehmer, Teilzeitbeschäftigter und von Arbeitnehmern mit Familienpflichten zu berücksichtigen.

**§ 98 Durchführung betrieblicher Bildungsmaßnahmen** (1) Der Betriebsrat hat bei der Durchführung von Maßnahmen der betrieblichen Berufsbildung mitzubestimmen.
(2) Der Betriebsrat kann der Bestellung einer mit der Durchführung der betrieblichen Berufsbildung beauftragten Person widersprechen oder ihre Abberufung verlangen, wenn diese die persönliche oder fachliche, insbesondere die berufs- und arbeitspädagogische Eignung im Sinne des Berufsbildungsgesetzes nicht besitzt oder ihre Aufgaben vernachlässigt.
(3) Führt der Arbeitgeber betriebliche Maßnahmen der Berufsbildung durch oder stellt er für außerbetriebliche Maßnahmen der Berufsbildung Arbeitnehmer frei oder trägt er die durch die Teilnahme von Arbeitnehmern an solchen Maßnahmen entstehenden

Kosten ganz oder teilweise, so kann der Betriebsrat Vorschläge für die Teilnahme von Arbeitnehmern oder Gruppen von Arbeitnehmern des Betriebs an diesen Maßnahmen der beruflichen Bildung machen.
(4) Kommt im Fall des Absatzes 1 oder über die nach Absatz 3 vom Betriebsrat vorgeschlagenen Teilnehmer eine Einigung nicht zustande, so entscheidet die Einigungsstelle. Der Spruch der Einigungsstelle ersetzt die Einigung zwischen Arbeitgeber und Betriebsrat.
(5) Kommt im Fall des Absatzes 2 eine Einigung nicht zustande, so kann der Betriebsrat beim Arbeitsgericht beantragen, dem Arbeitgeber aufzugeben, die Bestellung zu unterlassen oder die Abberufung durchzuführen. Führt der Arbeitgeber die Bestellung einer rechtskräftigen gerichtlichen Entscheidung zuwider durch, so ist er auf Antrag des Betriebsrats vom Arbeitsgericht wegen der Bestellung nach vorheriger Androhung zu einem Ordnungsgeld zu verurteilen; das Höchstmaß des Ordnungsgeldes beträgt 10.000 Euro. Führt der Arbeitgeber die Abberufung einer rechtskräftigen gerichtlichen Entscheidung zuwider nicht durch, so ist auf Antrag des Betriebsrats vom Arbeitsgericht zu erkennen, dass der Arbeitgeber zur Abberufung durch Zwangsgeld anzuhalten sei; das Höchstmaß des Zwangsgeldes beträgt für jeden Tag der Zuwiderhandlung 250 Euro. Die Vorschriften des Berufsbildungsgesetzes über die Ordnung der Berufsbildung bleiben unberührt.
(6) Die Absätze 1 bis 5 gelten entsprechend, wenn der Arbeitgeber sonstige Bildungsmaßnahmen im Betrieb durchführt.
Dritter Unterabschnitt Personelle Einzelmaßnahmen

**§ 99 Mitbestimmung bei personellen Einzelmaßnahmen** (1) In Unternehmen mit in der Regel mehr als zwanzig wahlberechtigten Arbeitnehmern hat der Arbeitgeber den Betriebsrat vor jeder Einstellung, Eingruppierung, Umgruppierung und Versetzung zu unterrichten, ihm die erforderlichen Bewerbungsunterlagen vorzulegen und Auskunft über die Person der Beteiligten zu geben; er hat dem Betriebsrat unter Vorlage der erforderlichen Unterlagen Auskunft über die Auswirkungen der geplanten Maßnahme zu geben und die Zustimmung des Betriebsrats zu der geplanten Maßnahme einzuholen. Bei Einstellungen und Versetzungen hat der Arbeitgeber insbesondere den in Aussicht genommenen Arbeitsplatz und die vorgesehene Eingruppierung mitzuteilen. Die Mitglieder des Betriebsrats sind verpflichtet, über die ihnen im Rahmen der personellen Maßnahmen nach den Sätzen 1 und 2 bekanntgewordenen persönlichen Verhältnisse und Angelegenheiten der Arbeitnehmer, die ihrer Bedeutung oder ihrem Inhalt nach einer vertraulichen Behandlung bedürfen, Stillschweigen zu bewahren; § 79 Abs. 1 Satz 2 bis 4 gilt entsprechend.
(2) Der Betriebsrat kann die Zustimmung verweigern, wenn
1. die personelle Maßnahme gegen ein Gesetz, eine Verordnung, eine Unfallverhütungsvorschrift oder gegen eine Bestimmung in einem Tarifvertrag oder in einer Betriebsvereinbarung oder gegen eine gerichtliche Entscheidung oder eine behördliche Anordnung verstoßen würde,
2. die personelle Maßnahme gegen eine Richtlinie nach § 95 verstoßen würde,

3. die durch Tatsachen begründete Besorgnis besteht, dass infolge der personellen Maßnahme im Betrieb beschäftigte Arbeitnehmer gekündigt werden oder sonstige Nachteile erleiden, ohne dass dies aus betrieblichen oder persönlichen Gründen gerechtfertigt ist; als Nachteil gilt bei unbefristeter Einstellung auch die Nichtberücksichtigung eines gleich geeigneten befristet Beschäftigten,
4. der betroffene Arbeitnehmer durch die personelle Maßnahme benachteiligt wird, ohne dass dies aus betrieblichen oder in der Person des Arbeitnehmers liegenden Gründen gerechtfertigt ist,
5. eine nach § 93 erforderliche Ausschreibung im Betrieb unterblieben ist oder
6. die durch Tatsachen begründete Besorgnis besteht, dass der für die personelle Maßnahme in Aussicht genommene Bewerber oder Arbeitnehmer den Betriebsfrieden durch gesetzwidriges Verhalten oder durch grobe Verletzung der in § 75 Abs. 1 enthaltenen Grundsätze, insbesondere durch rassistische oder fremdenfeindliche Betätigung, stören werde.
(3) Verweigert der Betriebsrat seine Zustimmung, so hat er dies unter Angabe von Gründen innerhalb einer Woche nach Unterrichtung durch den Arbeitgeber diesem schriftlich mitzuteilen. Teilt der Betriebsrat dem Arbeitgeber die Verweigerung seiner Zustimmung nicht innerhalb der Frist schriftlich mit, so gilt die Zustimmung als erteilt.
(4) Verweigert der Betriebsrat seine Zustimmung, so kann der Arbeitgeber beim Arbeitsgericht beantragen, die Zustimmung zu ersetzen.

**§ 102 Mitbestimmung bei Kündigungen** (1) Der Betriebsrat ist vor jeder Kündigung zu hören. Der Arbeitgeber hat ihm die Gründe für die Kündigung mitzuteilen. Eine ohne Anhörung des Betriebsrats ausgesprochene Kündigung ist unwirksam.
(2) Hat der Betriebsrat gegen eine ordentliche Kündigung Bedenken, so hat er diese unter Angabe der Gründe dem Arbeitgeber spätestens innerhalb einer Woche schriftlich mitzuteilen. Äußert er sich innerhalb dieser Frist nicht, gilt seine Zustimmung zur Kündigung als erteilt. Hat der Betriebsrat gegen eine außerordentliche Kündigung Bedenken, so hat er diese unter Angabe der Gründe dem Arbeitgeber unverzüglich, spätestens jedoch innerhalb von drei Tagen, schriftlich mitzuteilen. Der Betriebsrat soll, soweit dies erforderlich erscheint, vor seiner Stellungnahme den betroffenen Arbeitnehmer hören. § 99 Abs. 1 Satz 3 gilt entsprechend.
(3) Der Betriebsrat kann innerhalb der Frist des Absatzes 2 Satz 1 der ordentlichen Kündigung widersprechen, wenn
1. der Arbeitgeber bei der Auswahl des zu kündigenden Arbeitnehmers soziale Gesichtspunkte nicht oder nicht ausreichend berücksichtigt hat,
2. die Kündigung gegen eine Richtlinie nach § 95 verstößt,
3. der zu kündigende Arbeitnehmer an einem anderen Arbeitsplatz im selben Betrieb oder in einem anderen Betrieb des Unternehmens weiterbeschäftigt werden kann,
4. die Weiterbeschäftigung des Arbeitnehmers nach zumutbaren Umschulungs- oder Fortbildungsmaßnahmen möglich ist oder

5. eine Weiterbeschäftigung des Arbeitnehmers unter geänderten Vertragsbedingungen möglich ist und der Arbeitnehmer sein Einverständnis hiermit erklärt hat.

(4) Kündigt der Arbeitgeber, obwohl der Betriebsrat nach Absatz 3 der Kündigung widersprochen hat, so hat er dem Arbeitnehmer mit der Kündigung eine Abschrift der Stellungnahme des Betriebsrats zuzuleiten.

(5) Hat der Betriebsrat einer ordentlichen Kündigung frist- und ordnungsgemäß widersprochen, und hat der Arbeitnehmer nach dem Kündigungsschutzgesetz Klage auf Feststellung erhoben, dass das Arbeitsverhältnis durch die Kündigung nicht aufgelöst ist, so muss der Arbeitgeber auf Verlangen des Arbeitnehmers diesen nach Ablauf der Kündigungsfrist bis zum rechtskräftigen Abschluss des Rechtsstreits bei unveränderten Arbeitsbedingungen weiterbeschäftigen. Auf Antrag des Arbeitgebers kann das Gericht ihn durch einstweilige Verfügung von der Verpflichtung zur Weiterbeschäftigung nach Satz 1 entbinden, wenn

1. die Klage des Arbeitnehmers keine hinreichende Aussicht auf Erfolg bietet oder mutwillig erscheint oder
2. die Weiterbeschäftigung des Arbeitnehmers zu einer unzumutbaren wirtschaftlichen Belastung des Arbeitgebers führen würde oder
3. der Widerspruch des Betriebsrats offensichtlich unbegründet war.

(6) Arbeitgeber und Betriebsrat können vereinbaren, dass Kündigungen der Zustimmung des Betriebsrats bedürfen und dass bei Meinungsverschiedenheiten über die Berechtigung der Nichterteilung der Zustimmung die Einigungsstelle entscheidet.

(7) Die Vorschriften über die Beteiligung des Betriebsrats nach dem Kündigungsschutzgesetz bleiben unberührt.

## 3.7. Bürgerliches Gesetzbuch (BGB) (Auszug)

**§ 2 Eintritt der Volljährigkeit** Die Volljährigkeit tritt mit der Vollendung des 18. Lebensjahres ein.

**§ 104 Geschäftsunfähigkeit** Geschäftsunfähig ist:
1. wer nicht das siebente Lebensjahr vollendet hat,
2. wer sich in einem die freie Willensbestimmung ausschließenden Zustand krankhafter Störung der Geistestätigkeit befindet, sofern nicht der Zustand seiner Natur nach ein vorübergehender ist.

**§ 105 Nichtigkeit der Willenserklärung** (1) Die Willenserklärung eines Geschäftsunfähigen ist nichtig.
(2) Nichtig ist auch eine Willenserklärung, die im Zustand der Bewusstlosigkeit oder vorübergehender Störung der Geistestätigkeit abgegeben wird.

**§ 106 Beschränkte Geschäftsfähigkeit Minderjähriger** Ein Minderjähriger, der das siebente Lebensjahr vollendet hat, ist nach Maßgabe der §§ 107 bis 113 in der Geschäftsfähigkeit beschränkt.

**§ 109 Widerrufsrecht des anderen Teils** (1) Bis zur Genehmigung des Vertrags ist der andere Teil zum Widerruf berechtigt. Der Widerruf kann auch dem Minderjährigen gegenüber erklärt werden.
(2) Hat der andere Teil die Minderjährigkeit gekannt, so kann er nur widerrufen, wenn der Minderjährige der Wahrheit zuwider die Einwilligung des Vertreters behauptet hat; er kann auch in diesem Falle nicht widerrufen, wenn ihm das Fehlen der Einwilligung bei dem Abschluss des Vertrags bekannt war.

**§ 110 Bewirken der Leistung mit eigenen Mitteln** Ein von dem Minderjährigen ohne Zustimmung des gesetzlichen Vertreters geschlossener Vertrag gilt als von Anfang an wirksam, wenn der Minderjährige die vertragsmäßige Leistung mit Mitteln bewirkt, die ihm zu diesem Zweck oder zu freier Verfügung von dem Vertreter oder mit dessen Zustimmung von einem Dritten überlassen worden sind.

**§ 111 Einseitige Rechtsgeschäfte** Ein einseitiges Rechtsgeschäft, das der Minderjährige ohne die erforderliche Einwilligung des gesetzlichen Vertreters vornimmt, ist unwirksam. Nimmt der Minderjährige mit dieser Einwilligung ein solches Rechtsgeschäft einem anderen gegenüber vor, so ist das Rechtsgeschäft unwirksam, wenn der Minderjährige die Einwilligung nicht in schriftlicher Form vorlegt und der andere das Rechtsgeschäft aus diesem Grunde unverzüglich zurückweist. Die Zurückweisung ist ausgeschlossen, wenn der Vertreter den anderen von der Einwilligung in Kenntnis gesetzt hatte.

**§ 113 Dienst- oder Arbeitsverhältnis** (1) Ermächtigt der gesetzliche Vertreter den Minderjährigen, in Dienst oder in Arbeit zu treten, so ist der Minderjährige für solche Rechtsgeschäfte unbeschränkt geschäftsfähig, welche die Eingehung oder Aufhebung eines Dienst- oder Arbeitsverhältnisses der gestatteten Art oder die Erfüllung der sich aus einem solchen Verhältnis ergebenden Verpflichtungen betreffen. Ausgenommen sind Verträge, zu denen der Vertreter der Genehmigung des Familiengerichts bedarf.
(2) Die Ermächtigung kann von dem Vertreter zurückgenommen oder eingeschränkt werden.
(3) Ist der gesetzliche Vertreter ein Vormund, so kann die Ermächtigung, wenn sie von ihm verweigert wird, auf Antrag des Minderjährigen durch das Familiengericht ersetzt werden. Das Familiengericht hat die Ermächtigung zu ersetzen, wenn sie im Interesse des Mündels liegt.
(4) Die für einen einzelnen Fall erteilte Ermächtigung gilt im Zweifel als allgemeine Ermächtigung zur Eingehung von Verhältnissen derselben Art.

**§ 119 Anfechtbarkeit wegen Irrtums** (1) Wer bei der Abgabe einer Willenserklärung über deren Inhalt im Irrtum war oder eine Erklärung dieses Inhalts überhaupt nicht abgeben wollte, kann die Erklärung anfechten, wenn anzunehmen ist, dass er sie bei Kenntnis der Sachlage und bei verständiger Würdigung des Falles nicht abgegeben haben würde.
(2) Als Irrtum über den Inhalt der Erklärung gilt auch der Irrtum über solche Eigenschaften der Person oder der Sache, die im Verkehr als wesentlich angesehen werden.

**§ 121 Anfechtungsfrist** (1) Die Anfechtung muss in den Fällen der §§ 119, 120 ohne schuldhaftes Zögern (unverzüglich) erfolgen, nachdem der Anfechtungsberechtigte von dem Anfechtungsgrund Kenntnis erlangt hat. Die einem Abwesenden gegenüber erfolgte Anfechtung gilt als rechtzeitig erfolgt, wenn die Anfechtungserklärung unverzüglich abgesendet worden ist.
(2) Die Anfechtung ist ausgeschlossen, wenn seit der Abgabe der Willenserklärung zehn Jahre verstrichen sind.

**§ 123 Anfechtbarkeit wegen Täuschung oder Drohung** (1) Wer zur Abgabe einer Willenserklärung durch arglistige Täuschung oder widerrechtlich durch Drohung bestimmt worden ist, kann die Erklärung anfechten.
(2) Hat ein Dritter die Täuschung verübt, so ist eine Erklärung, die einem anderen gegenüber abzugeben war, nur dann anfechtbar, wenn dieser die Täuschung kannte oder kennen musste. Soweit ein anderer als derjenige, welchem gegenüber die Erklärung abzugeben war, aus der Erklärung unmittelbar ein Recht erworben hat, ist die Erklärung ihm gegenüber anfechtbar, wenn er die Täuschung kannte oder kennen musste.

**§ 124 Anfechtungsfrist** (1) Die Anfechtung einer nach § 123 anfechtbaren Willenserklärung kann nur binnen Jahresfrist erfolgen.

(2) Die Frist beginnt im Falle der arglistigen Täuschung mit dem Zeitpunkt, in welchem der Anfechtungsberechtigte die Täuschung entdeckt, im Falle der Drohung mit dem Zeitpunkt, in welchem die Zwangslage aufhört. Auf den Lauf der Frist finden die für die Verjährung geltenden Vorschriften der §§ 206, 210 und 211 entsprechende Anwendung.
(3) Die Anfechtung ist ausgeschlossen, wenn seit der Abgabe der Willenserklärung zehn Jahre verstrichen sind.

**§ 125 Nichtigkeit wegen Formmangels** Ein Rechtsgeschäft, welches der durch Gesetz vorgeschriebenen Form ermangelt, ist nichtig. Der Mangel der durch Rechtsgeschäft bestimmten Form hat im Zweifel gleichfalls Nichtigkeit zur Folge.

**§ 126 Schriftform** (1) Ist durch Gesetz schriftliche Form vorgeschrieben, so muss die Urkunde von dem Aussteller eigenhändig durch Namensunterschrift oder mittels notariell beglaubigten Handzeichens unterzeichnet werden.
(2) Bei einem Vertrag muss die Unterzeichnung der Parteien auf derselben Urkunde erfolgen. Werden über den Vertrag mehrere gleichlautende Urkunden aufgenommen, so genügt es, wenn jede Partei die für die andere Partei bestimmte Urkunde unterzeichnet.
(3) Die schriftliche Form kann durch die elektronische Form ersetzt werden, wenn sich nicht aus dem Gesetz ein anderes ergibt.
(4) Die schriftliche Form wird durch die notarielle Beurkundung ersetzt.

**§ 130 Wirksamwerden der Willenserklärung gegenüber Abwesenden** (1) Eine Willenserklärung, die einem anderen gegenüber abzugeben ist, wird, wenn sie in dessen Abwesenheit abgegeben wird, in dem Zeitpunkt wirksam, in welchem sie ihm zugeht. Sie wird nicht wirksam, wenn dem anderen vorher oder gleichzeitig ein Widerruf zugeht.
(2) – (3) ...

**§ 142 Wirkung der Anfechtung** (1) Wird ein anfechtbares Rechtsgeschäft angefochten, so ist es als von Anfang an nichtig anzusehen.
(2) Wer die Anfechtbarkeit kannte oder kennen musste, wird, wenn die Anfechtung erfolgt, so behandelt, wie wenn er die Nichtigkeit des Rechtsgeschäfts gekannt hätte oder hätte kennen müssen.

**§ 143 Anfechtungserklärung** (1) Die Anfechtung erfolgt durch Erklärung gegenüber dem Anfechtungsgegner.
(2) Anfechtungsgegner ist bei einem Vertrag der andere Teil, im Falle des § 123 Abs. 2 Satz 2 derjenige, welcher aus dem Vertrag unmittelbar ein Recht erworben hat.
(3) Bei einem einseitigen Rechtsgeschäft, das einem anderen gegenüber vorzunehmen war, ist der andere der Anfechtungsgegner. Das Gleiche gilt bei einem Rechtsgeschäft, das einem anderen oder einer Behörde gegenüber vorzunehmen war,

auch dann, wenn das Rechtsgeschäft der Behörde gegenüber vorgenommen worden ist.
(4) Bei einem einseitigen Rechtsgeschäft anderer Art ist Anfechtungsgegner jeder, der auf Grund des Rechtsgeschäfts unmittelbar einen rechtlichen Vorteil erlangt hat. Die Anfechtung kann jedoch, wenn die Willenserklärung einer Behörde gegenüber abzugeben war, durch Erklärung gegenüber der Behörde erfolgen; die Behörde soll die Anfechtung demjenigen mitteilen, welcher durch das Rechtsgeschäft unmittelbar betroffen worden ist.

**§ 144 Bestätigung des anfechtbaren Rechtsgeschäfts** (1) Die Anfechtung ist ausgeschlossen, wenn das anfechtbare Rechtsgeschäft von dem Anfechtungsberechtigten bestätigt wird.
(2) Die Bestätigung bedarf nicht der für das Rechtsgeschäft bestimmten Form.

**§ 145 Bindung an den Antrag** Wer einem anderen die Schließung eines Vertrags anträgt, ist an den Antrag gebunden, es sei denn, dass er die Gebundenheit ausgeschlossen hat.

**§ 146 Erlöschen des Antrags** Der Antrag erlischt, wenn er dem Antragenden gegenüber abgelehnt oder wenn er nicht diesem gegenüber nach den §§ 147 bis 149 rechtzeitig angenommen wird.

**§ 147 Annahmefrist** (1) Der einem Anwesenden gemachte Antrag kann nur sofort angenommen werden. Dies gilt auch von einem mittels Fernsprechers oder einer sonstigen technischen Einrichtung von Person zu Person gemachten Antrag.
(2) Der einem Abwesenden gemachte Antrag kann nur bis zu dem Zeitpunkt angenommen werden, in welchem der Antragende den Eingang der Antwort unter regelmäßigen Umständen erwarten darf.

**§ 148 Bestimmung einer Annahmefrist** Hat der Antragende für die Annahme des Antrags eine Frist bestimmt, so kann die Annahme nur innerhalb der Frist erfolgen.

**§ 149 Verspätet zugegangene Annahmeerklärung** Ist eine dem Antragenden verspätet zugegangene Annahmeerklärung der Gestalt abgesendet worden, dass sie bei regelmäßiger Beförderung ihm rechtzeitig zugegangen sein würde, und müsste der Antragende dies erkennen, so hat er die Verspätung dem Annehmenden unverzüglich nach dem Empfang der Erklärung anzuzeigen, sofern es nicht schon vorher geschehen ist. Verzögerte die Absendung der Anzeige so gilt die Annahme als nicht verspätet.

**§ 164 Wirkung der Erklärung des Vertreters** (1) Eine Willenserklärung, die jemand innerhalb der ihm zustehenden Vertretungsmacht im Namen des Vertretenen abgibt, wirkt unmittelbar für und gegen den Vertretenen. Es macht keinen Unterschied, ob

die Erklärung ausdrücklich im Namen des Vertretenen erfolgt oder ob die Umstände ergeben, dass sie in dessen Namen erfolgen soll.
(2) Tritt der Wille, in fremdem Namen zu handeln, nicht erkennbar hervor, so kommt der Mangel des Willens, im eigenen Namen zu handeln, nicht in Betracht.
(3) Die Vorschriften des Absatzes 1 finden entsprechende Anwendung, wenn eine gegenüber einem anderen abzugebende Willenserklärung dessen Vertreter gegenüber erfolgt.

**§ 167 Erteilung der Vollmacht** (1) Die Erteilung der Vollmacht erfolgt durch Erklärung gegenüber dem zu Bevollmächtigenden oder dem Dritten, dem gegenüber die Vertretung stattfinden soll.
(2) Die Erklärung bedarf nicht der Form, welche für das Rechtsgeschäft bestimmt ist, auf das sich die Vollmacht bezieht.

**§ 168 Erlöschen der Vollmacht** Das Erlöschen der Vollmacht bestimmt sich nach dem ihrer Erteilung zugrunde liegenden Rechtsverhältnis. Die Vollmacht ist auch bei dem Fortbestehen des Rechtsverhältnisses widerruflich, sofern sich nicht aus diesem ein anderes ergibt. Auf die Erklärung des Widerrufs findet die Vorschrift des § 167 Abs. 1 entsprechende Anwendung.

**§ 170 Wirkungsdauer der Vollmacht** Wird die Vollmacht durch Erklärung gegenüber einem Dritten erteilt, so bleibt sie diesem gegenüber in Kraft, bis ihm das Erlöschen von dem Vollmachtgeber angezeigt wird.

**§ 172 Vollmachtsurkunde** (1) Der besonderen Mitteilung einer Bevollmächtigung durch den Vollmachtgeber steht es gleich, wenn dieser dem Vertreter eine Vollmachtsurkunde ausgehändigt hat und der Vertreter sie dem Dritten vorlegt.
(2) Die Vertretungsmacht bleibt bestehen, bis die Vollmachtsurkunde dem Vollmachtgeber zurückgegeben oder für kraftlos erklärt wird.

**§ 191 Berechnung von Zeiträumen** Ist ein Zeitraum nach Monaten oder nach Jahren in diesem Sinne bestimmt, dass er nicht zusammenhängend zu verlaufen braucht, so wird der Monat zu 30, das Jahr zu 365 Tagen gerechnet.

**§ 192 Anfang, Mitte, Ende des Monats** Unter Anfang des Monats wird der erste, unter Mitte des Monats der 15., unter Ende des Monats der letzte Tag des Monats verstanden.

**§ 611 Vertragstypische Pflichten beim Dienstvertrag** (1) Durch den Dienstvertrag wird derjenige, welcher Dienste zusagt, zur Leistung der versprochenen Dienste, der andere Teil zur Gewährung der vereinbarten Vergütung verpflichtet.
(2) Gegenstand des Dienstvertrags können Dienste jeder Art sein.

**§ 613 Unübertragbarkeit** Der zur Dienstleistung Verpflichtete hat die Dienste im Zweifel in Person zu leisten. Der Anspruch auf die Dienste ist im Zweifel nicht übertragbar.

**§ 630 Pflicht zur Zeugniserteilung** Bei der Beendigung eines dauernden Dienstverhältnisses kann der Verpflichtete von dem anderen Teil ein schriftliches Zeugnis über das Dienstverhältnis und dessen Dauer fordern. Das Zeugnis ist auf Verlangen auf die Leistungen und die Führung im Dienst zu erstrecken. Die Erteilung des Zeugnisses in elektronischer Form ist ausgeschlossen. Wenn der Verpflichtete ein Arbeitnehmer ist, findet § 109 der Gewerbeordnung Anwendung.

## 3.8. Verordnung über die Anrechnung vollzeitschulischer beruflicher Bildungsgänge auf die Ausbildungsdauer gemäß Berufsbildungsgesetz (BBiG) und Handwerksordnung (HwO) und die Zulassung von Absolventen vollzeitschulischer beruflicher Bildungsgänge zur Abschlussprüfung in dualen Ausbildungsberufen (Berufskolleganrechnungs- und -zulassungsverordnung – BKAZVO (Auszug)

**§ 1 Anrechnung vollzeitschulischer beruflicher Bildungsgänge auf die Ausbildungsdauer** (1) Der erfolgreiche Besuch eines Bildungsganges an einem öffentlichen oder einem als Ersatzschule genehmigten privaten Berufskolleg, der auf einen oder mehrere Ausbildungsberufe vorbereitet, kann, wenn der Lehrplan des besuchten Bildungsganges, bezogen auf ein Schuljahr von 40 Unterrichtswochen, mindestens 25 Wochenstunden Unterricht im berufsbezogenen Lernbereich vorsieht, auf die Ausbildungszeit in diesen Ausbildungsberufen wie folgt angerechnet werden:

1. Einjährige Berufsfachschulen, die zu einem mittleren Schulabschluss (Fachoberschulreife) führen: Sechs oder zwölf Monate.
2. Zweijährige Berufsfachschulen, die zu einem Berufsabschluss nach Landesrecht und einem dem Hauptschulabschluss nach Klasse 10 gleichwertigen Abschluss oder dem mittleren Schulabschluss (Fachoberschulreife) führen: Sechs oder zwölf Monate.
3. Mehrjährige Berufsfachschulen, die zu beruflichen Kenntnissen und zur Fachhochschulreife führen: Sechs oder zwölf Monate,
4. Mindestens dreijährige Berufsfachschulen, die zu beruflichen Kenntnissen und zur Hochschulreife führen: Zwölf oder achtzehn Monate.

(2) Die Anrechnung erfolgt auf gemeinsamen Antrag der Auszubildenden und Ausbildenden. Der Antrag ist an die zuständige Stelle zu richten.

**§ 2 Zulassung von Absolventen vollzeitschulischer beruflicher Bildungsgänge zur Abschlussprüfung** (1) Zur Bewältigung regionalspezifischer Arbeitsmarktbedürfnisse durch Ausbildungsangebote für förderbedürftige Jugendliche und Altbewerberinnen und Altbewerber ist zur Berufsabschluss- oder Gesellenprüfung nach dem Berufsbildungsgesetz oder der Handwerksordnung zuzulassen, wer einen in der Regel dreijährigen Bildungsgang an einem öffentlichen oder einem als Ersatzschule genehmigten privaten Berufskolleg erfolgreich absolviert hat. Dieser Bildungsgang muss der Berufsausbildung in einem anerkannten Ausbildungsberuf entsprechen. Ein Bildungsgang entspricht der Berufsausbildung in einem anerkannten Ausbildungsberuf, wenn er

1. nach Inhalt, Anforderung und zeitlichem Umfang der jeweiligen Ausbildungsordnung gleichwertig ist,
2. systematisch, insbesondere im Rahmen einer sachlichen und zeitlichen Gliederung durchgeführt wird und

3. durch Lernortkooperation einen angemessenen Anteil an fachpraktischer Ausbildung gewährleistet.

(2) Den Kriterien nach Absatz 1 entsprechen vollzeitschulische Bildungsgänge in anerkannten Ausbildungsberufen gemäß Berufsbildungsgesetz und Handwerksordnung unter folgenden Voraussetzungen:

1. Die Ausbildung orientiert sich an der für den anerkannten Ausbildungsberuf erlassenen Ausbildungsordnung, dem Rahmenlehrplan und dem Landeslehrplan nach Maßgabe der Bestimmungen der Verordnung über die Ausbildung und Prüfung in den Bildungsgängen des Berufskollegs vom 26. Mai 1999.
2. Die Ausbildungsordnung für den anerkannten Ausbildungsberuf ist Grundlage für die fachpraktische Ausbildung. Betriebliche Praxisphasen sind im Rahmen der Lernortkooperation vorzusehen. Die Auswahl der Praktikumsbetriebe erfolgt durch die Berufskollegs und in Absprache mit den zuständigen Stellen. Die fachpraktische Ausbildung in den Berufskollegs erfolgt nachrangig.
3. Für die Zulassung zur Berufsabschlussprüfung bei der zuständigen Stelle gelten die Regelungen für die duale Berufsausbildung nach dem Berufsbildungsgesetz und der Handwerksordnung entsprechend.

(3) Den Kriterien nach Absatz 1 entsprechen zudem mindestens dreijährige vollzeitschulische Bildungsgänge, die auf einen Berufsabschluss nach Landesrecht und zusätzlich unter Einhaltung folgender Voraussetzungen auf die Abschlussprüfung in einem Ausbildungsberuf eines Fachbereiches vorbereiten:

1. Die Festlegung des mit der Assistentenausbildung verbundenen anerkannten Ausbildungsberufs erfolgt im regionalen Konsens.
2. Die Ausbildung für den Beruf nach Landesrecht wird unter Nutzung der in den Lernbereichen der Stundentafeln gegebenen Bandbreitenregelungen um Inhalte des anerkannten Ausbildungsberufes ergänzt. Dabei sind Praktika im Umfang von in der Regel 20 Wochen vorzusehen.
3. Der Lehrplan für den Bildungsgang sieht, bezogen auf ein Schuljahr von 40 Unterrichtswochen, mindestens 25 Wochenstunden Unterricht im berufsbezogenen Lernbereich vor. Die fachpraktische Ausbildung soll 50 v.H. der gesamten Ausbildungsdauer umfassen.
4. Im Anschluss an die Berufsabschlussprüfung nach Landesrecht wird ein in der Regel 28-wöchiges Praktikum abgeleistet, dem inhaltlich die Ausbildungsordnung des anerkannten Ausbildungsberufs zu Grunde gelegt wird, in dem die Berufsabschlussprüfung abgelegt werden soll. Dieses Praktikum ist in Betrieben abzuleisten. Die Auswahl der Betriebe erfolgt durch die Berufskollegs und in Absprache mit den zuständigen Stellen.
5. Die Zulassung zur Berufsabschlussprüfung bei der zuständigen Stelle setzt den Erwerb des Berufsabschlusses nach Landesrecht sowie den Nachweis von Praktika im Gesamtumfang von 48 Wochen voraus.
6. Für die Zulassung zur Berufsabschlussprüfung bei der zuständigen Stelle gelten im Übrigen die Regelungen für die duale Berufsausbildung nach dem Berufsbildungsgesetz und der Handwerksordnung entsprechend.

(4) Das Berufskolleg stellt den zuständigen Kammern die erforderlichen Schülerindividualdaten zur Verfügung.
(5) Die Errichtung eines Bildungsganges nach Absatz 2 wird auf der Grundlage des Schulträgerbeschlusses von der oberen Schulaufsichtsbehörde nach Prüfung, ob die Voraussetzungen nach Absatz 2 gewährleistet sind, genehmigt. Mit dem Antrag auf Genehmigung ist der regionale Konsens zum Erfordernis dieses Bildungsangebotes im Hinblick auf die regionalspezifische Arbeits- und Ausbildungsmarktsituation zwischen dem Berufskolleg, der Agentur für Arbeit/Jobcenter, den zuständigen Kammern und den Spitzenorganisationen der zuständigen Gewerkschaften nachzuweisen. In den Bildungsgang können Jugendliche aufgenommen werden, die seit mindestens sechs Monaten die allgemeinbildende Schule verlassen haben. Die jährliche Fortführung des Angebotes setzt die erneute Beschlussfassung über den regionalen Konsens und deren Anzeige an die obere Schulaufsichtsbehörde voraus.
(6) Die Ergänzung eines bestehenden Bildungsganges nach Absatz 3 setzt voraus, dass der festgestellte Bedarf nicht durch Errichtung eines Bildungsganges nach Absatz 2 gedeckt werden kann. Die Ergänzung ist der oberen Schulaufsichtsbehörde zusammen mit dem Nachweis des Regionalen Konsenses zum Erfordernis dieses Bildungsangebotes im Hinblick auf die regionalspezifische Arbeits- und Ausbildungsmarktsituation zwischen dem Berufskolleg, der Agentur für Arbeit/Jobcenter, den zuständigen Kammern und den Spitzenorganisationen der zuständigen Gewerkschaften anzuzeigen. Die jährliche Fortführung des Angebots setzt die erneute Beschlussfassung über den regionalen Konsens und deren Anzeige an die obere Schulaufsichtsbehörde voraus.

**§ 3 In-Kraft-Treten** Die Verordnung tritt am 1. August 2006 in Kraft.

## 3.9. Mindesturlaubsgesetz für Arbeitnehmer – Bundesurlaubsgesetz (BUrlG) (Auszug)

**§ 1 Urlaubsanspruch** Jeder Arbeitnehmer hat in jedem Kalenderjahr Anspruch auf bezahlten Erholungsurlaub.

**§ 2 Geltungsbereich** Arbeitnehmer im Sinne des Gesetzes sind Arbeiter und Angestellte sowie die zu ihrer Berufsausbildung Beschäftigten. Als Arbeitnehmer gelten auch Personen, die wegen ihrer wirtschaftlichen Unselbständigkeit als arbeitnehmerähnliche Personen anzusehen sind; für den Bereich der Heimarbeit gilt § 12.

**§ 3 Dauer des Urlaubs** (1) Der Urlaub beträgt jährlich mindestens 24 Werktage.
(2) Als Werktage gelten alle Kalendertage, die nicht Sonn- oder gesetzliche Feiertage sind.

**§ 4 Wartezeit** Der volle Urlaubsanspruch wird erstmalig nach sechsmonatigem Bestehen des Arbeitsverhältnisses erworben.

**§ 5 Teilurlaub** (1) Anspruch auf ein Zwölftel des Jahresurlaubs für jeden vollen Monat des Bestehens des Arbeitsverhältnisses hat der Arbeitnehmer
a) für Zeiten eines Kalenderjahrs, für die er wegen Nichterfüllung der Wartezeit in diesem Kalenderjahr keinen vollen Urlaubsanspruch erwirbt;
b) wenn er vor erfüllter Wartezeit aus dem Arbeitsverhältnis ausscheidet;
c) wenn er nach erfüllter Wartezeit in der ersten Hälfte eines Kalenderjahrs aus dem Arbeitsverhältnis
ausscheidet.
(2) Bruchteile von Urlaubstagen, die mindestens einen halben Tag ergeben, sind auf volle Urlaubstage
aufzurunden.
(3) Hat der Arbeitnehmer im Falle des Absatzes 1 Buchstabe c bereits Urlaub über den ihm zustehenden Umfang hinaus erhalten, so kann das dafür gezahlte Urlaubsentgelt nicht zurückgefordert werden.

**§ 6 Ausschluss von Doppelansprüchen** (1) Der Anspruch auf Urlaub besteht nicht, soweit dem Arbeitnehmer für das laufende Kalenderjahr bereits von einem früheren Arbeitgeber Urlaub gewährt worden ist.
(2) Der Arbeitgeber ist verpflichtet, bei Beendigung des Arbeitsverhältnisses dem Arbeitnehmer eine Bescheinigung über den im laufenden Kalenderjahr gewährten oder abgegoltenen Urlaub auszuhändigen.

**§ 7 Zeitpunkt, Übertragbarkeit und Abgeltung des Urlaubs** (1) Bei der zeitlichen Festlegung des Urlaubs sind die Urlaubswünsche des Arbeitnehmers zu

berücksichtigen, es sei denn, dass ihrer Berücksichtigung dringende betriebliche Belange oder Urlaubswünsche anderer Arbeitnehmer, die unter sozialen Gesichtspunkten den Vorrang verdienen, entgegenstehen. Der Urlaub ist zu gewähren, wenn der Arbeitnehmer dies im Anschluss an eine Maßnahme der medizinischen Vorsorge oder Rehabilitation verlangt.
(2) Der Urlaub ist zusammenhängend zu gewähren, es sei denn, dass dringende betriebliche oder in der Person des Arbeitnehmers liegende Gründe eine Teilung des Urlaubs erforderlich machen. Kann der Urlaub aus diesen Gründen nicht zusammenhängend gewährt werden, und hat der Arbeitnehmer Anspruch auf Urlaub von mehr als zwölf Werktagen, so muss einer der Urlaubsteile mindestens zwölf aufeinanderfolgende Werktage umfassen.
(3) Der Urlaub muss im laufenden Kalenderjahr gewährt und genommen werden. Eine Übertragung des Urlaubs auf das nächste Kalenderjahr ist nur statthaft, wenn dringende betriebliche oder in der Person des Arbeitnehmers liegende Gründe dies rechtfertigen. Im Fall der Übertragung muss der Urlaub in den ersten drei Monaten des folgenden Kalenderjahrs gewährt und genommen werden. Auf Verlangen des Arbeitnehmers ist ein nach §5 Abs. 1 Buchstabe a entstehender Teilurlaub jedoch auf das nächste Kalenderjahr zu übertragen.
(4) Kann der Urlaub wegen Beendigung des Arbeitsverhältnisses ganz oder teilweise nicht mehr gewährt werden, so ist er abzugelten.

**§ 8 Erwerbstätigkeit während des Urlaubs** Während des Urlaubs darf der Arbeitnehmer keine dem Urlaubszweck widersprechende Erwerbstätigkeit leisten.

**§ 9 Erkrankung während des Urlaubs** Erkrankt ein Arbeitnehmer während des Urlaubs, so werden die durch ärztliches Zeugnis nachgewiesenen Tage der Arbeitsunfähigkeit auf den Jahresurlaub nicht angerechnet.

**§ 10 Maßnahmen der medizinischen Vorsorge oder Rehabilitation** Maßnahmen der medizinischen Vorsorge oder Rehabilitation dürfen nicht auf den Urlaub angerechnet werden, soweit ein Anspruch auf Fortzahlung des Arbeitsentgelts nach den gesetzlichen Vorschriften über die Entgeltfortzahlung im Krankheitsfall besteht.

**§ 11 Urlaubsentgelt** (1) Das Urlaubsentgelt bemisst sich nach dem durchschnittlichen Arbeitsverdienst, das der Arbeitnehmer in den letzten dreizehn Wochen vor dem Beginn des Urlaubs erhalten hat, mit Ausnahme des zusätzlich für Überstunden gezahlten Arbeitsverdienstes. Bei Verdiensterhöhungen nicht nur vorübergehender Natur, die während des Berechnungszeitraums oder des Urlaubs eintreten, ist von dem erhöhten Verdienst auszugehen. Verdienstkürzungen, die im Berechnungszeitraum infolge von Kurzarbeit, Arbeitsausfällen oder unverschuldeter Arbeitsversäumnis eintreten, bleiben für die Berechnung des Urlaubsentgelts außer Betracht. Zum Arbeitsentgelt gehörende Sachbezüge, die während des Urlaubs nicht weitergewährt werden, sind für die Dauer des Urlaubs angemessen in bar abzugelten.
(2) Das Urlaubsentgelt ist vor Antritt des Urlaubs auszuzahlen.

**§ 12 Urlaub im Bereich der Heimarbeit** Für die in Heimarbeit Beschäftigten und die ihnen nach §1 Abs. 2 Buchstaben a bis c des Heimarbeitsgesetzes Gleichgestellten, für die die Urlaubsregelung nicht ausdrücklich von der Gleichstellung ausgenommen ist, gelten die vorstehenden Bestimmungen mit Ausnahme der §§4 bis 6, 7 Abs. 3 und 4 und §11 nach Maßgabe der folgenden Bestimmungen:

1. Heimarbeiter (§1 Abs. 1 Buchstabe a des Heimarbeitsgesetzes) und nach §1 Abs. 2 Buchstabe a des Heimarbeitsgesetzes Gleichgestellte erhalten von ihrem Auftraggeber oder, falls sie von einem Zwischenmeister beschäftigt werden, von diesem bei einem Anspruch auf 24 Werktage ein Urlaubsentgelt von 9,1 vom Hundert des in der Zeit vom 1. Mai bis zum 30. April des folgenden Jahres oder bis zur Beendigung des Beschäfti-gungsverhältnisses verdienten Arbeitsentgelts vor Abzug der Steuern und Sozialver-sicherungsbeiträge ohne Unkostenzuschlag und ohne die für den Lohnausfall an Feier-tagen, den Arbeitsausfall infolge Krankheit und den Urlaub zu leistenden Zahlungen.
2. War der Anspruchsberechtigte im Berechnungszeitraum nicht ständig beschäftigt, so brauchen unbeschadet des Anspruches auf Urlaubsentgelt nach Nummer 1 nur so viele Urlaubstage gegeben zu werden, wie durchschnittliche Tagesverdienste, die er in der Regel erzielt hat, in dem Urlaubsentgelt nach Nummer 1 enthalten sind.
3. Das Urlaubsentgelt für die in Nummer 1 bezeichneten Personen soll erst bei der letzten Entgeltzahlung vor Antritt des Urlaubs ausgezahlt werden.
4. Hausgewerbetreibende (§1 Abs. 1 Buchstabe b des Heimarbeitsgesetzes) und nach §1 Abs. 2 Buchstaben b und c des Heimarbeitsgesetzes Gleichgestellte erhalten von ihrem Auftraggeber oder, falls sie von einem Zwischenmeister beschäftigt werden, von diesem als eigenes Urlaubsentgelt und zur Sicherung der Urlaubsansprüche der von ihnen Beschäftigten einen Betrag von 9,1 vom Hundert des an sie ausgezahlten Arbeitsentgelts vor Abzug der Steuern und Sozialversicherungsbeiträge ohne Unkostenzuschlag und ohne die für den Lohnausfall an Feiertagen, den Arbeitsausfall infolge Krankheit und den Urlaub zu leistenden Zahlungen.
5. Zwischenmeister, die den in Heimarbeit Beschäftigten nach §1 Abs. 2 Buchstabe d des Heimarbeitsgesetzes gleichgestellt sind, haben gegen ihren Auftraggeber Anspruch auf die von ihnen nach den Nummern 1 und 4 nachweislich zu zahlenden Beträge.
6. Die Beträge nach den Nummern 1, 4 und 5 sind gesondert im Entgeltbeleg auszuweisen.
7. Durch Tarifvertrag kann bestimmt werden, dass Heimarbeiter (§1 Abs. 1 Buchstabe a des Heimarbeitsgesetzes), die nur für einen Auftraggeber tätig sind und tariflich allgemein wie Betriebsarbeiter behandelt werden, Urlaub nach den allgemeinen Urlaubsbestimmungen erhalten.
8. Auf die in den Nummern 1, 4 und 5 vorgesehenen Beträge finden die §§23 bis 25, 27 und 28 und auf die in den Nummern 1 und 4 vorgesehenen Beträge außerdem §21 Abs. 2 des Heimarbeitsgesetzes entsprechende Anwendung. Für die Urlaubsansprüche der fremden Hilfskräfte der in Nummer 4 genannten Personen gilt §26 des Heimarbeitsgesetzes entsprechend.

**§ 13 Unabdingbarkeit** (1) Von den vorstehenden Vorschriften mit Ausnahme der §§1, 2 und 3 Abs. 1 kann in Tarifverträgen abgewichen werden. Die abweichenden Bestimmungen haben zwischen nichttarifgebundenen Arbeitgebern und Arbeitnehmern Geltung, wenn zwischen diesen die Anwendung der einschlägigen tariflichen Urlaubsregelung vereinbart ist. Im Übrigen kann, abgesehen von §7 Abs. 2 Satz 2, von den Bestimmungen dieses Gesetzes nicht zuungunsten des Arbeitnehmers abgewichen werden.

(2) Für das Baugewerbe oder sonstige Wirtschaftszweige, in denen als Folge häufigen Ortswechsels der von den Betrieben zu leistenden Arbeit Arbeitsverhältnisse von kürzerer Dauer als einem Jahr in erheblichem Umfange üblich sind, kann durch Tarifvertrag von den vorstehenden Vorschriften über die in Absatz 1 Satz 1 vorgesehene Grenze hinaus abgewichen werden, soweit dies zur Sicherung eines zusammenhängenden Jahresurlaubs für alle Arbeitnehmer erforderlich ist. Absatz 1 Satz 2 findet entsprechende Anwendung.

(3) Für den Bereich der Deutsche Bahn Aktiengesellschaft sowie einer gemäß §2 Abs. 1 und §3 Abs. 3 des Deutsche Bahn Gründungsgesetzes vom 27. Dezember 1993 (BGBl. I S. 2378, 2386) ausgegliederten Gesellschaft und für den Bereich der Nachfolgeunternehmen der Deutschen Bundespost kann von der Vorschrift über das Kalenderjahr als Urlaubsjahr (§1) in Tarifverträgen abgewichen werden.

## 3.10. Grundgesetz (GG) Auszug

**Art. 1 Schutz der Menschenwürde, Menschenrechte, Grundrechtsbindung** (1) Die Würde des Menschen ist unantastbar. Sie zu achten und zu schützen ist Verpflichtung aller staatlichen Gewalt.
(2) Das Deutsche Volk bekennt sich darum zu unverletzlichen und unveräußerlichen Menschenrechten als Grundlage jeder menschlichen Gemeinschaft, des Friedens und der Gerechtigkeit in der Welt.
(3) die nachfolgenden Grundrechte binden Gesetzgebung, vollziehende Gewalt und Rechtsprechung als unmittelbar geltendes Recht.

**Art. 12 Berufsfreiheit** (1) Alle Deutschen haben das Recht, Beruf, Arbeitsplatz und Ausbildungsstätte frei zu wählen. Die Berufsausübung kann durch Gesetz oder aufgrund eines Gesetzes geregelt werden.
(2) Niemand darf zu einer bestimmten Arbeit gezwungen werden, außer im Rahmen einer herkömmlichen allgemeinen, für alle gleichen öffentlichen Leistungspflicht.
(3) Zwangsarbeit ist nur bei einer gerichtlich angeordneten Freiheitsentziehung zulässig.

## 3.11. Gesetz zum Schutz der arbeitenden Jugend – Jugendarbeitsschutzgesetz (JArbSchG)

**§ 1 Geltungsbereich** (1) Dieses Gesetz gilt in der Bundesrepublik Deutschland und in der ausschließlichen Wirtschaftszone für die Beschäftigung von Personen, die noch nicht 18 Jahre alt sind,
1. in der Berufsausbildung,
2. als Arbeitnehmer oder Heimarbeiter,
3. mit sonstigen Dienstleistungen, die der Arbeitsleistung von Arbeitnehmern oder Heimarbeitern ähnlich sind,
4. in einem der Berufsausbildung ähnlichen Ausbildungsverhältnis.
(2) Dieses Gesetz gilt nicht
1. für geringfügige Hilfeleistungen, soweit sie gelegentlich
a) aus Gefälligkeit,
b) auf Grund familienrechtlicher Vorschriften,
c) in Einrichtungen der Jugendhilfe,
d) in Einrichtungen zur Eingliederung Behinderter
erbracht werden,
2. für die Beschäftigung durch die Personensorgeberechtigten im Familienhaushalt.

**§ 2 Kind, Jugendlicher** (1) Kind im Sinne dieses Gesetzes ist, wer noch nicht 15 Jahre alt ist.
(2) Jugendlicher im Sinne dieses Gesetzes ist, wer 15, aber noch nicht 18 Jahre alt ist.
(3) Auf Jugendliche, die der Vollzeitschulpflicht unterliegen, finden die für Kinder geltenden Vorschriften Anwendung.

**§ 3 Arbeitgeber** Arbeitgeber im Sinne dieses Gesetzes ist, wer ein Kind oder einen Jugendlichen gemäß § 1 beschäftigt.

**§ 4 Arbeitszeit** (1) Tägliche Arbeitszeit ist die Zeit vom Beginn bis zum Ende der täglichen Beschäftigung ohne die Ruhepausen (§ 11).
(2) Schichtzeit ist die tägliche Arbeitszeit unter Hinzurechnung der Ruhepausen (§ 11).
(3) Im Bergbau unter Tage gilt die Schichtzeit als Arbeitszeit. Sie wird gerechnet vom Betreten des Förderkorbs bei der Einfahrt bis zum Verlassen des Förderkorbs bei der Ausfahrt oder vom Eintritt des einzelnen Beschäftigten in das Stollenmundloch bis zu seinem Wiederaustritt.
(4) Für die Berechnung der wöchentlichen Arbeitszeit ist als Woche die Zeit von Montag bis einschließlich Sonntag zugrunde zu legen. Die Arbeitszeit, die an einem Werktag infolge eines gesetzlichen Feiertags ausfällt, wird auf die wöchentliche Arbeitszeit angerechnet.
(5) Wird ein Kind oder ein Jugendlicher von mehreren Arbeitgebern beschäftigt, so werden die Arbeits- und Schichtzeiten sowie die Arbeitstage zusammengerechnet.

u. 18 ü 18
8 h 10h
40h 48h

**§ 5 Verbot der Beschäftigung von Kindern** (1) Die Beschäftigung von Kindern (§ 2 Abs. 1) ist verboten.
(2) Das Verbot des Absatzes 1 gilt nicht für die Beschäftigung von Kindern
1. zum Zwecke der Beschäftigungs- und Arbeitstherapie,
2. im Rahmen des Betriebspraktikums während der Vollzeitschulpflicht,
3. in Erfüllung einer richterlichen Weisung.
Auf die Beschäftigung finden § 7 Satz 1 Nr. 2 und die §§ 9 bis 46 entsprechende Anwendung.
(3) Das Verbot des Absatzes 1 gilt ferner nicht für die Beschäftigung von Kindern über 13 Jahre mit Einwilligung des Personensorgeberechtigten, soweit die Beschäftigung leicht und für Kinder geeignet ist. Die Beschäftigung ist leicht, wenn sie auf Grund ihrer Beschaffenheit und der besonderen Bedingungen, unter denen sie ausgeführt wird,
1. die Sicherheit, Gesundheit und Entwicklung der Kinder,
2. ihren Schulbesuch, ihre Beteiligung an Maßnahmen zur Berufswahlvorbereitung oder Berufsausbildung, die von der zuständigen Stelle anerkannt sind, und
3. ihre Fähigkeit, dem Unterricht mit Nutzen zu folgen, nicht nachteilig beeinflusst. Die Kinder dürfen nicht mehr als zwei Stunden täglich, in landwirtschaftlichen Familienbetrieben nicht mehr als drei Stunden täglich, nicht zwischen 18 und 8 Uhr, nicht vor dem Schulunterricht und nicht während des Schulunterrichts beschäftigt werden. Auf die Beschäftigung finden die §§ 15 bis 31 entsprechende Anwendung.
(4) Das Verbot des Absatzes 1 gilt ferner nicht für die Beschäftigung von Jugendlichen (§ 2 Abs. 3) während der Schulferien für höchstens vier Wochen im Kalenderjahr. Auf die Beschäftigung finden die §§ 8 bis 31 entsprechende Anwendung.
(4a) Die Bundesregierung hat durch Rechtsverordnung mit Zustimmung des Bundesrates die Beschäftigung nach Absatz 3 näher zu bestimmen.
(4b) Der Arbeitgeber unterrichtet die Personensorgeberechtigten der von ihm beschäftigten Kinder über mögliche Gefahren sowie über alle zu ihrer Sicherheit und ihrem Gesundheitsschutz getroffenen Maßnahmen.
(5) Für Veranstaltungen kann die Aufsichtsbehörde Ausnahmen gemäß § 6 bewilligen.

**§ 6 Behördliche Ausnahmen für Veranstaltungen** (1) Die Aufsichtsbehörde kann auf Antrag bewilligen, dass
1. bei Theatervorstellungen Kinder über sechs Jahre bis zu vier Stunden täglich in der Zeit von 10 bis 23 Uhr,
2. bei Musikaufführungen und anderen Aufführungen, bei Werbeveranstaltungen sowie bei Aufnahmen im Rundfunk (Hörfunk und Fernsehen), auf Ton- und Bildträger sowie bei Film- und Fotoaufnahmen
a) Kinder über drei bis sechs Jahre bis zu zwei Stunden täglich in der Zeit von 8 bis 17 Uhr,
b) Kinder über sechs Jahre bis zu drei Stunden täglich in der Zeit von 8 bis 22 Uhr
gestaltend mitwirken und an den erforderlichen Proben teilnehmen. Eine Ausnahme darf nicht bewilligt werden für die Mitwirkung in Kabaretts, Tanzlokalen und ähnlichen

Betrieben sowie auf Vergnügungsparks, Kirmessen, Jahrmärkten und bei ähnlichen Veranstaltungen, Schaustellungen oder Darbietungen.

(2) Die Aufsichtsbehörde darf nach Anhörung des zuständigen Jugendamts die Beschäftigung nur bewilligen, wenn

1. die Personensorgeberechtigten in die Beschäftigung schriftlich eingewilligt haben,
2. der Aufsichtsbehörde eine nicht länger als vor drei Monaten ausgestellte ärztliche Bescheinigung vorgelegt wird, nach der gesundheitliche Bedenken gegen die Beschäftigung nicht bestehen,
3. die erforderlichen Vorkehrungen und Maßnahmen zum Schutz des Kindes gegen Gefahren für Leben und Gesundheit sowie zur Vermeidung einer Beeinträchtigung der körperlichen oder seelisch-geistigen Entwicklung getroffen sind,
4. Betreuung und Beaufsichtigung des Kindes bei der Beschäftigung sichergestellt sind,
5. nach Beendigung der Beschäftigung eine ununterbrochene Freizeit von mindestens 14 Stunden eingehalten wird,
6. das Fortkommen in der Schule nicht beeinträchtigt wird.

(3) Die Aufsichtsbehörde bestimmt,

1. wie lange, zu welcher Zeit und an welchem Tag das Kind beschäftigt werden darf,
2. Dauer und Lage der Ruhepausen,
3. die Höchstdauer des täglichen Aufenthalts an der Beschäftigungsstätte.

(4) Die Entscheidung der Aufsichtsbehörde ist dem Arbeitgeber schriftlich bekanntzugeben. Er darf das Kind erst nach Empfang des Bewilligungsbescheids beschäftigen.

**§ 7 Beschäftigung von nicht vollzeitschulpflichtigen Kindern** Kinder, die der Vollzeitschulpflicht nicht mehr unterliegen, dürfen

1. im Berufsausbildungsverhältnis,
2. außerhalb eines Berufsausbildungsverhältnisses nur mit leichten und für sie geeigneten Tätigkeiten bis zu sieben Stunden täglich und 35 Stunden wöchentlich beschäftigt werden. Auf die Beschäftigung finden die §§ 8 bis 46 entsprechende Anwendung.

**§ 8 Dauer der Arbeitszeit** (1) Jugendliche dürfen nicht mehr als acht Stunden täglich und nicht mehr als 40 Stunden wöchentlich beschäftigt werden.

(2) Wenn in Verbindung mit Feiertagen an Werktagen nicht gearbeitet wird, damit die Beschäftigten eine längere zusammenhängende Freizeit haben, so darf die ausfallende Arbeitszeit auf die Werktage von fünf zusammenhängenden, die Ausfalltage einschließenden Wochen nur dergestalt verteilt werden, dass die Wochenarbeitszeit im Durchschnitt dieser fünf Wochen 40 Stunden nicht überschreitet. Die tägliche Arbeitszeit darf hierbei achteinhalb Stunden nicht überschreiten.

(2a) Wenn an einzelnen Werktagen die Arbeitszeit auf weniger als acht Stunden verkürzt ist, können Jugendliche an den übrigen Werktagen derselben Woche achteinhalb Stunden beschäftigt werden.

(3) In der Landwirtschaft dürfen Jugendliche über 16 Jahre während der Erntezeit nicht mehr als neun Stunden täglich und nicht mehr als 85 Stunden in der Doppelwoche beschäftigt werden.

**§ 9 Berufsschule** (1) Der Arbeitgeber hat den Jugendlichen für die Teilnahme am Berufsschulunterricht freizustellen. Er darf den Jugendlichen nicht beschäftigen
1. vor einem vor 9 Uhr beginnenden Unterricht; dies gilt auch für Personen, die über 18 Jahre alt und noch berufsschulpflichtig sind,
2. an einem Berufsschultag mit mehr als fünf Unterrichtsstunden von mindestens je 45 Minuten, einmal in der Woche,
3. in Berufsschulwochen mit einem planmäßigen Blockunterricht von mindestens 25 Stunden an mindestens fünf Tagen; zusätzliche betriebliche Ausbildungsveranstaltungen bis zu zwei Stunden wöchentlich sind zulässig.
(2) Auf die Arbeitszeit des Jugendlichen werden angerechnet
1. Berufsschultage nach Absatz 1 Satz 2 Nummer 2 mit der durchschnittlichen täglichen Arbeitszeit,
2. Berufsschulwochen nach Absatz 1 Satz 2 Nummer 3 mit der durchschnittlichen wöchentlichen Arbeitszeit,
3. im Übrigen die Unterrichtszeit einschließlich der Pausen.
(3) Ein Entgeltausfall darf durch den Besuch der Berufsschule nicht eintreten.
(4) (weggefallen)

**§ 10 Prüfungen und außerbetriebliche Ausbildungsmaßnahmen** (1) Der Arbeitgeber hat den Jugendlichen
1. für die Teilnahme an Prüfungen und Ausbildungsmaßnahmen, die auf Grund öffentlich-rechtlicher oder vertraglicher Bestimmungen außerhalb der Ausbildungsstätte durchzuführen sind,
2. an dem Arbeitstag, der der schriftlichen Abschlußprüfung unmittelbar vorangeht, freizustellen.
(2) Auf die Arbeitszeit des Jugendlichen werden angerechnet
1. die Freistellung nach Absatz 1 Nr. 1 mit der Zeit der Teilnahme einschließlich der Pausen,
2. die Freistellung nach Absatz 1 Nr. 2 mit der durchschnittlichen täglichen Arbeitszeit.
Ein Entgeltausfall darf nicht eintreten.

**§ 11 Ruhepausen, Aufenthaltsräume** (1) Jugendlichen müssen im Voraus feststehende Ruhepausen von angemessener Dauer gewährt werden. Die Ruhepausen müssen mindestens betragen
1. 30 Minuten bei einer Arbeitszeit von mehr als viereinhalb bis zu sechs Stunden,
2. 60 Minuten bei einer Arbeitszeit von mehr als sechs Stunden. Als Ruhepause gilt nur eine Arbeitsunterbrechung von mindestens 15 Minuten.
(2) Die Ruhepausen müssen in angemessener zeitlicher Lage gewährt werden, frühestens eine Stunde nach Beginn und spätestens eine Stunde vor Ende der

Arbeitszeit. Länger als viereinhalb Stunden hintereinander dürfen Jugendliche nicht ohne Ruhepause beschäftigt werden.
(3) Der Aufenthalt während der Ruhepausen in Arbeitsräumen darf den Jugendlichen nur gestattet werden, wenn die Arbeit in diesen Räumen während dieser Zeit eingestellt ist und auch sonst die notwendige Erholung nicht beeinträchtigt wird.
(4) Absatz 3 gilt nicht für den Bergbau unter Tage.

**§ 12 Schichtzeit** Bei der Beschäftigung Jugendlicher darf die Schichtzeit (§ 4 Abs. 2) 10 Stunden, im Bergbau unter Tage 8 Stunden, im Gaststättengewerbe, in der Landwirtschaft, in der Tierhaltung, auf Bau- und Montagestellen 11 Stunden nicht überschreiten.

**§ 13 Tägliche Freizeit** Nach Beendigung der täglichen Arbeitszeit dürfen Jugendliche nicht vor Ablauf einer ununterbrochenen Freizeit von mindestens 12 Stunden beschäftigt werden.

**§ 14 Nachtruhe** (1) Jugendliche dürfen nur in der Zeit von 6 bis 20 Uhr beschäftigt werden.
(2) Jugendliche über 16 Jahre dürfen
1. im Gaststätten- und Schaustellergewerbe bis 22 Uhr,
2. in mehrschichtigen Betrieben bis 23 Uhr,
3. in der Landwirtschaft ab 5 Uhr oder bis 21 Uhr,
4. in Bäckereien und Konditoreien ab 5 Uhr
beschäftigt werden.
(3) Jugendliche über 17 Jahre dürfen in Bäckereien ab 4 Uhr beschäftigt werden.
(4) An dem einem Berufsschultag unmittelbar vorangehenden Tag dürfen Jugendliche auch nach Absatz 2 Nr. 1 bis 3 nicht nach 20 Uhr beschäftigt werden, wenn der Berufsschulunterricht am Berufsschultag vor 9 Uhr beginnt.
(5) Nach vorheriger Anzeige an die Aufsichtsbehörde dürfen in Betrieben, in denen die übliche Arbeitszeit aus verkehrstechnischen Gründen nach 20 Uhr endet, Jugendliche bis 21 Uhr beschäftigt werden, soweit sie hierdurch unnötige Wartezeiten vermeiden können. Nach vorheriger Anzeige an die Aufsichtsbehörde dürfen ferner in mehrschichtigen Betrieben Jugendliche über 16 Jahre ab 5.30 Uhr oder bis 23.30 Uhr beschäftigt werden, soweit sie hierdurch unnötige Wartezeiten vermeiden können.
(6) Jugendliche dürfen in Betrieben, in denen die Beschäftigten in außergewöhnlichem Grade der Einwirkung von Hitze ausgesetzt sind, in der warmen Jahreszeit ab 5 Uhr beschäftigt werden. Die Jugendlichen sind berechtigt, sich vor Beginn der Beschäftigung und danach in regelmäßigen Zeitabständen arbeitsmedizinisch untersuchen zu lassen. Die Kosten der Untersuchungen hat der Arbeitgeber zu tragen, sofern er diese nicht kostenlos durch einen Betriebsarzt oder einen überbetrieblichen Dienst von Betriebsärzten anbietet.
(7) Jugendliche dürfen bei Musikaufführungen, Theatervorstellungen und anderen Aufführungen, bei Aufnahmen im Rundfunk (Hörfunk und Fernsehen), auf Ton- und Bildträger sowie bei Film- und Fotoaufnahmen bis 23 Uhr gestaltend mitwirken. Eine

Mitwirkung ist nicht zulässig bei Veranstaltungen, Schaustellungen oder Darbietungen, bei denen die Anwesenheit Jugendlicher nach den Vorschriften des Jugendschutzgesetzes verboten ist. Nach Beendigung der Tätigkeit dürfen Jugendliche nicht vor Ablauf einer ununterbrochenen Freizeit von mindestens 14 Stunden beschäftigt werden. Die Sätze 1 bis 3 gelten entsprechend auch für die Tätigkeit von Jugendlichen als Sportler im Rahmen von Sportveranstaltungen.

**§ 15 Fünf-Tage-Woche** Jugendliche dürfen nur an fünf Tagen in der Woche beschäftigt werden. Die beiden wöchentlichen Ruhetage sollen nach Möglichkeit aufeinander folgen.

**§ 16 Samstagsruhe** (1) An Samstagen dürfen Jugendliche nicht beschäftigt werden.
(2) Zulässig ist die Beschäftigung Jugendlicher an Samstagen nur
1. in Krankenanstalten sowie in Alten-, Pflege- und Kinderheimen,
2. in offenen Verkaufsstellen, in Betrieben mit offenen Verkaufsstellen, in Bäckereien und Konditoreien, im Friseurhandwerk und im Marktverkehr,
3. im Verkehrswesen,
4. in der Landwirtschaft und Tierhaltung,
5. im Familienhaushalt,
6. im Gaststätten- und Schaustellergewerbe,
7. bei Musikaufführungen, Theatervorstellungen und anderen Aufführungen, bei Aufnahmen im Rundfunk (Hörfunk und Fernsehen), auf Ton- und Bildträger sowie bei Film- und Fotoaufnahmen,
8. bei außerbetrieblichen Ausbildungsmaßnahmen,
9. beim Sport,
10. im ärztlichen Notdienst,
11. in Reparaturwerkstätten für Kraftfahrzeuge.
Mindestens zwei Samstage im Monat sollen beschäftigungsfrei bleiben.
(3) Werden Jugendliche am Samstag beschäftigt, ist ihnen die Fünf-Tage-Woche (§ 15) durch Freistellung an einem anderen berufsschulfreien Arbeitstag derselben Woche sicherzustellen. In Betrieben mit einem Betriebsruhetag in der Woche kann die Freistellung auch an diesem Tag erfolgen, wenn die Jugendlichen an diesem Tag keinen Berufsschulunterricht haben.
(4) Können Jugendliche in den Fällen des Absatzes 2 Nr. 2 am Samstag nicht acht Stunden beschäftigt werden, kann der Unterschied zwischen der tatsächlichen und der nach § 8 Abs. 1 höchstzulässigen Arbeitszeit an dem Tag bis 13 Uhr ausgeglichen werden, an dem die Jugendlichen nach Absatz 3 Satz 1 freizustellen sind.

**§ 17 Sonntagsruhe** (1) An Sonntagen dürfen Jugendliche nicht beschäftigt werden.
(2) Zulässig ist die Beschäftigung Jugendlicher an Sonntagen nur
1. in Krankenanstalten sowie in Alten-, Pflege- und Kinderheimen,
2. in der Landwirtschaft und Tierhaltung mit Arbeiten, die auch an Sonn- und Feiertagen naturnotwendig vorgenommen werden müssen,

3. im Familienhaushalt, wenn der Jugendliche in die häusliche Gemeinschaft aufgenommen ist,
4. im Schaustellergewerbe,
5. bei Musikaufführungen, Theatervorstellungen und anderen Aufführungen sowie bei Direktsendungen im Rundfunk (Hörfunk und Fernsehen),
6. beim Sport,
7. im ärztlichen Notdienst,
8. im Gaststättengewerbe.
Jeder zweite Sonntag soll, mindestens zwei Sonntage im Monat müssen beschäftigungsfrei bleiben.
(3) Werden Jugendliche am Sonntag beschäftigt, ist ihnen die Fünf-Tage-Woche (§ 15) durch Freistellung an einem anderen berufsschulfreien Arbeitstag derselben Woche sicherzustellen. In Betrieben mit einem Betriebsruhetag in der Woche kann die Freistellung auch an diesem Tag erfolgen, wenn die Jugendlichen an diesem Tag keinen Berufsschulunterricht haben.

**§ 18 Feiertagsruhe** (1) Am 24. und 31. Dezember nach 14 Uhr und an gesetzlichen Feiertagen dürfen Jugendliche nicht beschäftigt werden.
(2) Zulässig ist die Beschäftigung Jugendlicher an gesetzlichen Feiertagen in den Fällen des § 17 Abs. 2, ausgenommen am 25. Dezember, am 1. Januar, am ersten Osterfeiertag und am 1. Mai.
(3) Für die Beschäftigung an einem gesetzlichen Feiertag, der auf einem Werktag fällt, ist der Jugendliche an einem anderen berufsschulfreien Arbeitstag derselben oder der folgenden Woche freizustellen. In Betrieben mit einem Betriebsruhetag in der Woche kann die Freistellung auch an diesem Tag erfolgen, wenn die Jugendlichen an diesem Tag keinen Berufsschulunterricht haben.

**§ 19 Urlaub** (1) Der Arbeitgeber hat Jugendlichen für jedes Kalenderjahr einen bezahlten Erholungsurlaub zu gewähren.
(2) Der Urlaub beträgt jährlich
1. mindestens 30 Werktage, wenn der Jugendliche zu Beginn des Kalenderjahrs noch nicht 16 Jahre alt ist,
2. mindestens 27 Werktage, wenn der Jugendliche zu Beginn des Kalenderjahrs noch nicht 17 Jahre alt ist,
3. mindestens 25 Werktage, wenn der Jugendliche zu Beginn des Kalenderjahrs noch nicht 18 Jahre alt ist.
Jugendliche, die im Bergbau unter Tage beschäftigt werden, erhalten in jeder Altersgruppe einen zusätzlichen Urlaub von drei Werktagen.
(3) Der Urlaub soll Berufsschülern in der Zeit der Berufsschulferien gegeben werden. Soweit er nicht in den Berufsschulferien gegeben wird, ist für jeden Berufsschultag, an dem die Berufsschule während des Urlaubs besucht wird, ein weiterer Urlaubstag zu gewähren.
(4) Im Übrigen gelten für den Urlaub der Jugendlichen § 3 Abs. 2, §§ 4 bis 12 und § 13 Abs. 3 des Bundesurlaubsgesetzes. Der Auftraggeber oder Zwischenmeister hat

jedoch abweichend von § 12 Nr. 1 des Bundesurlaubsgesetzes den jugendlichen Heimarbeitern für jedes Kalenderjahr einen bezahlten Erholungsurlaub entsprechend Absatz 2 zu gewähren; das Urlaubsentgelt der jugendlichen Heimarbeiter beträgt bei einem Urlaub von 30 Werktagen 11,6 vom Hundert, bei einem Urlaub von 27 Werktagen 10,3 vom Hundert und bei einem Urlaub von 25 Werktagen 9,5 vom Hundert.

**§ 20 Binnenschiffahrt** In der Binnenschiffahrt gelten folgende Abweichungen:
1. Abweichend von § 12 darf die Schichtzeit Jugendlicher über 16 Jahre während der Fahrt bis auf 14 Stunden täglich ausgedehnt werden, wenn ihre Arbeitszeit sechs Stunden täglich nicht überschreitet. Ihre tägliche Freizeit kann abweichend von § 13 der Ausdehnung der Schichtzeit entsprechend bis auf 10 Stunden verkürzt werden.
2. Abweichend von § 14 Abs. 1 dürfen Jugendliche über 16 Jahre während der Fahrt bis 22 Uhr beschäftigt werden.
3. Abweichend von §§ 15, 16 Abs. 1, § 17 Abs. 1 und § 18 Abs. 1 dürfen Jugendliche an jedem Tag der Woche beschäftigt werden, jedoch nicht am 24. Dezember, an den Weihnachtsfeiertagen, am 31. Dezember, am 1. Januar, an den Osterfeiertagen und am 1. Mai. Für die Beschäftigung an einem Samstag, Sonntag und an einem gesetzlichen Feiertag, der auf einen Werktag fällt, ist ihnen je ein freier Tag zu gewähren. Diese freien Tage sind den Jugendlichen in Verbindung mit anderen freien Tagen zu gewähren, spätestens, wenn ihnen 10 freie Tage zustehen.

**§ 21 Ausnahmen in besonderen Fällen** (1) Die §§ 8 und 11 bis 18 finden keine Anwendung auf die Beschäftigung Jugendlicher mit vorübergehenden und unaufschiebbaren Arbeiten in Notfällen, soweit erwachsene Beschäftigte nicht zur Verfügung stehen.
(2) Wird in den Fällen des Absatzes 1 über die Arbeitszeit des § 8 hinaus Mehrarbeit geleistet, so ist sie durch entsprechende Verkürzung der Arbeitszeit innerhalb der folgenden drei Wochen auszugleichen.
(3) ...

**§ 21a Abweichende Regelungen** (1) In einem Tarifvertrag oder auf Grund eines Tarifvertrages in einer Betriebsvereinbarung kann zugelassen werden
1. abweichend von den §§ 8, 15, 16 Abs. 3 und 4, § 17 Abs. 3 und § 18 Abs. 3 die Arbeitszeit bis zu neun Stunden täglich, 44 Stunden wöchentlich und bis zu fünfeinhalb Tagen in der Woche anders zu verteilen, jedoch nur unter Einhaltung einer durchschnittlichen Wochenarbeitszeit von 40 Stunden in einem Ausgleichszeitraum von zwei Monaten,
2. abweichend von § 11 Abs. 1 Satz 2 Nr. 2 und Abs. 2 die Ruhepausen bis zu 15 Minuten zu kürzen und die Lage der Pausen anders zu bestimmen,
3. abweichend von § 12 die Schichtzeit mit Ausnahme des Bergbaus unter Tage bis zu einer Stunde täglich zu verlängern,

4. abweichend von § 16 Abs. 1 und 2 Jugendliche an 26 Samstagen im Jahr oder an jedem Samstag zu beschäftigen, wenn statt dessen der Jugendliche an einem anderen Werktag derselben Woche von der Beschäftigung freigestellt wird,
5. abweichend von den §§ 15, 16 Abs. 3 und 4, § 17 Abs. 3 und § 18 Abs. 3 Jugendliche bei einer Beschäftigung an einem Samstag oder an einem Sonn- oder Feiertag unter vier Stunden an einem anderen Arbeitstag derselben oder der folgenden Woche vor- oder nachmittags von der Beschäftigung freizustellen,
6. abweichend von § 17 Abs. 2 Satz 2 Jugendliche im Gaststätten- und Schaustellergewerbe sowie in der Landwirtschaft während der Saison oder der Erntezeit an drei Sonntagen im Monat zu beschäftigen.

(2) Im Geltungsbereich eines Tarifvertrages nach Absatz 1 kann die abweichende tarifvertragliche Regelung im Betrieb eines nicht tarifgebundenen Arbeitgebers durch Betriebsvereinbarung oder, wenn ein Betriebsrat nicht besteht, durch schriftliche Vereinbarung zwischen dem Arbeitgeber und dem Jugendlichen übernommen werden.

(3) Die Kirchen und die öffentlich-rechtlichen Religionsgesellschaften können die in Absatz 1 genannten Abweichungen in ihren Regelungen vorsehen.

**§ 21b** Das Bundesministerium für Arbeit und Soziales kann im Interesse der Berufsausbildung oder der Zusammenarbeit von Jugendlichen und Erwachsenen durch Rechtsverordnung mit Zustimmung des Bundesrates Ausnahmen von den Vorschriften
1. des § 8, der §§ 11 und 12, der §§ 15 und 16, des § 17 Abs. 2 und 3 sowie des § 18 Abs. 3 im Rahmen des § 21a Abs. 1,
2. des § 14, jedoch nicht vor 5 Uhr und nicht nach 23 Uhr, sowie
3. des § 17 Abs. 1 und § 18 Abs. 1 an höchstens 26 Sonn- und Feiertagen im Jahr

zulassen, soweit eine Beeinträchtigung der Gesundheit oder der körperlichen oder seelisch-geistigen Entwicklung der Jugendlichen nicht zu befürchten ist.

**§ 22 Gefährliche Arbeiten** § 22 Gefährliche Arbeiten

(1) Jugendliche dürfen nicht beschäftigt werden
1. mit Arbeiten, die ihre physische oder psychische Leistungsfähigkeit übersteigen,
2. mit Arbeiten, bei denen sie sittlichen Gefahren ausgesetzt sind, Casino z.B.; Alkohol
3. mit Arbeiten, die mit Unfallgefahren verbunden sind, von denen anzunehmen ist, daß Jugendliche sie wegen mangelnden Sicherheitsbewußtseins oder mangelnder Erfahrung nicht erkennen oder nicht abwenden können,
4. mit Arbeiten, bei denen ihre Gesundheit durch außergewöhnliche Hitze oder Kälte oder starke Nässe gefährdet wird,
5. mit Arbeiten, bei denen sie schädlichen Einwirkungen von Lärm, Erschütterungen oder Strahlen ausgesetzt sind,
6. mit Arbeiten, bei denen sie schädlichen Einwirkungen von Gefahrstoffen im Sinne der Gefahrstoffverordnung ausgesetzt sind,
7. mit Arbeiten, bei denen sie schädlichen Einwirkungen von biologischen Arbeitsstoffen im Sinne der Biostoffverordnung ausgesetzt sind.

(2) Absatz 1 Nr. 3 bis 7 gilt nicht für die Beschäftigung Jugendlicher, soweit
1. dies zur Erreichung ihres Ausbildungszieles erforderlich ist,
2. ihr Schutz durch die Aufsicht eines Fachkundigen gewährleistet ist und
3. der Luftgrenzwert bei gefährlichen Stoffen (Absatz 1 Nr. 6) unterschritten wird.
Satz 1 findet keine Anwendung auf gezielte Tätigkeiten mit biologischen Arbeitsstoffen der Risikogruppen 3 und 4 im Sinne der Biostoffverordnung sowie auf nicht gezielte Tätigkeiten, die nach der Biostoffverordnung der Schutzstufe 3 oder 4 zuzuordnen sind.
(3) Werden Jugendliche in einem Betrieb beschäftigt, für den ein Betriebsarzt oder eine Fachkraft für Arbeitssicherheit verpflichtet ist, muß ihre betriebsärztliche oder sicherheitstechnische Betreuung sichergestellt sein.

**§ 23 Akkordarbeit, tempoabhängige Arbeiten** (1) Jugendliche dürfen nicht beschäftigt werden
1. mit Akkordarbeit und sonstigen Arbeiten, bei denen durch ein gesteigertes Arbeitstempo ein höheres Entgelt erzielt werden kann,
2. in einer Arbeitsgruppe mit erwachsenen Arbeitnehmern, die mit Arbeiten nach Nummer 1 beschäftigt werden,
3. mit Arbeiten, bei denen ihr Arbeitstempo nicht nur gelegentlich vorgeschrieben, vorgegeben oder auf andere Weise erzwungen wird.
(2) Absatz 1 Nr. 2 gilt nicht für die Beschäftigung Jugendlicher,
1. soweit dies zur Erreichung ihres Ausbildungsziels erforderlich ist
oder
2. wenn sie eine Berufsausbildung für diese Beschäftigung abgeschlossen haben und ihr Schutz durch die Aufsicht eines Fachkundigen gewährleistet ist.

**§ 24 Arbeiten unter Tage** (1) Jugendliche dürfen nicht mit Arbeiten unter Tage beschäftigt werden.
(2) Absatz 1 gilt nicht für die Beschäftigung Jugendlicher über 16 Jahre,
1. soweit dies zur Erreichung ihres Ausbildungsziels erforderlich ist,
2. wenn sie eine Berufsausbildung für die Beschäftigung unter Tage abgeschlossen haben oder
3. wenn sie an einer von der Bergbehörde genehmigten Ausbildungsmaßnahme für Bergjungarbeiter teilnehmen oder teilgenommen haben und ihr Schutz durch die Aufsicht eines Fachkundigen gewährleistet ist.

**§ 25 Verbot der Beschäftigung durch bestimmte Personen** (1) Personen, die
1. wegen eines Verbrechens zu einer Freiheitsstrafe von mindestens zwei Jahren,
2. wegen einer vorsätzlichen Straftat, die sie unter Verletzung der ihnen als Arbeitgeber, Ausbildender oder Ausbilder obliegenden Pflichten zum Nachteil von Kindern oder Jugendlichen begangen haben, zu einer Freiheitsstrafe von mehr als drei Monaten,
3. wegen einer Straftat nach den §§ 109h, 171, 174 bis 184l, 225, 232 bis 233a des Strafgesetzbuches,

4. wegen einer Straftat nach dem Betäubungsmittelgesetz oder
5. wegen einer Straftat nach dem Jugendschutzgesetz oder nach dem Gesetz über die Verbreitung jugendgefährdender Schriften wenigstens zweimal

rechtskräftig verurteilt worden sind, dürfen Jugendliche nicht beschäftigen sowie im Rahmen eines Rechtsverhältnisses im Sinne des § 1 nicht beaufsichtigen, nicht anweisen, nicht ausbilden und nicht mit der Beaufsichtigung, Anweisung oder Ausbildung von Jugendlichen beauftragt werden. Eine Verurteilung bleibt außer Betracht, wenn seit dem Tag ihrer Rechtskraft fünf Jahre verstrichen sind. Die Zeit, in welcher der Täter auf behördliche Anordnung in einer Anstalt verwahrt worden ist, wird nicht eingerechnet.

(2) Das Verbot des Absatzes 1 Satz 1 gilt auch für Personen, gegen die wegen einer Ordnungswidrigkeit nach § 58 Abs. 1 bis 4 wenigstens dreimal eine Geldbuße rechtskräftig festgesetzt worden ist. Eine Geldbuße bleibt außer Betracht, wenn seit dem Tag ihrer rechtskräftigen Festsetzung fünf Jahre verstrichen sind.

(3) Das Verbot des Absatzes 1 und 2 gilt nicht für die Beschäftigung durch die Personensorgeberechtigten.

**§ 26 Ermächtigungen** Das Bundesministerium für Arbeit und Soziales kann zum Schutz der Jugendlichen gegen Gefahren für Leben und Gesundheit sowie zur Vermeidung einer Beeinträchtigung der körperlichen oder seelisch-geistigen Entwicklung durch Rechtsverordnung mit Zustimmung des Bundesrates

1. die für Kinder, die der Vollzeitschulpflicht nicht mehr unterliegen, geeigneten und leichten Tätigkeiten nach § 7 Satz 1 Nr. 2 und die Arbeiten nach § 22 Abs. 1 und den §§ 23 und 24 näher bestimmen,
2. über die Beschäftigungsverbote in den §§ 22 bis 25 hinaus die Beschäftigung Jugendlicher in bestimmten Betriebsarten oder mit bestimmten Arbeiten verbieten oder beschränken, wenn sie bei diesen Arbeiten infolge ihres Entwicklungsstands in besonderem Maß Gefahren ausgesetzt sind oder wenn das Verbot oder die Beschränkung der Beschäftigung infolge der technischen Entwicklung oder neuer arbeitsmedizinischer oder sicherheitstechnischer Erkenntnisse notwendig ist.

**§ 27 Behördliche Anordnungen und Ausnahmen** (1) Die Aufsichtsbehörde kann in Einzelfällen feststellen, ob eine Arbeit unter die Beschäftigungsverbote oder -beschränkungen der §§ 22 bis 24 oder einer Rechtsverordnung nach § 26 fällt. Sie kann in Einzelfällen die Beschäftigung Jugendlicher mit bestimmten Arbeiten über die Beschäftigungsverbote und -beschränkungen der §§ 22 bis 24 und einer Rechtsverordnung nach § 26 hinaus verbieten oder beschränken, wenn diese Arbeiten mit Gefahren für Leben, Gesundheit oder für die körperliche oder seelisch-geistige Entwicklung der Jugendlichen verbunden sind.

(2) Die zuständige Behörde kann

1. den Personen, die die Pflichten, die ihnen kraft Gesetzes zugunsten der von ihnen beschäftigten, beaufsichtigten, angewiesenen oder auszubildenden Kinder und Jugendlichen obliegen, wiederholt oder gröblich verletzt haben,

2. den Personen, gegen die Tatsachen vorliegen, die sie in sittlicher Beziehung zur Beschäftigung, Beaufsichtigung, Anweisung oder Ausbildung von Kindern und Jugendlichen ungeeignet erscheinen lassen, verbieten, Kinder und Jugendliche zu beschäftigen oder im Rahmen eines Rechtsverhältnisses im Sinne des § 1 zu beaufsichtigen, anzuweisen oder auszubilden.
(3) Die Aufsichtsbehörde kann auf Antrag Ausnahmen von § 23 Abs. 1 Nr. 2 und 3 für Jugendliche über 16 Jahre bewilligen,
1. wenn die Art der Arbeit oder das Arbeitstempo eine Beeinträchtigung der Gesundheit oder der körperlichen oder seelisch-geistigen Entwicklung des Jugendlichen nicht befürchten lassen und
2. wenn eine nicht länger als vor drei Monaten ausgestellte ärztliche Bescheinigung vorgelegt wird, nach der gesundheitliche Bedenken gegen die Beschäftigung nicht bestehen.

**§ 28 Menschengerechte Gestaltung der Arbeit** (1) Der Arbeitgeber hat bei der Einrichtung und der Unterhaltung der Arbeitsstätte einschließlich der Maschinen, Werkzeuge und Geräte und bei der Regelung der Beschäftigung die Vorkehrungen und Maßnahmen zu treffen, die zum Schutz der Jugendlichen gegen Gefahren für Leben und Gesundheit sowie zur Vermeidung einer Beeinträchtigung der körperlichen oder seelisch-geistigen Entwicklung der Jugendlichen erforderlich sind. Hierbei sind das mangelnde Sicherheitsbewusstsein, die mangelnde Erfahrung und der Entwicklungsstand der Jugendlichen zu berücksichtigen und die allgemein anerkannten sicherheitstechnischen und arbeitsmedizinischen Regeln sowie die sonstigen gesicherten arbeitswissenschaftlichen Erkenntnisse zu beachten.
(2) Das Bundesministerium für Arbeit und Soziales kann durch Rechtsverordnung mit Zustimmung des Bundesrates bestimmen, welche Vorkehrungen und Maßnahmen der Arbeitgeber zur Erfüllung der sich aus Absatz 1 ergebenden Pflichten zu treffen hat.
(3) Die Aufsichtsbehörde kann in Einzelfällen anordnen, welche Vorkehrungen und Maßnahmen zur Durchführung des Absatzes 1 oder einer vom Bundesministerium für Arbeit und Soziales gemäß Absatz 2 erlassenen Verordnung zu treffen sind.

**§ 28a Beurteilung der Arbeitsbedingungen** Vor Beginn der Beschäftigung Jugendlicher und bei wesentlicher Änderung der Arbeitsbedingungen hat der Arbeitgeber die mit der Beschäftigung verbundenen Gefährdungen Jugendlicher zu beurteilen. Im übrigen gelten die Vorschriften des Arbeitsschutzgesetzes.

**§ 29 Unterweisung über Gefahren** (1) Der Arbeitgeber hat die Jugendlichen vor Beginn der Beschäftigung und bei wesentlicher Änderung der Arbeitsbedingungen über die Unfall- und Gesundheitsgefahren, denen sie bei der Beschäftigung ausgesetzt sind, sowie über die Einrichtungen und Maßnahmen zur Abwendung dieser Gefahren zu unterweisen. Er hat die Jugendlichen vor der erstmaligen Beschäftigung an Maschinen oder gefährlichen Arbeitsstellen oder mit Arbeiten, bei denen sie mit gesundheitsgefährdenden Stoffen in Berührung kommen, über die besonderen

Gefahren dieser Arbeiten sowie über das bei ihrer Verrichtung erforderliche Verhalten zu unterweisen.
(2) Die Unterweisungen sind in angemessenen Zeitabständen, mindestens aber halbjährlich, zu wiederholen.
(3) Der Arbeitgeber beteiligt die Betriebsärzte und die Fachkräfte für Arbeitssicherheit an der Planung, Durchführung und Überwachung der für die Sicherheit und den Gesundheitsschutz bei der Beschäftigung Jugendlicher geltenden Vorschriften.

**§ 30 Häusliche Gemeinschaft** (1) Hat der Arbeitgeber einen Jugendlichen in die häusliche Gemeinschaft aufgenommen, so muss er
1. ihm eine Unterkunft zur Verfügung stellen und dafür sorgen, dass sie so beschaffen, ausgestattet und belegt ist und so benutzt wird, dass die Gesundheit des Jugendlichen nicht beeinträchtigt wird, und
2. ihm bei einer Erkrankung, jedoch nicht über die Beendigung der Beschäftigung hinaus, die erforderliche Pflege und ärztliche Behandlung zuteil werden lassen, soweit diese nicht von einem Sozialversicherungsträger geleistet wird.
(2) Die Aufsichtsbehörde kann im Einzelfall anordnen, welchen Anforderungen die Unterkunft (Absatz 1 Nr. 1) und die Pflege bei Erkrankungen (Absatz 1 Nr. 2) genügen müssen.

**§ 31 Züchtigungsverbot, Verbot der Abgabe von Alkohol und Tabak** (1) Wer Jugendliche beschäftigt oder im Rahmen eines Rechtsverhältnisses im Sinne des § 1 beaufsichtigt, anweist oder ausbildet, darf sie nicht körperlich züchtigen.
(2) Wer Jugendliche beschäftigt, muß sie vor körperlicher Züchtigung und Mißhandlung und vor sittlicher Gefährdung durch andere bei ihm Beschäftigte und durch Mitglieder seines Haushalts an der Arbeitsstätte und in seinem Haus schützen. Soweit deren Abgabe nach § 9 Absatz 1 oder § 10 Absatz 1 und 4 des Jugendschutzgesetzes verboten ist, darf der Arbeitgeber Jugendlichen keine alkoholischen Getränke, Tabakwaren oder anderen dort genannten Erzeugnisse geben.

**§ 32 Erstuntersuchung** (1) Ein Jugendlicher, der in das Berufsleben eintritt, darf nur beschäftigt werden, wenn
1. er innerhalb der letzten vierzehn Monate von einem Arzt untersucht worden ist (Erstuntersuchung) und
2. dem Arbeitgeber eine von diesem Arzt ausgestellte Bescheinigung vorliegt.
(2) Absatz 1 gilt nicht für eine nur geringfügige oder eine nicht länger als zwei Monate dauernde Beschäftigung mit leichten Arbeiten, von denen keine gesundheitlichen Nachteile für den Jugendlichen zu befürchten sind.

**§ 33 Erste Nachuntersuchung** (1) Ein Jahr nach Aufnahme der ersten Beschäftigung hat sich der Arbeitgeber die Bescheinigung eines Arztes darüber vorlegen zu lassen, dass der Jugendliche nachuntersucht worden ist (erste Nachuntersuchung). Die Nachuntersuchung darf nicht länger als drei Monate zurückliegen. Der Arbeitgeber soll den Jugendlichen neun Monate nach Aufnahme der ersten Beschäftigung nachdrücklich auf den Zeitpunkt, bis zu dem der Jugendliche ihm die ärztliche Bescheinigung nach Satz 1 vorzulegen hat, hinweisen und ihn auffordern, die Nachuntersuchung bis dahin durchführen zu lassen.

(2) Legt der Jugendliche die Bescheinigung nicht nach Ablauf eines Jahres vor, hat ihn der Arbeitgeber innerhalb eines Monats unter Hinweis auf das Beschäftigungsverbot nach Absatz 3 schriftlich aufzufordern, ihm die Bescheinigung vorzulegen. Je eine Durchschrift des Aufforderungsschreibens hat der Arbeitgeber dem Personensorgeberechtigten und dem Betriebs- oder Personalrat zuzusenden.

(3) Der Jugendliche darf nach Ablauf von 14 Monaten nach Aufnahme der ersten Beschäftigung nicht weiterbeschäftigt werden, solange er die Bescheinigung nicht vorgelegt hat.

**§ 34 Weitere Nachuntersuchungen** Nach Ablauf jedes weiteren Jahres nach der ersten Nachuntersuchung kann sich der Jugendliche erneut nachuntersuchen lassen (weitere Nachuntersuchungen). Der Arbeitgeber soll ihn auf diese Möglichkeit rechtzeitig hinweisen und darauf hinwirken, dass der Jugendliche ihm die Bescheinigung über die weitere Nachuntersuchung vorlegt.

**§ 35 Außerordentliche Nachuntersuchung** (1) Der Arzt soll eine außerordentliche Nachuntersuchung anordnen, wenn eine Untersuchung ergibt, dass

1. ein Jugendlicher hinter dem seinem Alter entsprechenden Entwicklungsstand zurückgeblieben ist,
2. gesundheitliche Schwächen oder Schäden vorhanden sind,
3. die Auswirkungen der Beschäftigung auf die Gesundheit oder Entwicklung des Jugendlichen noch nicht zu übersehen sind.

(2) Die in § 33 Abs. 1 festgelegten Fristen werden durch die Anordnung einer außerordentlichen Nachuntersuchung nicht berührt.

**§ 36 Ärztliche Untersuchungen und Wechsel des Arbeitgebers** Wechselt der Jugendliche den Arbeitgeber, so darf ihn der neue Arbeitgeber erst beschäftigen, wenn ihm die Bescheinigung über die Erstuntersuchung (§ 32 Abs. 1) und, falls seit der Aufnahme der Beschäftigung ein Jahr vergangen ist, die Bescheinigung über die erste Nachuntersuchung (§ 33) vorliegen.

**§ 37 Inhalt und Durchführung der ärztlichen Untersuchungen** (1) Die ärztlichen Untersuchungen haben sich auf den Gesundheits- und Entwicklungsstand und die körperliche Beschaffenheit, die Nachuntersuchungen außerdem auf die Auswirkungen der Beschäftigung auf Gesundheit und Entwicklung des Jugendlichen zu erstrecken.

(2) Der Arzt hat unter Berücksichtigung der Krankheitsvorgeschichte des Jugendlichen auf Grund der Untersuchungen zu beurteilen,

1. ob die Gesundheit oder die Entwicklung des Jugendlichen durch die Ausführung bestimmter Arbeiten oder durch die Beschäftigung während bestimmter Zeiten gefährdet wird,
2. ob besondere der Gesundheit dienende Maßnahmen einschließlich Maßnahmen zur Verbesserung des Impfstatus erforderlich sind,
3. ob eine außerordentliche Nachuntersuchung (§ 35 Abs. 1) erforderlich ist.
(3) Der Arzt hat schriftlich festzuhalten:
1. den Untersuchungsbefund,
2. die Arbeiten, durch deren Ausführung er die Gesundheit oder die Entwicklung des Jugendlichen für gefährdet hält,
3. die besonderen der Gesundheit dienenden Maßnahmen einschließlich Maßnahmen zur Verbesserung des Impfstatus,
4. die Anordnung einer außerordentlichen Nachuntersuchung (§ 35 Abs. 1).

**§ 38 Ergänzungsuntersuchung** Kann der Arzt den Gesundheits- und Entwicklungsstand des Jugendlichen nur beurteilen, wenn das Ergebnis einer Ergänzungsuntersuchung durch einen anderen Arzt oder einen Zahnarzt vorliegt, so hat er die Ergänzungsuntersuchung zu veranlassen und ihre Notwendigkeit schriftlich zu begründen.

**§ 39 Mitteilung, Bescheinigung** (1) Der Arzt hat dem Personensorgeberechtigten schriftlich mitzuteilen:
1. das wesentliche Ergebnis der Untersuchung,
2. die Arbeiten, durch deren Ausführung er die Gesundheit oder die Entwicklung des Jugendlichen für gefährdet hält,
3. die besonderen der Gesundheit dienenden Maßnahmen einschließlich Maßnahmen zur Verbesserung des Impfstatus,
4. die Anordnung einer außerordentlichen Nachuntersuchung (§ 35 Abs. 1).
(2) Der Arzt hat eine für den Arbeitgeber bestimmte Bescheinigung darüber auszustellen, daß die Untersuchung stattgefunden hat und darin die Arbeiten zu vermerken, durch deren Ausführung er die Gesundheit oder die Entwicklung des Jugendlichen für gefährdet hält.

**§ 40 Bescheinigung mit Gefährdungsvermerk** (1) Enthält die Bescheinigung des Arztes (§ 39 Abs. 2) einen Vermerk über Arbeiten, durch deren Ausführung er die Gesundheit oder die Entwicklung des Jugendlichen für gefährdet hält, so darf der Jugendliche mit solchen Arbeiten nicht beschäftigt werden.
(2) Die Aufsichtsbehörde kann die Beschäftigung des Jugendlichen mit den in der Bescheinigung des Arztes (§ 39 Abs. 2) vermerkten Arbeiten im Einvernehmen mit einem Arzt zulassen und die Zulassung mit Auflagen verbinden.

**§ 41 Aufbewahren der ärztlichen Bescheinigungen** (1) Der Arbeitgeber hat die ärztlichen Bescheinigungen bis zur Beendigung der Beschäftigung, längstens jedoch bis zur Vollendung des 18. Lebensjahrs des Jugendlichen aufzubewahren und der

Aufsichtsbehörde sowie der Berufsgenossenschaft auf Verlangen zur Einsicht vorzulegen oder einzusenden.
(2) Scheidet der Jugendliche aus dem Beschäftigungsverhältnis aus, so hat ihm der Arbeitgeber die Bescheinigungen auszuhändigen.

**§ 42 Eingreifen der Aufsichtsbehörde** Die Aufsichtsbehörde hat, wenn die dem Jugendlichen übertragenen Arbeiten Gefahren für seine Gesundheit befürchten lassen, dies dem Personensorgeberechtigten und dem Arbeitgeber mitzuteilen und den Jugendlichen aufzufordern, sich durch einen von ihr ermächtigten Arzt untersuchen zu lassen.

**§ 43 Freistellung für Untersuchungen** Der Arbeitgeber hat den Jugendlichen für die Durchführung der ärztlichen Untersuchungen nach diesem Abschnitt freizustellen. Ein Entgeltausfall darf hierdurch nicht eintreten.

**§ 44 Kosten der Untersuchungen** Die Kosten der Untersuchungen trägt das Land.

**§ 45 Gegenseitige Unterrichtung der Ärzte** (1) Die Ärzte, die Untersuchungen nach diesem Abschnitt vorgenommen haben, müssen, wenn der Personensorgeberechtigte und der Jugendliche damit einverstanden sind,
1. dem staatlichen Gewerbearzt,
2. dem Arzt, der einen Jugendlichen nach diesem Abschnitt nachuntersucht, auf Verlangen die Aufzeichnungen über die Untersuchungsbefunde zur Einsicht aushändigen.
(2) Unter den Voraussetzungen des Absatzes 1 kann der Amtsarzt des Gesundheitsamts einem Arzt, der einen Jugendlichen nach diesem Abschnitt untersucht, Einsicht in andere in seiner Dienststelle vorhandene Unterlagen über Gesundheit und Entwicklung des Jugendlichen gewähren.

**§ 46 Ermächtigungen** (1) Das Bundesministerium für Arbeit und Soziales kann zum Zweck einer gleichmäßigen und wirksamen gesundheitlichen Betreuung durch Rechtsverordnung mit Zustimmung des Bundesrates Vorschriften über die Durchführung der ärztlichen Untersuchungen und über die für die Aufzeichnungen der Untersuchungsbefunde, die Bescheinigungen und Mitteilungen zu verwendenden Vordrucke erlassen.
(2) Die Landesregierung kann durch Rechtsverordnung 1. zur Vermeidung von mehreren Untersuchungen innerhalb eines kurzen Zeitraums aus verschiedenen Anlässen bestimmen, daß die Untersuchungen nach den §§ 32 bis 34 zusammen mit Untersuchungen nach anderen Vorschriften durchzuführen sind, und hierbei von der Frist des § 32 Abs. 1 Nr. 1 bis zu drei Monaten abweichen,
2. zur Vereinfachung der Abrechnung
a) Pauschbeträge für die Kosten der ärztlichen Untersuchungen im Rahmen der geltenden Gebührenordnungen festsetzen,
b) Vorschriften über die Erstattung der Kosten beim Zusammentreffen mehrerer Untersuchungen nach Nummer 1 erlassen.

**§ 47 Bekanntgabe des Gesetzes und der Aufsichtsbehörde** Arbeitgeber, die regelmäßig mindestens einen Jugendlichen beschäftigen, haben einen Abdruck dieses Gesetzes und die Anschrift der zuständigen Aufsichtsbehörde an geeigneter Stelle im Betrieb zur Einsicht auszulegen oder auszuhängen.

**§ 48 Aushang über Arbeitszeit und Pausen** Arbeitgeber, die regelmäßig mindestens drei Jugendliche beschäftigen, haben einen Aushang über Beginn und Ende der regelmäßigen täglichen Arbeitszeit und der Pausen der Jugendlichen an geeigneter Stelle im Betrieb anzubringen.

**§ 49 Verzeichnisse der Jugendlichen** Arbeitgeber haben Verzeichnisse der bei ihnen beschäftigten Jugendlichen unter Angabe des Vor- und Familiennamens, des Geburtsdatums und der Wohnanschrift zu führen, in denen das Datum des Beginns der Beschäftigung bei ihnen, bei einer Beschäftigung unter Tage auch das Datum des Beginns dieser Beschäftigung, enthalten ist.

**§ 50 Auskunft, Vorlage der Verzeichnisse** (1) Der Arbeitgeber ist verpflichtet, der Aufsichtsbehörde auf Verlangen

1. die zur Erfüllung ihrer Aufgaben erforderlichen Angaben wahrheitsgemäß und vollständig zu machen,
2. die Verzeichnisse gemäß § 49, die Unterlagen, aus denen Name, Beschäftigungsart und -zeiten der Jugendlichen sowie Lohn- und Gehaltszahlungen ersichtlich sind, und alle sonstigen Unterlagen, die sich auf die nach Nummer 1 zu machenden Angaben beziehen, zur Einsicht vorzulegen oder einzusenden.

(2) Die Verzeichnisse und Unterlagen sind mindestens bis zum Ablauf von zwei Jahren nach der letzten Eintragung aufzubewahren.

**§ 51 Aufsichtsbehörde, Besichtigungsrechte und Berichtspflicht** (1) Die Aufsicht über die Ausführung dieses Gesetzes und der auf Grund dieses Gesetzes erlassenen Rechtsverordnungen obliegt der nach Landesrecht zuständigen Behörde (Aufsichtsbehörde). Die Landesregierung kann durch Rechtsverordnung die Aufsicht über die Ausführung dieser Vorschriften in Familienhaushalten auf gelegentliche Prüfungen beschränken.

(2) Die Beauftragten der Aufsichtsbehörde sind berechtigt, die Arbeitsstätten während der üblichen Betriebs- und Arbeitszeit zu betreten und zu besichtigen; außerhalb dieser Zeit oder wenn sich die Arbeitsstätten in einer Wohnung befinden, dürfen sie nur zur Verhütung von dringenden Gefahren für die öffentliche Sicherheit und Ordnung betreten und besichtigt werden. Der Arbeitgeber hat das Betreten und Besichtigen der Arbeitsstätten zu gestatten. Das Grundrecht der Unverletzlichkeit der Wohnung (Artikel 13 des Grundgesetzes) wird insoweit eingeschränkt.

(3) Die Aufsichtsbehörden haben im Rahmen der Jahresberichte nach § 139b Abs. 3 der Gewerbeordnung über ihre Aufsichtstätigkeit gemäß Absatz 1 zu berichten.

**§ 52 (weggefallen)**

**§ 53 Mitteilung über Verstöße** Die Aufsichtsbehörde teilt schwerwiegende Verstöße gegen die Vorschriften dieses Gesetzes oder gegen die auf Grund dieses Gesetzes erlassenen Rechtsverordnungen der nach dem Berufsbildungsgesetz oder der Handwerksordnung zuständigen Stelle mit. Die zuständige Agentur für Arbeit erhält eine Durchschrift dieser Mitteilung.

**§ 54 Ausnahmebewilligungen** (1) Ausnahmen, die die Aufsichtsbehörde nach diesem Gesetz oder den auf Grund dieses Gesetzes erlassenen Rechtsverordnungen bewilligen kann, sind zu befristen. Die Ausnahmebewilligungen können
1. mit einer Bedingung erlassen werden,
2. mit einer Auflage oder mit einem Vorbehalt der nachträglichen Aufnahme, Änderung oder Ergänzung einer Auflage verbunden werden und
3. jederzeit widerrufen werden.
(2) Ausnahmen können nur für einzelne Beschäftigte, einzelne Betriebe oder einzelne Teile des Betriebs bewilligt werden.
(3) Ist eine Ausnahme für einen Betrieb oder einen Teil des Betriebs bewilligt worden, so hat der Arbeitgeber hierüber an geeigneter Stelle im Betrieb einen Aushang anzubringen.

**§ 55 Bildung des Landesausschusses für Jugendarbeitsschutz** (1) Bei der von der Landesregierung bestimmten obersten Landesbehörde kann ein Landesausschuss für Jugendarbeitsschutz gebildet werden.
(2) Dem Landesausschuß gehören als Mitglieder an:
1. je sechs Vertreter der Arbeitgeber und der Arbeitnehmer,
2. ein Vertreter des Landesjugendrings,
3. ein von der Bundesagentur für Arbeit benannter Vertreter und je ein Vertreter des Landesjugendamts, der für das Gesundheitswesen zuständigen obersten Landesbehörde und der für die berufsbildenden Schulen zuständigen obersten Landesbehörde und
4. ein Arzt.
(3) Die Mitglieder des Landesausschusses werden von der von der Landesregierung bestimmten obersten Landesbehörde berufen, die Vertreter der Arbeitgeber und Arbeitnehmer auf Vorschlag der auf Landesebene bestehenden Arbeitgeberverbände und Gewerkschaften, der Arzt auf Vorschlag der Landesärztekammer, die übrigen Vertreter auf Vorschlag der in Absatz 2 Nr. 2 und 3 genannten Stellen.
(4) Die Tätigkeit im Landesausschuß ist ehrenamtlich. Für bare Auslagen und für Entgeltausfall ist, soweit eine Entschädigung nicht von anderer Seite gewährt wird, eine angemessene Entschädigung zu zahlen, deren Höhe nach Landesrecht oder von der von der Landesregierung bestimmten obersten Landesbehörde festgesetzt wird.
(5) Die Mitglieder können nach Anhören der an ihrer Berufung beteiligten Stellen aus wichtigem Grund abberufen werden.
(6) Die Mitglieder haben Stellvertreter. Die Absätze 2 bis 5 gelten für die Stellvertreter entsprechend.

(7) Der Landesausschuß wählt aus seiner Mitte einen Vorsitzenden und dessen Stellvertreter. Der Vorsitzende und sein Stellvertreter sollen nicht derselben Mitgliedergruppe angehören.

(8) Der Landesausschuß gibt sich eine Geschäftsordnung. Die Geschäftsordnung kann die Bildung von Unterausschüssen vorsehen und bestimmen, daß ihnen ausnahmsweise nicht nur Mitglieder des Landesausschusses angehören. Absatz 4 Satz 2 gilt für die Unterausschüsse hinsichtlich der Entschädigung entsprechend. An den Sitzungen des Landesausschusses und der Unterausschüsse können Vertreter der beteiligten obersten Landesbehörden teilnehmen.

**§ 56 Bildung des Ausschusses für Jugendarbeitsschutz bei der Aufsichtsbehörde** (1) Bei der Aufsichtsbehörde kann ein Ausschuss für Jugendarbeitsschutz gebildet werden. In Städten, in denen mehrere Aufsichtsbehörden ihren Sitz haben, kann ein gemeinsamer Ausschuss für Jugendarbeitsschutz gebildet werden. In Ländern, in denen nicht mehr als zwei Aufsichtsbehörden eingerichtet sind, kann der Landesausschuss für Jugendarbeitsschutz die Aufgaben dieses Ausschusses übernehmen.

(2) Dem Ausschuß gehören als Mitglieder an:

1. je sechs Vertreter der Arbeitgeber und der Arbeitnehmer,
2. ein Vertreter des im Bezirk der Aufsichtsbehörde wirkenden Jugendrings,
3. je ein Vertreter eines Arbeits-, Jugend- und Gesundheitsamts,
4. ein Arzt und ein Lehrer an einer berufsbildenden Schule.

(3) Die Mitglieder des Jugendarbeitsschutzausschusses werden von der Aufsichtsbehörde berufen, die Vertreter der Arbeitgeber und Arbeitnehmer auf Vorschlag der im Aufsichtsbezirk bestehenden Arbeitgeberverbände und Gewerkschaften, der Arzt auf Vorschlag der Ärztekammer, der Lehrer auf Vorschlag der nach Landesrecht zuständigen Behörde, die übrigen Vertreter auf Vorschlag der in Absatz 2 Nr. 2 und 3 genannten Stellen. § 55 Abs. 4 bis 8 gilt mit der Maßgabe entsprechend, daß die Entschädigung von der Aufsichtsbehörde mit Genehmigung der von der Landesregierung bestimmten obersten Landesbehörde festgesetzt wird.

**§ 57 Aufgaben der Ausschüsse**

(1) Der Landesausschuss berät die oberste Landesbehörde in allen allgemeinen Angelegenheiten des Jugendarbeitsschutzes und macht Vorschläge für die Durchführung dieses Gesetzes. Er klärt über Inhalt und Ziel des Jugendarbeitsschutzes auf.

(2) Die oberste Landesbehörde beteiligt den Landesausschuss in Angelegenheiten von besonderer Bedeutung, insbesondere vor Erlass von Rechtsvorschriften zur Durchführung dieses Gesetzes.

(3) Der Landesausschuss hat über seine Tätigkeit im Zusammenhang mit dem Bericht der Aufsichtsbehörden nach § 51 Abs. 3 zu berichten.

(4) Der Ausschuss für Jugendarbeitsschutz bei der Aufsichtsbehörde berät diese in allen allgemeinen Angelegenheiten des Jugendarbeitsschutzes und macht dem Landesausschuss Vorschläge für die Durchführung dieses Gesetzes. Er klärt über Inhalt und Ziel des Jugendarbeitsschutzes auf.

**§ 58 Bußgeld- und Strafvorschriften** (1) Ordnungswidrig handelt, wer als Arbeitgeber vorsätzlich oder fahrlässig

1. entgegen § 5 Abs. 1, auch in Verbindung mit § 2 Abs. 3, ein Kind oder einen Jugendlichen, der der Vollzeitschulpflicht unterliegt, beschäftigt,
2. entgegen § 5 Abs. 3 Satz 1 oder Satz 3, jeweils auch in Verbindung mit § 2 Abs. 3, ein Kind über 13 Jahre oder einen Jugendlichen, der der Vollzeitschulpflicht unterliegt, in anderer als der zugelassenen Weise beschäftigt,
3. (weggefallen)
4. entgegen § 7 Satz 1 Nr. 2, auch in Verbindung mit einer Rechtsverordnung nach § 26 Nr. 1, ein Kind, das der Vollzeitschulpflicht nicht mehr unterliegt, in anderer als der zugelassenen Weise beschäftigt,
5. entgegen § 8 einen Jugendlichen über die zulässige Dauer der Arbeitszeit hinaus beschäftigt,
6. entgegen § 9 Absatz 1 einen Jugendlichen beschäftigt oder nicht freistellt,
7. entgegen § 10 Abs. 1 einen Jugendlichen für die Teilnahme an Prüfungen oder Ausbildungsmaßnahmen oder an dem Arbeitstag, der der schriftlichen Abschlußprüfung unmittelbar vorangeht, nicht freistellt,
8. entgegen § 11 Abs. 1 oder 2 Ruhepausen nicht, nicht mit der vorgeschriebenen Mindestdauer oder nicht in der vorgeschriebenen zeitlichen Lage gewährt,
9. entgegen § 12 einen Jugendlichen über die zulässige Schichtzeit hinaus beschäftigt,
10. entgegen § 13 die Mindestfreizeit nicht gewährt,
11. entgegen § 14 Abs. 1 einen Jugendlichen außerhalb der Zeit von 6 bis 20 Uhr oder entgegen § 14 Abs. 7 Satz 3 vor Ablauf der Mindestfreizeit beschäftigt,
12. entgegen § 15 einen Jugendlichen an mehr als fünf Tagen in der Woche beschäftigt,
13. entgegen § 16 Abs. 1 einen Jugendlichen an Samstagen beschäftigt oder entgegen § 16 Abs. 3 Satz 1 den Jugendlichen nicht freistellt,
14. entgegen § 17 Abs. 1 einen Jugendlichen an Sonntagen beschäftigt oder entgegen § 17 Abs. 2 Satz 2 Halbsatz 2 oder Abs. 3 Satz 1 den Jugendlichen nicht freistellt,
15. entgegen § 18 Abs. 1 einen Jugendlichen am 24. oder 31. Dezember nach 14 Uhr oder an gesetzlichen Feiertagen beschäftigt oder entgegen § 18 Abs. 3 nicht freistellt,
16. entgegen § 19 Abs. 1, auch in Verbindung mit Abs. 2 Satz 1 oder 2, oder entgegen § 19 Abs. 3 Satz 2 oder Abs. 4 Satz 2 Urlaub nicht oder nicht mit der vorgeschriebenen Dauer gewährt,
17. entgegen § 21 Abs. 2 die geleistete Mehrarbeit durch Verkürzung der Arbeitszeit nicht ausgleicht,
18. entgegen § 22 Abs. 1, auch in Verbindung mit einer Rechtsverordnung nach § 26 Nr. 1, einen Jugendlichen mit den dort genannten Arbeiten beschäftigt,
19. entgegen § 23 Abs. 1, auch in Verbindung mit einer Rechtsverordnung nach § 26 Nr. 1, einen Jugendlichen mit Arbeiten mit Lohnanreiz, in einer Arbeitsgruppe mit Erwachsenen, deren Entgelt vom Ergebnis ihrer Arbeit abhängt, oder mit tempoabhängigen Arbeiten beschäftigt,
20. entgegen § 24 Abs. 1, auch in Verbindung mit einer Rechtsverordnung nach § 26 Nr. 1, einen Jugendlichen mit Arbeiten unter Tage beschäftigt,

21. entgegen § 31 Abs. 2 Satz 2 einem Jugendlichen ein dort genanntes Getränk, Tabakwaren oder ein dort genanntes Erzeugnis gibt,
22. entgegen § 32 Abs. 1 einen Jugendlichen ohne ärztliche Bescheinigung über die Erstuntersuchung beschäftigt,
23. entgegen § 33 Abs. 3 einen Jugendlichen ohne ärztliche Bescheinigung über die erste Nachuntersuchung weiterbeschäftigt,
24. entgegen § 36 einen Jugendlichen ohne Vorlage der erforderlichen ärztlichen Bescheinigungen beschäftigt,
25. entgegen § 40 Abs. 1 einen Jugendlichen mit Arbeiten beschäftigt, durch deren Ausführung der Arzt nach der von ihm erteilten Bescheinigung die Gesundheit oder die Entwicklung des Jugendlichen für gefährdet hält,
26. einer Rechtsverordnung nach
a) § 26 Nr. 2 oder
b) § 28 Abs. 2
zuwiderhandelt, soweit sie für einen bestimmten Tatbestand auf diese Bußgeldvorschrift verweist,
27. einer vollziehbaren Anordnung der Aufsichtsbehörde nach § 6 Abs. 3, § 27 Abs. 1 Satz 2 oder Abs. 2, § 28 Abs. 3 oder § 30 Abs. 2 zuwiderhandelt,
28. einer vollziehbaren Auflage der Aufsichtsbehörde nach § 6 Abs. 1, § 14 Abs. 7, § 27 Abs. 3 oder § 40 Abs. 2, jeweils in Verbindung mit § 54 Abs. 1, zuwiderhandelt,
29. einer vollziehbaren Anordnung oder Auflage der Aufsichtsbehörde auf Grund einer Rechtsverordnung nach § 26 Nr. 2 oder § 28 Abs. 2 zuwiderhandelt, soweit die Rechtsverordnung für einen bestimmten Tatbestand auf die Bußgeldvorschrift verweist.

(2) Ordnungswidrig handelt, wer vorsätzlich oder fahrlässig entgegen § 25 Abs. 1 Satz 1 oder Abs. 2 Satz 1 einen Jugendlichen beschäftigt, beaufsichtigt, anweist oder ausbildet, obwohl ihm dies verboten ist, oder einen anderen, dem dies verboten ist, mit der Beaufsichtigung, Anweisung oder Ausbildung eines Jugendlichen beauftragt.

(3) Absatz 1 Nr. 4, 6 bis 29 und Absatz 2 gelten auch für die Beschäftigung von Kindern (§ 2 Abs. 1) oder Jugendlichen, die der Vollzeitschulpflicht unterliegen (§ 2 Abs. 3), nach § 5 Abs. 2 Absatz 1 Nr. 6 bis 29 und Absatz 2 gelten auch für die Beschäftigung von Kindern, die der Vollzeitschulpflicht nicht mehr unterliegen, nach § 7.

(4) Die Ordnungswidrigkeit kann mit einer Geldbuße bis zu dreißigtausend Euro geahndet werden.

(5) Wer vorsätzlich eine in Absatz 1, 2 oder 3 bezeichnete Handlung begeht und dadurch ein Kind, einen Jugendlichen oder im Fall des Absatzes 1 Nr. 6 eine Person, die noch nicht 21 Jahre alt ist, in ihrer Gesundheit oder Arbeitskraft gefährdet, wird mit Freiheitsstrafe bis zu einem Jahr oder mit Geldstrafe bestraft. Ebenso wird bestraft, wer eine in Absatz 1, 2 oder 3 bezeichnete Handlung beharrlich wiederholt.

(6) Wer in den Fällen des Absatzes 5 Satz 1 die Gefahr fahrlässig verursacht, wird mit Freiheitsstrafe bis zu sechs Monaten oder mit Geldstrafe bis zu einhundertachtzig Tagessätzen bestraft.

**§ 59 Bußgeldvorschriften** (1) Ordnungswidrig handelt, wer als Arbeitgeber vorsätzlich oder fahrlässig

1. entgegen § 6 Abs. 4 Satz 2 ein Kind vor Erhalt des Bewilligungsbescheids beschäftigt,
2. entgegen § 11 Abs. 3 den Aufenthalt in Arbeitsräumen gestattet,
2a. entgegen § 20 Absatz 2 Satz 1 eine Aufzeichnung nicht oder nicht richtig führt,
2b. entgegen § 20 Absatz 2 Satz 3 eine Aufzeichnung nicht oder nicht mindestens zwölf Monate aufbewahrt,
3. entgegen § 29 einen Jugendlichen über Gefahren nicht, nicht richtig oder nicht rechtzeitig unterweist,
4. entgegen § 33 Abs. 2 Satz 1 einen Jugendlichen nicht oder nicht rechtzeitig zur Vorlage einer ärztlichen Bescheinigung auffordert,
5. entgegen § 41 die ärztliche Bescheinigung nicht aufbewahrt, vorlegt, einsendet oder aushändigt,
6. entgegen § 43 Satz 1 einen Jugendlichen für ärztliche Untersuchungen nicht freistellt,
7. entgegen § 47 einen Abdruck des Gesetzes oder die Anschrift der zuständigen Aufsichtsbehörde nicht auslegt oder aushängt,
8. entgegen § 48 Arbeitszeit und Pausen nicht oder nicht in der vorgeschriebenen Weise aushängt,
9. entgegen § 49 ein Verzeichnis nicht oder nicht in der vorgeschriebenen Weise führt,
10. entgegen § 50 Abs. 1 Angaben nicht, nicht richtig oder nicht vollständig macht oder Verzeichnisse oder Unterlagen nicht vorlegt oder einsendet oder entgegen § 50 Abs. 2 Verzeichnisse oder Unterlagen nicht oder nicht vorschriftsmäßig aufbewahrt,
11. entgegen § 51 Abs. 2 Satz 2 das Betreten oder Besichtigen der Arbeitsstätten nicht gestattet,
12. entgegen § 54 Abs. 3 einen Aushang nicht anbringt.

(2) Absatz 1 Nr. 2 bis 6 gilt auch für die Beschäftigung von Kindern (§ 2 Abs. 1 und 3) nach § 5 Abs. 2 Satz 1.

(3) Die Ordnungswidrigkeit kann mit einer Geldbuße bis zu fünftausend Euro geahndet werden.

**§ 60 Verwaltungsvorschriften für die Verfolgung und Ahndung von Ordnungswidrigkeiten** Der Bundesminister für Arbeit und Sozialordnung kann mit Zustimmung des Bundesrates allgemeine Verwaltungsvorschriften für die Verfolgung und Ahndung von Ordnungswidrigkeiten nach §§ 58 und 59 durch die Verwaltungsbehörde (§ 35 des Gesetzes über Ordnungswidrigkeiten) und über die Erteilung einer Verwarnung (§§ 56, 58 Abs. 2 des Gesetzes über Ordnungswidrigkeiten) wegen einer Ordnungswidrigkeit nach §§ 58 und 59 erlassen.

## 3.12. Gesetz zum Schutz von Müttern bei der Arbeit, in der Ausbildung und im Studium (Mutterschutzgesetz – MuSchG) (Auszug)

**§ 1 Anwendungsbereich, Ziel des Mutterschutzes** Dieses Gesetz gilt

(1) Dieses Gesetz schützt die Gesundheit der Frau und ihres Kindes am Arbeits-, Ausbildungs- und Studienplatz während der Schwangerschaft, nach der Entbindung und in der Stillzeit. Das Gesetz ermöglicht es der Frau, ihre Beschäftigung oder sonstige Tätigkeit in dieser Zeit ohne Gefährdung ihrer Gesundheit oder der ihres Kindes fortzusetzen und wirkt Benachteiligungen während der Schwangerschaft, nach der Entbindung und in der Stillzeit entgegen. Regelungen in anderen Arbeitsschutzgesetzen bleiben unberührt.

(2) Dieses Gesetz gilt für Frauen in einer Beschäftigung im Sinne von § 7 Absatz 1 des Vierten Buches Sozialgesetzbuch. Unabhängig davon, ob ein solches Beschäftigungsverhältnis vorliegt, gilt dieses Gesetz auch für

1. Frauen in betrieblicher Berufsbildung und Praktikantinnen im Sinne von § 26 des Berufsbildungsgesetzes,
2. Frauen mit Behinderung, die in einer Werkstatt für behinderte Menschen beschäftigt sind,
3. Frauen, die als Entwicklungshelferinnen im Sinne des Entwicklungshelfer-Gesetzes tätig sind, jedoch mit der Maßgabe, dass die §§ 18 bis 22 auf sie nicht anzuwenden sind,
4. Frauen, die als Freiwillige im Sinne des Jugendfreiwilligendienstegesetzes oder des Bundesfreiwilligendienstgesetzes tätig sind,
5. Frauen, die als Mitglieder einer geistlichen Genossenschaft, Diakonissen oder Angehörige einer ähnlichen Gemeinschaft auf einer Planstelle oder aufgrund eines Gestellungsvertrages für diese tätig werden, auch während der Zeit ihrer dortigen außerschulischen Ausbildung,
6. Frauen, die in Heimarbeit beschäftigt sind, und ihnen Gleichgestellte im Sinne von § 1 Absatz 1 und 2 des Heimarbeitsgesetzes, soweit sie am Stück mitarbeiten, jedoch mit der Maßgabe, dass die §§ 10 und 14 auf sie nicht anzuwenden sind und § 9 Absatz 1 bis 5 auf sie entsprechend anzuwenden ist,
7. Frauen, die wegen ihrer wirtschaftlichen Unselbstständigkeit als arbeitnehmerähnliche Person anzusehen sind, jedoch mit der Maßgabe, dass die §§ 18, 19 Absatz 2 und § 20 auf sie nicht anzuwenden sind, und
8. Schülerinnen und Studentinnen, soweit die Ausbildungsstelle Ort, Zeit und Ablauf der Ausbildungsveranstaltung verpflichtend vorgibt oder die ein im Rahmen der schulischen oder hochschulischen Ausbildung verpflichtend vorgegebenes Praktikum ableisten, jedoch mit der Maßgabe, dass die §§ 17 bis 24 auf sie nicht anzuwenden sind.

(3) Das Gesetz gilt nicht für Beamtinnen und Richterinnen. Das Gesetz gilt ebenso nicht für Soldatinnen, auch soweit die Voraussetzungen des Absatzes 2 erfüllt sind, es sei denn, sie werden aufgrund dienstlicher Anordnung oder Gestattung außerhalb des Geschäftsbereiches des Bundesministeriums der Verteidigung tätig.

(4) Dieses Gesetz gilt für jede Person, die schwanger ist, ein Kind geboren hat oder stillt. Die Absätze 2 und 3 gelten entsprechend.

**§ 2 Begriffsbestimmungen** (1) Arbeitgeber im Sinne dieses Gesetzes ist die natürliche oder juristische Person oder die rechtsfähige Personengesellschaft, die Personen nach § 1 Absatz 2 Satz 1 beschäftigt. Dem Arbeitgeber stehen gleich:

1. die natürliche oder juristische Person oder die rechtsfähige Personengesellschaft, die Frauen im Fall von § 1 Absatz 2 Satz 2 Nummer 1 ausbildet oder für die Praktikantinnen im Fall von § 1 Absatz 2 Satz 2 Nummer 1 tätig sind,
2. der Träger der Werkstatt für behinderte Menschen im Fall von § 1 Absatz 2 Satz 2 Nummer 2,
3. der Träger des Entwicklungsdienstes im Fall von § 1 Absatz 2 Satz 2 Nummer 3,
4. die Einrichtung, in der der Freiwilligendienst nach dem Jugendfreiwilligendienstegesetz oder nach dem Bundesfreiwilligendienstgesetz im Fall von § 1 Absatz 2 Satz 2 Nummer 4 geleistet wird,
5. die geistliche Genossenschaft und ähnliche Gemeinschaft im Fall von § 1 Absatz 2 Satz 2 Nummer 5,
6. der Auftraggeber und der Zwischenmeister von Frauen im Fall von § 1 Absatz 2 Satz 2 Nummer 6,
7. die natürliche oder juristische Person oder die rechtsfähige Personengesellschaft, für die Frauen im Sinne von § 1 Absatz 2 Satz 2 Nummer 7 tätig sind, und
8. die natürliche oder juristische Person oder die rechtsfähige Personengesellschaft, mit der das Ausbildungs- oder Praktikumsverhältnis im Fall von § 1 Absatz 2 Satz 2 Nummer 8 besteht (Ausbildungsstelle).

(2) Eine Beschäftigung im Sinne der nachfolgenden Vorschriften erfasst jede Form der Betätigung, die eine Frau im Rahmen eines Beschäftigungsverhältnisses nach § 1 Absatz 2 Satz 1 oder die eine Frau im Sinne von § 1 Absatz 2 Satz 2 im Rahmen ihres Rechtsverhältnisses zu ihrem Arbeitgeber nach § 2 Absatz 1 Satz 2 ausübt.

(3) Ein Beschäftigungsverbot im Sinne dieses Gesetzes ist nur ein Beschäftigungsverbot nach den §§ 3 bis 6, 10 Absatz 3, § 13 Absatz 1 Nummer 3 und § 16. Für eine in Heimarbeit beschäftigte Frau und eine ihr Gleichgestellte tritt an die Stelle des Beschäftigungsverbots das Verbot der Ausgabe von Heimarbeit nach den §§ 3, 8, 13 Absatz 2 und § 16. Für eine Frau, die wegen ihrer wirtschaftlichen Unselbstständigkeit als arbeitnehmerähnliche Person anzusehen ist, tritt an die Stelle des Beschäftigungsverbots nach Satz 1 die Befreiung von der vertraglich vereinbarten Leistungspflicht; die Frau kann sich jedoch gegenüber der dem Arbeitgeber gleichgestellten Person oder Gesellschaft im Sinne von Absatz 1 Satz 2 Nummer 7 dazu bereit erklären, die vertraglich vereinbarte Leistung zu erbringen.

(4) Alleinarbeit im Sinne dieses Gesetzes liegt vor, wenn der Arbeitgeber eine Frau an einem Arbeitsplatz in seinem räumlichen Verantwortungsbereich beschäftigt, ohne dass gewährleistet ist, dass sie jederzeit den Arbeitsplatz verlassen oder Hilfe erreichen kann.

(5) Arbeitsentgelt im Sinne dieses Gesetzes ist das Arbeitsentgelt, das nach § 14 des Vierten Buches Sozialgesetzbuch in Verbindung mit einer aufgrund des § 17 des Vierten Buches Sozialgesetzbuch erlassenen Verordnung bestimmt wird. Für Frauen im Sinne von § 1 Absatz 2 Satz 2 gilt als Arbeitsentgelt ihre jeweilige Vergütung.

**§ 3 Schutzfristen vor und nach der Entbindung** (1) Der Arbeitgeber darf eine schwangere Frau in den letzten sechs Wochen vor der Entbindung nicht beschäftigen (Schutzfrist vor der Entbindung), soweit sie sich nicht zur Arbeitsleistung ausdrücklich bereit erklärt. Sie kann die Erklärung nach Satz 1 jederzeit mit Wirkung für die Zukunft widerrufen. Für die Berechnung der Schutzfrist vor der Entbindung ist der voraussichtliche Tag der Entbindung maßgeblich, wie er sich aus dem ärztlichen Zeugnis oder dem Zeugnis einer Hebamme oder eines Entbindungspflegers ergibt. Entbindet eine Frau nicht am voraussichtlichen Tag, verkürzt oder verlängert sich die Schutzfrist vor der Entbindung entsprechend.
(2) Der Arbeitgeber darf eine Frau bis zum Ablauf von acht Wochen nach der Entbindung nicht beschäftigen (Schutzfrist nach der Entbindung). Die Schutzfrist nach der Entbindung verlängert sich auf zwölf Wochen
1. bei Frühgeburten,
2. bei Mehrlingsgeburten und,
3. wenn vor Ablauf von acht Wochen nach der Entbindung bei dem Kind eine Behinderung im Sinne von § 2 Absatz 1 Satz 1 des Neunten Buches Sozialgesetzbuch ärztlich festgestellt wird.
Bei vorzeitiger Entbindung verlängert sich die Schutzfrist nach der Entbindung nach Satz 1 oder nach Satz 2 um den Zeitraum der Verkürzung der Schutzfrist vor der Entbindung nach Absatz 1 Satz 4. Nach Satz 2 Nummer 3 verlängert sich die Schutzfrist nach der Entbindung nur, wenn die Frau dies beantragt.
(3) Die Ausbildungsstelle darf eine Frau im Sinne von § 1 Absatz 2 Satz 2 Nummer 8 bereits in der Schutzfrist nach der Entbindung im Rahmen der schulischen oder hochschulischen Ausbildung tätig werden lassen, wenn die Frau dies ausdrücklich gegenüber ihrer Ausbildungsstelle verlangt. Die Frau kann ihre Erklärung jederzeit mit Wirkung für die Zukunft widerrufen.
(4) Der Arbeitgeber darf eine Frau nach dem Tod ihres Kindes bereits nach Ablauf der ersten zwei Wochen nach der Entbindung beschäftigen, wenn
1. die Frau dies ausdrücklich verlangt und
2. nach ärztlichem Zeugnis nichts dagegenspricht.
Sie kann ihre Erklärung nach Satz 1 Nummer 1 jederzeit mit Wirkung für die Zukunft widerrufen.

**§ 4 Verbot der Mehrarbeit; Ruhezeit** (1) Der Arbeitgeber darf eine schwangere oder stillende Frau, die 18 Jahre oder älter ist, nicht mit einer Arbeit beschäftigen, die die Frau über achteinhalb Stunden täglich oder über 90 Stunden in der Doppelwoche hinaus zu leisten hat. Eine schwangere oder stillende Frau unter 18 Jahren darf der Arbeitgeber nicht mit einer Arbeit beschäftigen, die die Frau über acht Stunden täglich oder über 80 Stunden in der Doppelwoche hinaus zu leisten hat. In die Doppelwoche werden die Sonntage eingerechnet. Der Arbeitgeber darf eine schwangere oder stillende Frau nicht in einem Umfang beschäftigen, der die vertraglich vereinbarte wöchentliche Arbeitszeit im Durchschnitt des Monats übersteigt. Bei mehreren Arbeitgebern sind die Arbeitszeiten zusammenzurechnen.

(2) Der Arbeitgeber muss der schwangeren oder stillenden Frau nach Beendigung der täglichen Arbeitszeit eine ununterbrochene Ruhezeit von mindestens elf Stunden gewähren.

**§ 5 Verbot der Nachtarbeit** (1) Der Arbeitgeber darf eine schwangere oder stillende Frau nicht zwischen 20 Uhr und 6 Uhr beschäftigen. Er darf sie bis 22 Uhr beschäftigen, wenn die Voraussetzungen des § 28 erfüllt sind.

(2) Die Ausbildungsstelle darf eine schwangere oder stillende Frau im Sinne von § 1 Absatz 2 Satz 2 Nummer 8 nicht zwischen 20 Uhr und 6 Uhr im Rahmen der schulischen oder hochschulischen Ausbildung tätig werden lassen. Die Ausbildungsstelle darf sie an Ausbildungsveranstaltungen bis 22 Uhr teilnehmen lassen, wenn

1. sich die Frau dazu ausdrücklich bereit erklärt,
2. die Teilnahme zu Ausbildungszwecken zu dieser Zeit erforderlich ist und
3. insbesondere eine unverantwortbare Gefährdung für die schwangere Frau oder ihr Kind durch Alleinarbeit ausgeschlossen ist.

Die schwangere oder stillende Frau kann ihre Erklärung nach Satz 2 Nummer 1 jederzeit mit Wirkung für die Zukunft widerrufen.

**§ 6 Verbot der Sonn- und Feiertagsarbeit** (1) Der Arbeitgeber darf eine schwangere oder stillende Frau nicht an Sonn- und Feiertagen beschäftigen. Er darf sie an Sonn- und Feiertagen nur dann beschäftigen, wenn

1. sich die Frau dazu ausdrücklich bereit erklärt,
2. eine Ausnahme vom allgemeinen Verbot der Arbeit an Sonn- und Feiertagen nach § 10 des Arbeitszeitgesetzes zugelassen ist,
3. der Frau in jeder Woche im Anschluss an eine ununterbrochene Nachtruhezeit von mindestens elf Stunden ein Ersatzruhetag gewährt wird und
4. insbesondere eine unverantwortbare Gefährdung für die schwangere Frau oder ihr Kind durch Alleinarbeit ausgeschlossen ist.

Die schwangere oder stillende Frau kann ihre Erklärung nach Satz 2 Nummer 1 jederzeit mit Wirkung für die Zukunft widerrufen.

(2) Die Ausbildungsstelle darf eine schwangere oder stillende Frau im Sinne von § 1 Absatz 2 Satz 2 Nummer 8 nicht an Sonn- und Feiertagen im Rahmen der schulischen oder hochschulischen Ausbildung tätig werden lassen. Die Ausbildungsstelle darf sie an Ausbildungsveranstaltungen an Sonn- und Feiertagen teilnehmen lassen, wenn

1. sich die Frau dazu ausdrücklich bereit erklärt,
2. die Teilnahme zu Ausbildungszwecken zu dieser Zeit erforderlich ist,
3. der Frau in jeder Woche im Anschluss an eine ununterbrochene Nachtruhezeit von mindestens elf Stunden ein Ersatzruhetag gewährt wird und
4. insbesondere eine unverantwortbare Gefährdung für die schwangere Frau oder ihr Kind durch Alleinarbeit ausgeschlossen ist.

Die schwangere oder stillende Frau kann ihre Erklärung nach Satz 2 Nummer 1 jederzeit mit Wirkung für die Zukunft widerrufen.

**§ 7 Freistellung für Untersuchungen und zum Stillen** (1) Der Arbeitgeber hat eine Frau für die Zeit freizustellen, die zur Durchführung der Untersuchungen im Rahmen der Leistungen der gesetzlichen Krankenversicherung bei Schwangerschaft und Mutterschaft erforderlich sind. Entsprechendes gilt zugunsten einer Frau, die nicht in der gesetzlichen Krankenversicherung versichert ist.
(2) Der Arbeitgeber hat eine stillende Frau auf ihr Verlangen während der ersten zwölf Monate nach der Entbindung für die zum Stillen erforderliche Zeit freizustellen, mindestens aber zweimal täglich für eine halbe Stunde oder einmal täglich für eine Stunde. Bei einer zusammenhängenden Arbeitszeit von mehr als acht Stunden soll auf Verlangen der Frau zweimal eine Stillzeit von mindestens 45 Minuten oder, wenn in der Nähe der Arbeitsstätte keine Stillgelegenheit vorhanden ist, einmal eine Stillzeit von mindestens 90 Minuten gewährt werden. Die Arbeitszeit gilt als zusammenhängend, wenn sie nicht durch eine Ruhepause von mehr als zwei Stunden unterbrochen wird.

**§ 8 Beschränkung von Heimarbeit** (1) Der Auftraggeber oder Zwischenmeister darf Heimarbeit an eine schwangere in Heimarbeit beschäftigte Frau oder an eine ihr Gleichgestellte nur in solchem Umfang und mit solchen Fertigungsfristen ausgeben, dass die Arbeit werktags während einer achtstündigen Tagesarbeitszeit ausgeführt werden kann.
(2) Der Auftraggeber oder Zwischenmeister darf Heimarbeit an eine stillende in Heimarbeit beschäftigte Frau oder an eine ihr Gleichgestellte nur in solchem Umfang und mit solchen Fertigungsfristen ausgeben, dass die Arbeit werktags während einer siebenstündigen Tagesarbeitszeit ausgeführt werden kann.

**§ 9 Gestaltung der Arbeitsbedingungen; unverantwortbare Gefährdung** (1) Der Arbeitgeber hat bei der Gestaltung der Arbeitsbedingungen einer schwangeren oder stillenden Frau alle aufgrund der Gefährdungsbeurteilung nach § 10 erforderlichen Maßnahmen für den Schutz ihrer physischen und psychischen Gesundheit sowie der ihres Kindes zu treffen. Er hat die Maßnahmen auf ihre Wirksamkeit zu überprüfen und erforderlichenfalls den sich ändernden Gegebenheiten anzupassen. Soweit es nach den Vorschriften dieses Gesetzes verantwortbar ist, ist der Frau auch während der Schwangerschaft, nach der Entbindung und in der Stillzeit die Fortführung ihrer Tätigkeiten zu ermöglichen. Nachteile aufgrund der Schwangerschaft, der Entbindung oder der Stillzeit sollen vermieden oder ausgeglichen werden.
(2) Der Arbeitgeber hat die Arbeitsbedingungen so zu gestalten, dass Gefährdungen einer schwangeren oder stillenden Frau oder ihres Kindes möglichst vermieden werden und eine unverantwortbare Gefährdung ausgeschlossen wird. Eine Gefährdung ist unverantwortbar, wenn die Eintrittswahrscheinlichkeit einer Gesundheitsbeeinträchtigung angesichts der zu erwartenden Schwere des möglichen Gesundheitsschadens nicht hinnehmbar ist. Eine unverantwortbare Gefährdung gilt als ausgeschlossen, wenn der Arbeitgeber alle Vorgaben einhält, die aller Wahrscheinlichkeit nach dazu führen, dass die Gesundheit einer schwangeren oder stillenden Frau oder ihres Kindes nicht beeinträchtigt wird.

(3) Der Arbeitgeber hat sicherzustellen, dass die schwangere oder stillende Frau ihre Tätigkeit am Arbeitsplatz, soweit es für sie erforderlich ist, kurz unterbrechen kann. Er hat darüber hinaus sicherzustellen, dass sich die schwangere oder stillende Frau während der Pausen und Arbeitsunterbrechungen unter geeigneten Bedingungen hinlegen, hinsetzen und ausruhen kann.
(4) Alle Maßnahmen des Arbeitgebers nach diesem Unterabschnitt sowie die Beurteilung der Arbeitsbedingungen nach § 10 müssen dem Stand der Technik, der Arbeitsmedizin und der Hygiene sowie den sonstigen gesicherten wissenschaftlichen Erkenntnissen entsprechen. Der Arbeitgeber hat bei seinen Maßnahmen die vom Ausschuss für Mutterschutz ermittelten und nach § 30 Absatz 4 im Gemeinsamen Ministerialblatt veröffentlichten Regeln und Erkenntnisse zu berücksichtigen; bei Einhaltung dieser Regeln und bei Beachtung dieser Erkenntnisse ist davon auszugehen, dass die in diesem Gesetz gestellten Anforderungen erfüllt sind.
(5) Der Arbeitgeber kann zuverlässige und fachkundige Personen schriftlich damit beauftragen, ihm obliegende Aufgaben nach diesem Unterabschnitt in eigener Verantwortung wahrzunehmen.
(6) Kosten für Maßnahmen nach diesem Gesetz darf der Arbeitgeber nicht den Personen auferlegen, die bei ihm beschäftigt sind. Die Kosten für Zeugnisse und Bescheinigungen, die die schwangere oder stillende Frau auf Verlangen des Arbeitgebers vorzulegen hat, trägt der Arbeitgeber.

**§ 10 Beurteilung der Arbeitsbedingungen; Schutzmaßnahmen** ((1) Im Rahmen der Beurteilung der Arbeitsbedingungen nach § 5 des Arbeitsschutzgesetzes hat der Arbeitgeber für jede Tätigkeit
1. die Gefährdungen nach Art, Ausmaß und Dauer zu beurteilen, denen eine schwangere oder stillende Frau oder ihr Kind ausgesetzt ist oder sein kann, und
2. unter Berücksichtigung des Ergebnisses der Beurteilung der Gefährdung nach Nummer 1 zu ermitteln, ob für eine schwangere oder stillende Frau oder ihr Kind voraussichtlich
a) keine Schutzmaßnahmen erforderlich sein werden,
b) eine Umgestaltung der Arbeitsbedingungen nach § 13 Absatz 1 Nummer 1 erforderlich sein wird oder
c) eine Fortführung der Tätigkeit der Frau an diesem Arbeitsplatz nicht möglich sein wird.
Bei gleichartigen Arbeitsbedingungen ist die Beurteilung eines Arbeitsplatzes oder einer Tätigkeit ausreichend.
(2) Sobald eine Frau dem Arbeitgeber mitgeteilt hat, dass sie schwanger ist oder stillt, hat der Arbeitgeber unverzüglich die nach Maßgabe der Gefährdungsbeurteilung nach Absatz 1 erforderlichen Schutzmaßnahmen festzulegen. Zusätzlich hat der Arbeitgeber der Frau ein Gespräch über weitere Anpassungen ihrer Arbeitsbedingungen anzubieten.
(3) Der Arbeitgeber darf eine schwangere oder stillende Frau nur diejenigen Tätigkeiten ausüben lassen, für die er die erforderlichen Schutzmaßnahmen nach Absatz 2 Satz 1 getroffen hat.

**§ 11 Unzulässige Tätigkeiten und Arbeitsbedingungen für schwangere Frauen** (1) Der Arbeitgeber darf eine schwangere Frau keine Tätigkeiten ausüben lassen und sie keinen Arbeitsbedingungen aussetzen, bei denen sie in einem Maß Gefahrstoffen ausgesetzt ist oder sein kann, dass dies für sie oder für ihr Kind eine unverantwortbare Gefährdung darstellt. Eine unverantwortbare Gefährdung im Sinne von Satz 1 liegt insbesondere vor, wenn die schwangere Frau Tätigkeiten ausübt oder Arbeitsbedingungen ausgesetzt ist, bei denen sie folgenden Gefahrstoffen ausgesetzt ist oder sein kann:

1. Gefahrstoffen, die nach den Kriterien des Anhangs I zur Verordnung (EG) Nr. 1272/2008 des Europäischen Parlaments und des Rates vom 16. Dezember 2008 über die Einstufung, Kennzeichnung und Verpackung von Stoffen und Gemischen, zur Änderung und Aufhebung der Richtlinien 67/548/EWG und 1999/45/EG und zur Änderung der Verordnung (EG) Nr. 1907/2006 (ABl. L 353 vom 31.12.2008, S. 1) zu bewerten sind
a) als reproduktionstoxisch nach der Kategorie 1A, 1B oder 2 oder nach der Zusatzkategorie für Wirkungen auf oder über die Laktation,
b) als keimzellmutagen nach der Kategorie 1A oder 1B,
c) als karzinogen nach der Kategorie 1A oder 1B,
d) als spezifisch zielorgantoxisch nach einmaliger Exposition nach der Kategorie 1 oder
e) als akut toxisch nach der Kategorie 1, 2 oder 3,
2. Blei und Bleiderivaten, soweit die Gefahr besteht, dass diese Stoffe vom menschlichen Körper aufgenommen werden, oder
3. Gefahrstoffen, die als Stoffe ausgewiesen sind, die auch bei Einhaltung der arbeitsplatzbezogenen Vorgaben möglicherweise zu einer Fruchtschädigung führen können.

Eine unverantwortbare Gefährdung im Sinne von Satz 1 oder 2 gilt insbesondere als ausgeschlossen,

1. wenn
a) für den jeweiligen Gefahrstoff die arbeitsplatzbezogenen Vorgaben eingehalten werden und es sich um einen Gefahrstoff handelt, der als Stoff ausgewiesen ist, der bei Einhaltung der arbeitsplatzbezogenen Vorgaben hinsichtlich einer Fruchtschädigung als sicher bewertet wird, oder
b) der Gefahrstoff nicht in der Lage ist, die Plazentaschranke zu überwinden, oder aus anderen Gründen ausgeschlossen ist, dass eine Fruchtschädigung eintritt, und
2. wenn der Gefahrstoff nach den Kriterien des Anhangs I zur Verordnung (EG) Nr. 1272/2008 nicht als reproduktionstoxisch nach der Zusatzkategorie für Wirkungen auf oder über die Laktation zu bewerten ist.

Die vom Ausschuss für Mutterschutz ermittelten wissenschaftlichen Erkenntnisse sind zu beachten.

(2) Der Arbeitgeber darf eine schwangere Frau keine Tätigkeiten ausüben lassen und sie keinen Arbeitsbedingungen aussetzen, bei denen sie in einem Maß mit Biostoffen der Risikogruppe 2, 3 oder 4 im Sinne von § 3 Absatz 1 der Biostoffverordnung in Kontakt kommt oder kommen kann, dass dies für sie oder für ihr Kind eine unverantwortbare Gefährdung darstellt. Eine unverantwortbare Gefährdung im Sinne

von Satz 1 liegt insbesondere vor, wenn die schwangere Frau Tätigkeiten ausübt oder Arbeitsbedingungen ausgesetzt ist, bei denen sie mit folgenden Biostoffen in Kontakt kommt oder kommen kann:
1. mit Biostoffen, die in die Risikogruppe 4 im Sinne von § 3 Absatz 1 der Biostoffverordnung einzustufen sind, oder
2. mit Rötelnvirus oder mit Toxoplasma.
Die Sätze 1 und 2 gelten auch, wenn der Kontakt mit Biostoffen im Sinne von Satz 1 oder 2 therapeutische Maßnahmen erforderlich macht oder machen kann, die selbst eine unverantwortbare Gefährdung darstellen. Eine unverantwortbare Gefährdung im Sinne von Satz 1 oder 2 gilt insbesondere als ausgeschlossen, wenn die schwangere Frau über einen ausreichenden Immunschutz verfügt.
(3) Der Arbeitgeber darf eine schwangere Frau keine Tätigkeiten ausüben lassen und sie keinen Arbeitsbedingungen aussetzen, bei denen sie physikalischen Einwirkungen in einem Maß ausgesetzt ist oder sein kann, dass dies für sie oder für ihr Kind eine unverantwortbare Gefährdung darstellt. Als physikalische Einwirkungen im Sinne von Satz 1 sind insbesondere zu berücksichtigen:
1. ionisierende und nicht ionisierende Strahlungen,
2. Erschütterungen, Vibrationen und Lärm sowie
3. Hitze, Kälte und Nässe.
(4) Der Arbeitgeber darf eine schwangere Frau keine Tätigkeiten ausüben lassen und sie keinen Arbeitsbedingungen aussetzen, bei denen sie einer belastenden Arbeitsumgebung in einem Maß ausgesetzt ist oder sein kann, dass dies für sie oder für ihr Kind eine unverantwortbare Gefährdung darstellt. Der Arbeitgeber darf eine schwangere Frau insbesondere keine Tätigkeiten ausüben lassen
1. in Räumen mit einem Überdruck im Sinne von § 2 der Druckluftverordnung,
2. in Räumen mit sauerstoffreduzierter Atmosphäre oder
3. im Bergbau unter Tage.
(5) Der Arbeitgeber darf eine schwangere Frau keine Tätigkeiten ausüben lassen und sie keinen Arbeitsbedingungen aussetzen, bei denen sie körperlichen Belastungen oder mechanischen Einwirkungen in einem Maß ausgesetzt ist oder sein kann, dass dies für sie oder für ihr Kind eine unverantwortbare Gefährdung darstellt. Der Arbeitgeber darf eine schwangere Frau insbesondere keine Tätigkeiten ausüben lassen, bei denen
1. sie ohne mechanische Hilfsmittel regelmäßig Lasten von mehr als 5 Kilogramm Gewicht oder gelegentlich Lasten von mehr als 10 Kilogramm Gewicht von Hand heben, halten, bewegen oder befördern muss,
2. sie mit mechanischen Hilfsmitteln Lasten von Hand heben, halten, bewegen oder befördern muss und dabei ihre körperliche Beanspruchung der von Arbeiten nach Nummer 1 entspricht,
3. sie nach Ablauf des fünften Monats der Schwangerschaft überwiegend bewegungsarm ständig stehen muss und wenn diese Tätigkeit täglich vier Stunden überschreitet,
4. sie sich häufig erheblich strecken, beugen, dauernd hocken, sich gebückt halten oder sonstige Zwangshaltungen einnehmen muss,

5. sie auf Beförderungsmitteln eingesetzt wird, wenn dies für sie oder für ihr Kind eine unverantwortbare Gefährdung darstellt,
6. Unfälle, insbesondere durch Ausgleiten, Fallen oder Stürzen, oder Tätlichkeiten zu befürchten sind, die für sie oder für ihr Kind eine unverantwortbare Gefährdung darstellen,
7. sie eine Schutzausrüstung tragen muss und das Tragen eine Belastung darstellt oder
8. eine Erhöhung des Drucks im Bauchraum zu befürchten ist, insbesondere bei Tätigkeiten mit besonderer Fußbeanspruchung.
(6) Der Arbeitgeber darf eine schwangere Frau folgende Arbeiten nicht ausüben lassen:
1. Akkordarbeit oder sonstige Arbeiten, bei denen durch ein gesteigertes Arbeitstempo ein höheres Entgelt erzielt werden kann,
2. Fließarbeit oder
3. getaktete Arbeit mit vorgeschriebenem Arbeitstempo, wenn die Art der Arbeit oder das Arbeitstempo für die schwangere Frau oder für ihr Kind eine unverantwortbare Gefährdung darstellt.

**§ 12 Unzulässige Tätigkeiten und Arbeitsbedingungen für stillende Frauen** (1) Der Arbeitgeber darf eine stillende Frau keine Tätigkeiten ausüben lassen und sie keinen Arbeitsbedingungen aussetzen, bei denen sie in einem Maß Gefahrstoffen ausgesetzt ist oder sein kann, dass dies für sie oder für ihr Kind eine unverantwortbare Gefährdung darstellt. Eine unverantwortbare Gefährdung im Sinne von Satz 1 liegt insbesondere vor, wenn die stillende Frau Tätigkeiten ausübt oder Arbeitsbedingungen ausgesetzt ist, bei denen sie folgenden Gefahrstoffen ausgesetzt ist oder sein kann:
1. Gefahrstoffen, die nach den Kriterien des Anhangs I zur Verordnung (EG) Nr. 1272/2008 als reproduktionstoxisch nach der Zusatzkategorie für Wirkungen auf oder über die Laktation zu bewerten sind oder
2. Blei und Bleiderivaten, soweit die Gefahr besteht, dass diese Stoffe vom menschlichen Körper aufgenommen werden.
(2) Der Arbeitgeber darf eine stillende Frau keine Tätigkeiten ausüben lassen und sie keinen Arbeitsbedingungen aussetzen, bei denen sie in einem Maß mit Biostoffen der Risikogruppe 2, 3 oder 4 im Sinne von § 3 Absatz
1 der Biostoffverordnung in Kontakt kommt oder kommen kann, dass dies für sie oder für ihr Kind eine unverantwortbare Gefährdung darstellt. Eine unverantwortbare Gefährdung im Sinne von Satz 1 liegt insbesondere vor, wenn die stillende Frau Tätigkeiten ausübt oder Arbeitsbedingungen ausgesetzt ist, bei denen sie mit Biostoffen in Kontakt kommt oder kommen kann, die in die Risikogruppe 4 im Sinne von § 3 Absatz 1 der Biostoffverordnung einzustufen sind. Die Sätze 1 und 2 gelten auch, wenn der Kontakt mit Biostoffen im Sinne von Satz 1 oder 2 therapeutische Maßnahmen erforderlich macht oder machen kann, die selbst eine unverantwortbare Gefährdung darstellen. Eine unverantwortbare Gefährdung im Sinne von Satz 1 oder 2 gilt als ausgeschlossen, wenn die stillende Frau über einen ausreichenden Immunschutz verfügt.

(3) Der Arbeitgeber darf eine stillende Frau keine Tätigkeiten ausüben lassen und sie keinen Arbeitsbedingungen aussetzen, bei denen sie physikalischen Einwirkungen in einem Maß ausgesetzt ist oder sein kann, dass dies für sie oder für ihr Kind eine unverantwortbare Gefährdung darstellt. Als physikalische Einwirkungen im Sinne von Satz 1 sind insbesondere ionisierende und nicht ionisierende Strahlungen zu berücksichtigen.
(4) Der Arbeitgeber darf eine stillende Frau keine Tätigkeiten ausüben lassen und sie keinen Arbeitsbedingungen aussetzen, bei denen sie einer belastenden Arbeitsumgebung in einem Maß ausgesetzt ist oder sein kann, dass dies für sie oder für ihr Kind eine unverantwortbare Gefährdung darstellt. Der Arbeitgeber darf eine stillende Frau insbesondere keine Tätigkeiten ausüben lassen
1. in Räumen mit einem Überdruck im Sinne von § 2 der Druckluftverordnung oder
2. im Bergbau unter Tage.
(5) Der Arbeitgeber darf eine stillende Frau folgende Arbeiten nicht ausüben lassen:
1. Akkordarbeit oder sonstige Arbeiten, bei denen durch ein gesteigertes Arbeitstempo ein höheres Entgelt erzielt werden kann,
2. Fließarbeit oder
3. getaktete Arbeit mit vorgeschriebenem Arbeitstempo, wenn die Art der Arbeit oder das Arbeitstempo für die stillende Frau oder für ihr Kind eine unverantwortbare Gefährdung darstellt.

**§ 13 Rangfolge der Schutzmaßnahmen: Umgestaltung der Arbeitsbedingungen, Arbeitsplatzwechsel und betriebliches Beschäftigungsverbot** (1) Werden unverantwortbare Gefährdungen im Sinne von § 9, § 11 oder § 12 festgestellt, hat der Arbeitgeber für jede Tätigkeit einer schwangeren oder stillenden Frau Schutzmaßnahmen in folgender Rangfolge zu treffen:
1. Der Arbeitgeber hat die Arbeitsbedingungen für die schwangere oder stillende Frau durch Schutzmaßnahmen nach Maßgabe des § 9 Absatz 2 umzugestalten.
2. Kann der Arbeitgeber unverantwortbare Gefährdungen für die schwangere oder stillende Frau nicht durch die Umgestaltung der Arbeitsbedingungen nach Nummer 1 ausschließen oder ist eine Umgestaltung wegen des nachweislich unverhältnismäßigen Aufwandes nicht zumutbar, hat der Arbeitgeber die Frau an einem anderen geeigneten Arbeitsplatz einzusetzen, wenn er einen solchen Arbeitsplatz zur Verfügung stellen kann und dieser Arbeitsplatz der schwangeren oder stillenden Frau zumutbar ist.
3. Kann der Arbeitgeber unverantwortbare Gefährdungen für die schwangere oder stillende Frau weder durch Schutzmaßnahmen nach Nummer 1 noch durch einen Arbeitsplatzwechsel nach Nummer 2 ausschließen, darf er die schwangere oder stillende Frau nicht weiter beschäftigen.
(2) Der Auftraggeber oder Zwischenmeister darf keine Heimarbeit an schwangere oder stillende Frauen ausgeben, wenn unverantwortbare Gefährdungen nicht durch Schutzmaßnahmen nach Absatz 1 Nummer 1 ausgeschlossen werden können.

**§ 14 Dokumentation und Information durch den Arbeitgeber** (1) Der Arbeitgeber hat die Beurteilung der Arbeitsbedingungen nach § 10 durch Unterlagen zu dokumentieren, aus denen Folgendes ersichtlich ist:
1. das Ergebnis der Gefährdungsbeurteilung nach § 10 Absatz 1 Satz 1 Nummer 1 und der Bedarf an Schutzmaßnahmen nach § 10 Absatz 1 Satz 1 Nummer 2,
2. die Festlegung der erforderlichen Schutzmaßnahmen nach § 10 Absatz 2 Satz 1 sowie das Ergebnis ihrer Überprüfung nach § 9 Absatz 1 Satz 2 und
3. das Angebot eines Gesprächs mit der Frau über weitere Anpassungen ihrer Arbeitsbedingungen nach § 10 Absatz 2 Satz 2 oder der Zeitpunkt eines solchen Gesprächs.
Wenn die Beurteilung nach § 10 Absatz 1 ergibt, dass die schwangere oder stillende Frau oder ihr Kind keiner Gefährdung im Sinne von § 9 Absatz 2 ausgesetzt ist oder sein kann, reicht es aus, diese Feststellung in einer für den Arbeitsplatz der Frau oder für die Tätigkeit der Frau bereits erstellten Dokumentation der Beurteilung der Arbeitsbedingungen nach § 5 des Arbeitsschutzgesetzes zu vermerken.
(2) Der Arbeitgeber hat alle Personen, die bei ihm beschäftigt sind, über das Ergebnis der Gefährdungsbeurteilung nach § 10 Absatz 1 Satz 1 Nummer 1 und über den Bedarf an Schutzmaßnahmen nach § 10 Absatz 1 Satz 1 Nummer 2 zu informieren.
(3) Der Arbeitgeber hat eine schwangere oder stillende Frau über die Gefährdungsbeurteilung nach § 10 Absatz 1 Satz 1 Nummer 1 und über die damit verbundenen für sie erforderlichen Schutzmaßnahmen nach § 10 Absatz 2 Satz 1 in Verbindung mit § 13 zu informieren.

**§ 15 Mitteilungen und Nachweise der schwangeren und stillenden Frauen** (1) Eine schwangere Frau soll ihrem Arbeitgeber ihre Schwangerschaft und den voraussichtlichen Tag der Entbindung mitteilen, sobald sie weiß, dass sie schwanger ist. Eine stillende Frau soll ihrem Arbeitgeber so früh wie möglich mitteilen, dass sie stillt.
(2) Auf Verlangen des Arbeitgebers soll eine schwangere Frau als Nachweis über ihre Schwangerschaft ein ärztliches Zeugnis oder das Zeugnis einer Hebamme oder eines Entbindungspflegers vorlegen. Das Zeugnis über die Schwangerschaft soll den voraussichtlichen Tag der Entbindung enthalten.

**§ 16 Ärztliches Beschäftigungsverbot** (1) Der Arbeitgeber darf eine schwangere Frau nicht beschäftigen, soweit nach einem ärztlichen Zeugnis ihre Gesundheit oder die ihres Kindes bei Fortdauer der Beschäftigung gefährdet ist.
(2) Der Arbeitgeber darf eine Frau, die nach einem ärztlichen Zeugnis in den ersten Monaten nach der Entbindung nicht voll leistungsfähig ist, nicht mit Arbeiten beschäftigen, die ihre Leistungsfähigkeit übersteigen.

**§ 17 Kündigungsverbot** (1) Die Kündigung gegenüber einer Frau ist unzulässig
1. während ihrer Schwangerschaft,
2. bis zum Ablauf von vier Monaten nach einer Fehlgeburt nach der zwölften Schwangerschaftswoche und

3. bis zum Ende ihrer Schutzfrist nach der Entbindung, mindestens jedoch bis zum Ablauf von vier Monaten nach der Entbindung,

wenn dem Arbeitgeber zum Zeitpunkt der Kündigung die Schwangerschaft, die Fehlgeburt nach der zwölften Schwangerschaftswoche oder die Entbindung bekannt ist oder wenn sie ihm innerhalb von zwei Wochen nach Zugang der Kündigung mitgeteilt wird. Das Überschreiten dieser Frist ist unschädlich, wenn die Überschreitung auf einem von der Frau nicht zu vertretenden Grund beruht und die Mitteilung unverzüglich nachgeholt wird. Die Sätze 1 und 2 gelten entsprechend für Vorbereitungsmaßnahmen des Arbeitgebers, die er im Hinblick auf eine Kündigung der Frau trifft.

(2) Die für den Arbeitsschutz zuständige oberste Landesbehörde oder die von ihr bestimmte Stelle kann in besonderen Fällen, die nicht mit dem Zustand der Frau in der Schwangerschaft, nach einer Fehlgeburt nach der zwölften Schwangerschaftswoche oder nach der Entbindung in Zusammenhang stehen, ausnahmsweise die Kündigung für zulässig erklären. Die Kündigung bedarf der Schriftform und muss den Kündigungsgrund angeben.

(3) Der Auftraggeber oder Zwischenmeister darf eine in Heimarbeit beschäftigte Frau in den Fristen nach Absatz 1 Satz 1 nicht gegen ihren Willen bei der Ausgabe von Heimarbeit ausschließen; die §§ 3, 8, 11, 12, 13 Absatz 2 und § 16 bleiben unberührt. Absatz 1 gilt auch für eine Frau, die der in Heimarbeit beschäftigten Frau gleichgestellt ist und deren Gleichstellung sich auch auf § 29 des Heimarbeitsgesetzes erstreckt. Absatz 2 gilt für eine in Heimarbeit beschäftigte Frau und eine ihr Gleichgestellte entsprechend.

**§ 18 Mutterschutzlohn** Eine Frau, die wegen eines Beschäftigungsverbots außerhalb der Schutzfristen vor oder nach der Entbindung teilweise oder gar nicht beschäftigt werden darf, erhält von ihrem Arbeitgeber Mutterschutzlohn. Als Mutterschutzlohn wird das durchschnittliche Arbeitsentgelt der letzten drei abgerechneten Kalendermonate vor dem Eintritt der Schwangerschaft gezahlt. Dies gilt auch, wenn wegen dieses Verbots die Beschäftigung oder die Entlohnungsart wechselt. Beginnt das Beschäftigungsverhältnis erst nach Eintritt der Schwangerschaft, ist das durchschnittliche Arbeitsentgelt aus dem Arbeitsentgelt der ersten drei Monate der Beschäftigung zu berechnen.

**§ 19 Mutterschaftsgeld** (1) Eine Frau, die Mitglied einer gesetzlichen Krankenkasse ist, erhält für die Zeit der Schutzfristen vor und nach der Entbindung sowie für den Entbindungstag Mutterschaftsgeld nach den Vorschriften des Fünften Buches Sozialgesetzbuch oder nach den Vorschriften des Zweiten Gesetzes über die Krankenversicherung der Landwirte.

(2) Eine Frau, die nicht Mitglied einer gesetzlichen Krankenkasse ist, erhält für die Zeit der Schutzfristen vor und nach der Entbindung sowie für den Entbindungstag Mutterschaftsgeld zu Lasten des Bundes in entsprechender Anwendung der Vorschriften des Fünften Buches Sozialgesetzbuch über das Mutterschaftsgeld, jedoch insgesamt höchstens 210 Euro. Das Mutterschaftsgeld wird dieser Frau auf Antrag

vom Bundesamt für Soziale Sicherung gezahlt. Endet das Beschäftigungsverhältnis nach Maßgabe von § 17 Absatz 2 durch eine Kündigung, erhält die Frau Mutterschaftsgeld in entsprechender Anwendung der Sätze 1 und 2 für die Zeit nach dem Ende des Beschäftigungsverhältnisses.

**§ 20 Zuschuss zum Mutterschaftsgeld** (1) Eine Frau erhält während ihres bestehenden Beschäftigungsverhältnisses für die Zeit der Schutzfristen vor und nach der Entbindung sowie für den Entbindungstag von ihrem Arbeitgeber einen Zuschuss zum Mutterschaftsgeld. Als Zuschuss zum Mutterschaftsgeld wird der Unterschiedsbetrag zwischen 13 Euro und dem um die gesetzlichen Abzüge verminderten durchschnittlichen kalendertäglichen Arbeitsentgelt der letzten drei abgerechneten Kalendermonate vor Beginn der Schutzfrist vor der Entbindung gezahlt. Einer Frau, deren Beschäftigungsverhältnis während der Schutzfristen vor oder nach der Entbindung beginnt, wird der Zuschuss zum Mutterschaftsgeld von Beginn des Beschäftigungsverhältnisses angezahlt.
(2) Ist eine Frau für mehrere Arbeitgeber tätig, sind für die Berechnung des Arbeitgeberzuschusses nach Absatz 1 die durchschnittlichen kalendertäglichen Arbeitsentgelte aus diesen Beschäftigungsverhältnissen zusammenzurechnen. Den sich daraus ergebenden Betrag zahlen die Arbeitgeber anteilig im Verhältnis der von ihnen gezahlten durchschnittlichen kalendertäglichen Arbeitsentgelte.
(3) Endet das Beschäftigungsverhältnis nach Maßgabe von § 17 Absatz 2 durch eine Kündigung, erhält die Frau für die Zeit nach dem Ende des Beschäftigungsverhältnisses den Zuschuss zum Mutterschaftsgeld nach Absatz 1 von der für die Zahlung des Mutterschaftsgeldes zuständigen Stelle. Satz 1 gilt entsprechend, wenn der Arbeitgeber wegen eines Insolvenzereignisses im Sinne von § 165 Absatz 1 Satz 2 des Dritten Buches Sozialgesetzbuch den Zuschuss nach Absatz 1 nicht zahlen kann.

**§ 21 Ermittlung des durchschnittlichen Arbeitsentgelts** (1) Bei der Bestimmung des Berechnungszeitraumes für die Ermittlung des durchschnittlichen Arbeitsentgelts für die Leistungen nach den §§ 18 bis 20 bleiben Zeiten unberücksichtigt, in denen die Frau infolge unverschuldeter Fehlzeiten kein Arbeitsentgelt erzielt hat. War das Beschäftigungsverhältnis kürzer als drei Monate, ist der Berechnung der tatsächliche Zeitraum des Beschäftigungsverhältnisses zugrunde zu legen.
(2) Für die Ermittlung des durchschnittlichen Arbeitsentgelts für die Leistungen nach den §§ 18 bis 20 bleiben unberücksichtigt:
1. einmalig gezahltes Arbeitsentgelt im Sinne von § 23a des Vierten Buches Sozialgesetzbuch,
2. Kürzungen des Arbeitsentgelts, die im Berechnungszeitraum infolge von Kurzarbeit, Arbeitsausfällen oder unverschuldetem Arbeitsversäumnis eintreten, und
3. im Fall der Beendigung der Elternzeit nach dem Bundeselterngeld- und Elternzeitgesetz das Arbeitsentgelt aus Teilzeitbeschäftigung, das vor der Beendigung der Elternzeit während der Elternzeit erzielt wurde, soweit das durchschnittliche

Arbeitsentgelt ohne die Berücksichtigung der Zeiten, in denen dieses Arbeitsentgelt erzielt wurde, höher ist.

(3) Ist die Ermittlung des durchschnittlichen Arbeitsentgelts entsprechend den Absätzen 1 und 2 nicht möglich, ist das durchschnittliche kalendertägliche Arbeitsentgelt einer vergleichbar beschäftigten Person zugrunde zu legen.

(4) Bei einer dauerhaften Änderung der Arbeitsentgelthöhe ist die geänderte Arbeitsentgelthöhe bei der Ermittlung des durchschnittlichen Arbeitsentgelts für die Leistungen nach den §§ 18 bis 20 zugrunde zu legen, und zwar

1. für den gesamten Berechnungszeitraum, wenn die Änderung während des Berechnungszeitraums wirksam wird,
2. ab Wirksamkeit der Änderung der Arbeitsentgelthöhe, wenn die Änderung der Arbeitsentgelthöhe nach dem Berechnungszeitraum wirksam wird.

**§ 22 Leistungen während der Elternzeit** Während der Elternzeit sind Ansprüche auf Leistungen nach den §§ 18 und 20 aus dem wegen der Elternzeit ruhenden Arbeitsverhältnis ausgeschlossen. Übt die Frau während der Elternzeit eine Teilzeitarbeit aus, ist für die Ermittlung des durchschnittlichen Arbeitsentgelts nur das Arbeitsentgelt aus dieser Teilzeitarbeit zugrunde zu legen.

**§ 23 Entgelt bei Freistellung für Untersuchungen und zum Stillen** (1) Durch die Gewährung der Freistellung nach § 7 darf bei der schwangeren oder stillenden Frau kein Entgeltausfall eintreten. Freistellungszeiten sind weder vor- noch nachzuarbeiten. Sie werden nicht auf Ruhepausen angerechnet, die im Arbeitszeitgesetz oder in anderen Vorschriften festgelegt sind.

(2) Der Auftraggeber oder Zwischenmeister hat einer in Heimarbeit beschäftigten Frau und der ihr Gleichgestellten für die Stillzeit ein Entgelt zu zahlen, das nach der Höhe des durchschnittlichen Stundenentgelts für jeden Werktag zu berechnen ist. Ist eine Frau für mehrere Auftraggeber oder Zwischenmeister tätig, haben diese das Entgelt für die Stillzeit zu gleichen Teilen zu zahlen. Auf das Entgelt finden die Vorschriften der §§ 23 bis 25 des Heimarbeitsgesetzes über den Entgeltschutz Anwendung.

**§ 24 Fortbestehen des Erholungsurlaubs bei Beschäftigungsverboten** Für die Berechnung des Anspruchs auf bezahlten Erholungsurlaub gelten die Ausfallzeiten wegen eines Beschäftigungsverbots als Beschäftigungszeiten. Hat eine Frau ihren Urlaub vor Beginn eines Beschäftigungsverbots nicht oder nicht vollständig erhalten, kann sie nach dem Ende des Beschäftigungsverbots den Resturlaub im laufenden oder im nächsten Urlaubsjahr beanspruchen.

**§ 25 Beschäftigung nach dem Ende des Beschäftigungsverbots** Mit dem Ende eines Beschäftigungsverbots im Sinne von § 2 Absatz 3 hat eine Frau das Recht, entsprechend den vertraglich vereinbarten Bedingungen beschäftigt zu werden.

**§ 26 Aushang des Gesetzes** (1) In Betrieben und Verwaltungen, in denen regelmäßig mehr als drei Frauen beschäftigt werden, hat der Arbeitgeber eine Kopie dieses

Gesetzes an geeigneter Stelle zur Einsicht auszulegen oder auszuhängen. Dies gilt nicht, wenn er das Gesetz für die Personen, die bei ihm beschäftigt sind, in einem elektronischen Verzeichnis jederzeit zugänglich gemacht hat.
(2) Für eine in Heimarbeit beschäftigte Frau oder eine ihr Gleichgestellte muss der Auftraggeber oder Zwischenmeister in den Räumen der Ausgabe oder Abnahme von Heimarbeit eine Kopie dieses Gesetzes an geeigneter Stelle zur Einsicht auslegen oder aushängen. Absatz 1 Satz 2 gilt entsprechend.

**§ 27 Mitteilungs- und Aufbewahrungspflichten des Arbeitgebers, Offenbarungsverbot der mit der Überwachung beauftragten Personen** (1) Der Arbeitgeber hat die Aufsichtsbehörde unverzüglich zu benachrichtigen,
1. wenn eine Frau ihm mitgeteilt hat,
a) dass sie schwanger ist oder
b) dass sie stillt, es sei denn, er hat die Aufsichtsbehörde bereits über die Schwangerschaft dieser Frau benachrichtigt, oder
2. wenn er beabsichtigt, eine schwangere oder stillende Frau zu beschäftigen
a) bis 22 Uhr nach den Vorgaben des § 5 Absatz 2 Satz 2 und 3,
b) an Sonn- und Feiertagen nach den Vorgaben des § 6 Absatz 1 Satz 2 und 3 oder Absatz 2 Satz 2 und 3 oder
c) mit getakteter Arbeit im Sinne von § 11 Absatz 6 Nummer 3 oder § 12 Absatz 5 Nummer 3.
Er darf diese Informationen nicht unbefugt an Dritte weitergeben.
(2) Der Arbeitgeber hat der Aufsichtsbehörde auf Verlangen die Angaben zu machen, die zur Erfüllung der Aufgaben dieser Behörde erforderlich sind. Er hat die Angaben wahrheitsgemäß, vollständig und rechtzeitig zu machen.
(3) Der Arbeitgeber hat der Aufsichtsbehörde auf Verlangen die Unterlagen zur Einsicht vorzulegen oder einzusenden, aus denen Folgendes ersichtlich ist:
1. die Namen der schwangeren oder stillenden Frauen, die bei ihm beschäftigt sind,
2. die Art und der zeitliche Umfang ihrer Beschäftigung,
3. die Entgelte, die an sie gezahlt worden sind,
4. die Ergebnisse der Beurteilung der Arbeitsbedingungen nach § 10 und
5. alle sonstigen nach Absatz 2 erforderlichen Angaben.
(4) Die auskunftspflichtige Person kann die Auskunft auf solche Fragen oder die Vorlage derjenigen Unterlagen verweigern, deren Beantwortung oder Vorlage sie selbst oder einen ihrer in § 383 Absatz 1 Nummer 1 bis
3 der Zivilprozessordung bezeichneten Angehörigen der Gefahr der Verfolgung wegen einer Straftat oder Ordnungswidrigkeit aussetzen würde. Die auskunftspflichtige Person ist darauf hinzuweisen.
(5) Der Arbeitgeber hat die in Absatz 3 genannten Unterlagen mindestens bis zum Ablauf von zwei Jahren nach der letzten Eintragung aufzubewahren.
(6) Die mit der Überwachung beauftragten Personen der Aufsichtsbehörde dürfen die ihnen bei ihrer Überwachungstätigkeit zur Kenntnis gelangten Geschäfts- und Betriebsgeheimnisse nur in den gesetzlich geregelten Fällen oder zur Verfolgung von Rechtsverstößen oder zur Erfüllung von gesetzlich geregelten Aufgaben zum Schutz

der Umwelt den dafür zuständigen Behörden offenbaren. Soweit es sich bei Geschäfts- und Betriebsgeheimnissen um Informationen über die Umwelt im Sinne des Umweltinformationsgesetzes handelt, richtet sich die Befugnis zu ihrer Offenbarung nach dem Umweltinformationsgesetz.

**§ 28 Behördliches Genehmigungsverfahren für eine Beschäftigung zwischen 20 Uhr und 22 Uhr** (1) Die Aufsichtsbehörde kann abweichend von § 5 Absatz 1 Satz 1 auf Antrag des Arbeitgebers genehmigen, dass eine schwangere oder stillende Frau zwischen 20 Uhr und 22 Uhr beschäftigt wird, wenn
1. sich die Frau dazu ausdrücklich bereit erklärt,
2. nach ärztlichem Zeugnis nichts gegen die Beschäftigung der Frau bis 22 Uhr spricht und
3. insbesondere eine unverantwortbare Gefährdung für die schwangere Frau oder ihr Kind durch Alleinarbeit ausgeschlossen ist.

Dem Antrag ist die Dokumentation der Beurteilung der Arbeitsbedingungen nach § 14 Absatz 1 beizufügen. Die schwangere oder stillende Frau kann ihre Erklärung nach Satz 1 Nummer 1 jederzeit mit Wirkung für die Zukunft widerrufen.

(2) Solange die Aufsichtsbehörde den Antrag nicht ablehnt oder die Beschäftigung zwischen 20 Uhr und 22 Uhr nicht vorläufig untersagt, darf der Arbeitgeber die Frau unter den Voraussetzungen des Absatzes 1 beschäftigen. Die Aufsichtsbehörde hat dem Arbeitgeber nach Eingang des Antrags unverzüglich eine Mitteilung zu machen, wenn die für den Antrag nach Absatz 1 erforderlichen Unterlagen unvollständig sind. Die Aufsichtsbehörde kann die Beschäftigung vorläufig untersagen, soweit dies erforderlich ist, um den Schutz der Gesundheit der Frau oder ihres Kindes sicherzustellen.

(3) Lehnt die Aufsichtsbehörde den Antrag nicht innerhalb von sechs Wochen nach Eingang des vollständigen Antrags ab, gilt die Genehmigung als erteilt. Auf Verlangen ist dem Arbeitgeber der Eintritt der Genehmigungsfiktion (§ 42a des Verwaltungsverfahrensgesetzes) zu bescheinigen.

(4) Im Übrigen gelten die Vorschriften des Verwaltungsverfahrensgesetzes.

**§ 29 Zuständigkeit und Befugnisse der Aufsichtsbehörden, Jahresbericht** (1) Die Aufsicht über die Ausführung der Vorschriften dieses Gesetzes und der aufgrund dieses Gesetzes erlassenen Vorschriften obliegt den nach Landesrecht zuständigen Behörden (Aufsichtsbehörden).

(2) Die Aufsichtsbehörden haben dieselben Befugnisse wie die nach § 22 Absatz 2 und 3 des Arbeitsschutzgesetzes mit der Überwachung beauftragten Personen. Das Grundrecht der Unverletzlichkeit der Wohnung (Artikel 13 des Grundgesetzes) wird insoweit eingeschränkt.

(3) Die Aufsichtsbehörde kann in Einzelfällen die erforderlichen Maßnahmen anordnen, die der Arbeitgeber zur Erfüllung derjenigen Pflichten zu treffen hat, die sich aus Abschnitt 2 dieses Gesetzes und aus den aufgrund des § 31 Nummer 1 bis 5 erlassenen Rechtsverordnungen ergeben. Insbesondere kann die Aufsichtsbehörde:

1. in besonders begründeten Einzelfällen Ausnahmen vom Verbot der Mehrarbeit nach § 4 Absatz 1 Satz 1, 2 oder 4 sowie vom Verbot der Nachtarbeit auch zwischen 22 Uhr und 6 Uhr nach § 5 Absatz 1 Satz 1 oder Absatz 2 Satz 1 bewilligen, wenn
a) sich die Frau dazu ausdrücklich bereit erklärt,
b) nach ärztlichem Zeugnis nichts gegen die Beschäftigung spricht und
c) in den Fällen des § 5 Absatz 1 Satz 1 oder Absatz 2 Satz 1 insbesondere eine unverantwortbare Gefährdung für die schwangere Frau oder ihr Kind durch Alleinarbeit ausgeschlossen ist,
2. verbieten, dass ein Arbeitgeber eine schwangere oder stillende Frau
a) nach § 5 Absatz 2 Satz 2 zwischen 20 Uhr und 22 Uhr beschäftigt oder
b) nach § 6 Absatz 1 Satz 2 oder nach § 6 Absatz 2 Satz 2 an Sonn- und Feiertagen beschäftigt,
3. Einzelheiten zur Freistellung zum Stillen nach § 7 Absatz 2 und zur Bereithaltung von Räumlichkeiten, die zum Stillen geeignet sind, anordnen,
4. Einzelheiten zur zulässigen Arbeitsmenge nach § 8 anordnen,
5. Schutzmaßnahmen nach § 9 Absatz 1 bis 3 und nach § 13 anordnen,
6. Einzelheiten zu Art und Umfang der Beurteilung der Arbeitsbedingungen nach § 10 anordnen,
7. bestimmte Tätigkeiten oder Arbeitsbedingungen nach § 11 oder nach § 12 verbieten,
8. Ausnahmen von den Vorschriften des § 11 Absatz 6 Nummer 1 und 2 und des § 12 Absatz 5 Nummer 1 und 2 bewilligen, wenn die Art der Arbeit und das Arbeitstempo keine unverantwortbare Gefährdung für die schwangere oder stillende Frau oder für ihr Kind darstellen, und
9. Einzelheiten zu Art und Umfang der Dokumentation und Information nach § 14 anordnen.

Die schwangere oder stillende Frau kann ihre Erklärung nach Satz 2 Nummer 1 Buchstabe a jederzeit mit Wirkung für die Zukunft widerrufen.

(4) Die Aufsichtsbehörde berät den Arbeitgeber bei der Erfüllung seiner Pflichten nach diesem Gesetz sowie die bei ihm beschäftigten Personen zu ihren Rechten und Pflichten nach diesem Gesetz; dies gilt nicht für die Rechte und Pflichten nach den §§ 18 bis 22.

(5) Für Betriebe und Verwaltungen im Geschäftsbereich des Bundesministeriums der Verteidigung wird die Aufsicht nach Absatz 1 durch das Bundesministerium der Verteidigung oder die von ihm bestimmte Stelle in eigener Zuständigkeit durchgeführt.

(6) Die zuständigen obersten Landesbehörden haben über die Überwachungstätigkeit der ihnen unterstellten Behörden einen Jahresbericht zu veröffentlichen. Der Jahresbericht umfasst auch Angaben zur Erfüllung von Unterrichtungspflichten aus internationalen Übereinkommen oder Rechtsakten der Europäischen Union, soweit sie den Mutterschutz betreffen.

**§ 32 Bußgeldvorschriften** (1) Ordnungswidrig handelt, wer vorsätzlich oder fahrlässig

1. entgegen § 3 Absatz 1 Satz 1, auch in Verbindung mit Satz 4, entgegen § 3 Absatz 2 Satz 1, auch in Verbindung mit Satz 2 oder 3, entgegen § 3 Absatz 3 Satz 1, § 4 Absatz 1 Satz 1, 2 oder 4 oder § 5 Absatz 1 Satz 1, § 6 Absatz 1 Satz 1, § 13 Absatz 1 Nummer 3 oder § 16 eine Frau beschäftigt,
2. entgegen § 4 Absatz 2 eine Ruhezeit nicht, nicht richtig oder nicht rechtzeitig gewährt,
3. entgegen § 5 Absatz 2 Satz 1 oder § 6 Absatz 2 Satz 1 eine Frau tätig werden lässt,
4. entgegen § 7 Absatz 1 Satz 1, auch in Verbindung mit Satz 2, oder entgegen § 7 Absatz 2 Satz 1 eine Frau nicht freistellt,
5. entgegen § 8 oder § 13 Absatz 2 Heimarbeit ausgibt,
6. entgegen § 10 Absatz 1 Satz 1, auch in Verbindung mit einer Rechtsverordnung nach § 31 Nummer 3, eine Gefährdung nicht, nicht richtig oder nicht rechtzeitig beurteilt oder eine Ermittlung nicht, nicht richtig oder nicht rechtzeitig durchführt,
7. entgegen § 10 Absatz 2 Satz 1, auch in Verbindung mit einer Rechtsverordnung nach § 31 Nummer 3, eine Schutzmaßnahme nicht, nicht richtig oder nicht rechtzeitig festlegt,
8. entgegen § 10 Absatz 3 eine Frau eine andere als die dort bezeichnete Tätigkeit ausüben lässt,
9. entgegen § 14 Absatz 1 Satz 1 in Verbindung mit einer Rechtsverordnung nach § 31 Nummer 5 eine Dokumentation nicht, nicht richtig, nicht vollständig oder nicht rechtzeitig erstellt,
10. entgegen § 14 Absatz 2 oder 3, jeweils in Verbindung mit einer Rechtsverordnung nach § 31 Nummer 5, eine Information nicht, nicht richtig, nicht vollständig oder nicht rechtzeitig gibt,
11. entgegen § 27 Absatz 1 Satz 1 die Aufsichtsbehörde nicht, nicht richtig oder nicht rechtzeitig benachrichtigt,
12. entgegen § 27 Absatz 1 Satz 2 eine Information weitergibt,
13. entgegen § 27 Absatz 2 eine Angabe nicht, nicht richtig, nicht vollständig oder nicht rechtzeitig macht,
14. entgegen § 27 Absatz 3 eine Unterlage nicht, nicht richtig oder nicht rechtzeitig vorlegt oder nicht oder nicht rechtzeitig einsendet,
15. entgegen § 27 Absatz 5 eine Unterlage nicht oder nicht mindestens zwei Jahre aufbewahrt,
16. einer vollziehbaren Anordnung nach § 29 Absatz 3 Satz 1 zuwiderhandelt oder
17. einer Rechtsverordnung nach § 31 Nummer 4 oder einer vollziehbaren Anordnung aufgrund einer solchen Rechtsverordnung zuwiderhandelt, soweit die Rechtsverordnung für einen bestimmten Tatbestand auf diese Bußgeldvorschrift verweist.

(2) Die Ordnungswidrigkeit kann in den Fällen des Absatzes 1 Nummer 1 bis 5, 8, 16 und 17 mit einer Geldbuße bis zu dreißigtausend Euro, in den übrigen Fällen mit einer Geldbuße bis zu fünftausend Euro geahndet werden.

**§ 33 Strafvorschriften** Wer eine in § 32 Absatz 1 Nummer 1 bis 5, 8, 16 und 17 bezeichnete vorsätzliche Handlung begeht und dadurch die Gesundheit der Frau oder ihres Kindes gefährdet, wird mit Freiheitsstrafe bis zu einem Jahr oder mit Geldstrafe bestraft.

## 3.13. Gesetz über den Nachweis der für ein Arbeitsverhältnis geltenden wesentlichen Bedingungen – Nachweisgesetz (NachwG)

**§ 1 Anwendungsbereich** Dieses Gesetz gilt für alle Arbeitnehmer, es sei denn, daß sie nur zur vorübergehenden Aushilfe von höchstens einem Monat eingestellt werden. Praktikanten, die gemäß § 22 Absatz 1 des Mindestlohngesetzes als Arbeitnehmer gelten, sind Arbeitnehmer im Sinne dieses Gesetzes.

**§ 2 Nachweispflicht** (1) Der Arbeitgeber hat spätestens einen Monat nach dem vereinbarten Beginn des Arbeitsverhältnisses die wesentlichen Vertragsbedingungen schriftlich niederzulegen, die Niederschrift zu unterzeichnen und dem Arbeitnehmer auszuhändigen. In die Niederschrift sind mindestens aufzunehmen:
1. der Name und die Anschrift der Vertragsparteien,
2. der Zeitpunkt des Beginns des Arbeitsverhältnisses,
3. bei befristeten Arbeitsverhältnissen: die vorhersehbare Dauer des Arbeitsverhältnisses,
4. der Arbeitsort oder, falls der Arbeitnehmer nicht nur an einem bestimmten Arbeitsort tätig sein soll, ein Hinweis darauf, daß der Arbeitnehmer an verschiedenen Orten beschäftigt werden kann,
5. eine kurze Charakterisierung oder Beschreibung der vom Arbeitnehmer zu leistenden Tätigkeit,
6. die Zusammensetzung und die Höhe des Arbeitsentgelts einschließlich der Zuschläge, der Zulagen, Prämien und Sonderzahlungen sowie anderer Bestandteile des Arbeitsentgelts und deren Fälligkeit,
7. die vereinbarte Arbeitszeit,
8. die Dauer des jährlichen Erholungsurlaubs,
9. die Fristen für die Kündigung des Arbeitsverhältnisses,
10. ein in allgemeiner Form gehaltener Hinweis auf die Tarifverträge, Betriebs- oder Dienstvereinbarungen, die auf das Arbeitsverhältnis anzuwenden sind.

Der Nachweis der wesentlichen Vertragsbedingungen in elektronischer Form ist ausgeschlossen.

(1a) Wer einen Praktikanten einstellt, hat unverzüglich nach Abschluss des Praktikumsvertrages, spätestens vor Aufnahme der Praktikantentätigkeit, die wesentlichen Vertragsbedingungen schriftlich niederzulegen, die Niederschrift zu unterzeichnen und dem Praktikanten auszuhändigen. In die Niederschrift sind mindestens aufzunehmen:
1. der Name und die Anschrift der Vertragsparteien,
2. die mit dem Praktikum verfolgten Lern- und Ausbildungsziele,
3. Beginn und Dauer des Praktikums,
4. Dauer der regelmäßigen täglichen Praktikumszeit,
5. Zahlung und Höhe der Vergütung,
6. Dauer des Urlaubs,

7. ein in allgemeiner Form gehaltener Hinweis auf die Tarifverträge, Betriebs- oder Dienstvereinbarungen, die auf das Praktikumsverhältnis anzuwenden sind.

Absatz 1 Satz 3 gilt entsprechend.

(2) Hat der Arbeitnehmer seine Arbeitsleistung länger als einen Monat außerhalb der Bundesrepublik Deutschland zu erbringen, so muß die Niederschrift dem Arbeitnehmer vor seiner Abreise ausgehändigt werden und folgende zusätzliche Angaben enthalten:

1. die Dauer der im Ausland auszuübenden Tätigkeit,
2. die Währung, in der das Arbeitsentgelt ausgezahlt wird,
3. ein zusätzliches mit dem Auslandsaufenthalt verbundenes Arbeitsentgelt und damit verbundene zusätzliche Sachleistungen,
4. die vereinbarten Bedingungen für die Rückkehr des Arbeitnehmers.

(3) Die Angaben nach Absatz 1 Satz 2 Nr. 6 bis 9 und Absatz 2 Nr. 2 und 3 können ersetzt werden durch einen Hinweis auf die einschlägigen Tarifverträge, Betriebs- oder Dienstvereinbarungen und ähnlichen Regelungen, die für das Arbeitsverhältnis gelten. Ist in den Fällen des Absatzes 1 Satz 2 Nr. 8 und 9 die jeweilige gesetzliche Regelung maßgebend, so kann hierauf verwiesen werden.

(4) Wenn dem Arbeitnehmer ein schriftlicher Arbeitsvertrag ausgehändigt worden ist, entfällt die Verpflichtung nach den Absätzen 1 und 2, soweit der Vertrag die in den Absätzen 1 bis 3 geforderten Angaben enthält.

**§ 3 Änderung der Angaben** Eine Änderung der wesentlichen Vertragsbedingungen ist dem Arbeitnehmer spätestens einen Monat nach der Änderung schriftlich mitzuteilen. Satz 1 gilt nicht bei einer Änderung der gesetzlichen Vorschriften, Tarifverträge, Betriebs- oder Dienstvereinbarungen und ähnlichen Regelungen, die für das Arbeitsverhältnis gelten.

**§ 4 Übergangsvorschrift** Hat das Arbeitsverhältnis bereits bei Inkrafttreten dieses Gesetzes bestanden, so ist dem Arbeitnehmer auf sein Verlangen innerhalb von zwei Monaten eine Niederschrift im Sinne des § 2 auszuhändigen. Soweit eine früher ausgestellte Niederschrift oder ein schriftlicher Arbeitsvertrag die nach diesem Gesetz erforderlichen Angaben enthält, entfällt diese Verpflichtung.

**§ 5 Unabdingbarkeit** Von den Vorschriften dieses Gesetzes kann nicht zuungunsten des Arbeitnehmers abgewichen werden.

# 4. Stichwortverzeichnis

Weitere Titel zur Ausbildereignungsprüfung

Dr. Klaus Kaden
**Perfekt ausbilden – Handbuch zur Vorbereitung auf die Ausbildereignungsprüfung nach AEVO**

165 Seiten, Taschenbuch (21,0 x 29,7 cm)

Anja Pabst, Georg Scheuerer
**Perfekt ausbilden – Handbuch zur Vorbereitung auf die Ausbildereignungsprüfung nach AEVO Übungsbuch**

279 Seiten, Taschenbuch (14,8 x 21,1 cm)

Nähere Informationen zu unseren Büchern finden Sie auf www.verlagshaus-zitzmann.de.

## Weitere Titel aus dem Verlagshaus Zitzmann

Diese Titel
finden Sie hier:

**Industriemeister Grundlegende Qualifikationen**

Band 1 Rechtsbewusstes Handeln

Band 2 Betriebswirtschaftliches Handeln

Band 3 Anwenden von Methoden der Information, Kommunikation und Planung

Band 4 Zusammenarbeit im Betrieb

Band 5 Berücksichtigung naturwissenschaftlicher und technischer Gesetzmäßigkeiten